自治体職員のための

行政救済
実務ハンドブック

改訂版

鈴木秀洋
日本大学准教授

第一法規

改訂版はしがき

2021（令和3）年の現在、みなさんはどのような時代を生きていると感じているのでしょうか。

行政法・地方自治法という学問分野、そして行政・地方自治の実務現場では、本書初版発行後、どのような状況変化があったでしょうか。残念ながら、2017（平成29）年に抱いていた未来像とは大きく異なった景色が私たちの前で展開されているように思います。

現在、本書で掲げてきた法的思考・リーガルマインドや行政法の10の基本原理・原則に基づく行政実務が根付き、一人ひとりの住民の福祉の向上（地方自治法1条の2）が図られた社会になっているでしょうか。公正さ・透明性・説明責任・信頼といった行政の根本の原理・原則が瓦解するかのような数々の事件が、例外とはいえない形で起きています。

虐待やDV案件等による個々人の安全・安心を脅かす事案が増加し、またこれまでの常識を覆す震災による被害も多発しています。東日本大震災から10年の今年、新型コロナウイルス感染症下で住民一人ひとりの生活の基盤が大きく揺らいでいる今こそ、自治体行政の現場は、もう一度根本に立ち戻り、一人ひとりの多様な住民の声を聞き、本書の掲げる住民視点での行政の制度設計・運営の再構築が必要です。

初版発行から5年、それは行政現場で指揮を執ってきた筆者が大学に転職してからの5年でもあります。筆者は今でも行政実務者とともに歩み、個々一人ひとりの人権尊重のための行政を実現するための提言・働きかけを続けています。

今回の改訂版では、上記の問題意識から、以下の記述を加えて実務者のために本書を一層体系的かつ網羅的に充実させました。

① まず、2017年の地方自治法改正（平成29年法律第54号）を踏まえ、「第1部　行政法制度概略解説編」の「Ⅱ　住民監査請求」を改訂（監査制度が充実強化されたほか、地方公共団体の長等の損害賠償責任が見直された）等を行っています。また、「第2部　Ⅳ　行政紛争と立法改正」で解説した縦糸の

歴史的考察手法の具体例として、児童福祉法等の改正を最新までたどりました（事例９・10）。

② 次に、「第２部　Ｖ　法律の比較」（新設）では、横糸の比較考察の手法として類似分野の各種法律を挙げています。具体例として、親密圏領域の児童福祉法等とDV防止法とストーカ規制法について権限・通告先等の比較、また虐待防止三法の比較、さらに差別解消三法等の比較の項目を加えました。

③ 第三に、行政がかかわる事件・事案において、被害者住民にどのように向き合う必要があるのか、被害者住民の思いを汲んでいないのではないか、その観点から、保育所における規制権限の不行使の事案、大川小津波判決の考察、部活での死亡事件（剣太君事案）等の事例を加えました。被害者の保護者にも直接思いを綴ってもらいました。

行政の公助が今以上に求められている時代はないのではないでしょうか。今この時期に改訂版を出すことで、住民視点での行政の在り方について具体的指針を提示できたらと考えています。

本書で、先人たちが築いてきた土台の知見をしっかり身に着けつつ、新たに直面する困難に対して、常に多様な個々の人権を守るとの矜持をもって、一緒に立ち向かっていきましょう。

今回の改訂版は初版に続き、小野寺佳奈子氏が全面的な編集を行ってくださいました。コロナ禍で数々の困難がありましたが、それだからこそ信頼する編集者に一緒に伴走してもらった幸せに感謝しております。ありがとうございます。

また、私がこうして本書を執筆できるのは、家族をはじめ、多くの方々のご教示・ご協力があるからこそです。この場をお借りして心からお礼を申し上げます。

2021年３月

日本大学危機管理学部准教授

鈴木　秀洋

はしがき

行政担当者は、住民の権利・利益を正しく理解することが大切です。

なぜなら、行政の仕事は、住民の権利・利益の向上にあるからです。

みなさんは、仮に自らが住民側に立った場合、どのような制度を使って、どのような主張を行政にすることができるのか、真剣に考えたことがありますか。

住民の主張に対し、行政は説得的な説明をしているでしょうか。

住民の視点、行政の視点、最後に裁判所の視点と、立場をかえて、紛争を多角的に、検討してみましょう。

この書籍は、実務における行政法の基本書としての役割も果たすべく、第1部では、基本的な紛争解決のための制度について解説します。そして、第2部では、行政担当者として実務を担っていくために押さえておくべき基礎知識や法的思考をどのように身に着けていくかについて説明します。

これらを頭に入れたうえで、第3部では、実際に紛争となってきた身近な事案について、どのような主張・立証がなされるのか、どのような解決がなされるのかについて、一緒に裁判過程等をたどってみることとします。

こうして、立場をかえて、個別事例の検討を重ねることは、必ずや実務を担うみなさんの力になると確信しています。

これまで、実務を担いつつ大学院の授業（15コマ）や行政における集中研修などで使用していた講義レジメについて、書籍化要望が多く、今回大幅に、整理をし直して発行することにしました。大学での講義や実務における基本書としてもお使いいただけるのではないかと期待しています。

平成29年2月

日本大学危機管理学部准教授

鈴木　秀洋

目　　次

参考法令

◇装丁――山口真理子

凡　　例

〔法令名略語〕

行政機関の保有する情報の公開に関する法律	情報公開法
行政事件訴訟法	行訴法
行政手続法	行手法
行政不服審査法	行審法
高齢者虐待の防止、高齢者の養護者に対する支援等に関する法律	高齢者虐待防止法
国家賠償法	国賠法
児童虐待の防止等に関する法律	児童虐待防止法
障害者虐待の防止、障害者の養護者に対する支援等に関する法律	障害者虐待防止法
障害を理由とする差別の解消の推進に関する法律	障害者差別解消法
ストーカー行為等の規制等に関する法律	ストーカー規制法
地方自治法	自治法
地方自治法施行令	自治令
日本国憲法	憲　法
配偶者からの暴力の防止及び被害者の保護等に関する法律	DV防止法
部落差別の解消の推進に関する法律	部落差別解消法
本邦外出身者に対する不当な差別的言動の解消に向けた取組の推進に関する法律	ヘイトスピーチ解消法
予算決算及び会計令	予決令

〔判例出典略語〕

最高裁判所民事判例集	民集
最高裁判所裁判集民事	裁判集民
判例時報	判時
判例タイムズ	判タ
判例地方自治	判例自治
裁判所ホームページ	裁判所HP

はじめに

1　自治体行政「紛争」模様

実務家読者にとってはいうまでもないことだと思いますが、自治体行政が日々担っている業務は、防災・危機管理、子育て、教育、男女平等、福祉・介護・医療、まちづくり、建築、道路・公園、地域振興、環境問題等その射程は非常に広く、それぞれの分野の課題は深部にまで及びます。

住民からすれば、望むと否とを問わず、ゆりかごから墓場まで、日々の暮らしのうえで自治体行政とかかわらないことはありません[*1]。自治体行政実務の現場においては、日々、住民からの相談・要望・苦情が寄せられ、また紛争などがあり、それらの解決は待ったなしの状況です[*2]。

これらの紛争等の中身を検討してみると、通常の法適用（条文解釈）で対応が可能なものから、一担当者又は従前のマニュアルでは解決が難しいもの、さらに一自治体ではどうしようもなく国法体系の改正が必要なものまで、様々なものがあります。

2　膠着・対立

こうした中、双方の主張の折り合いがつかない場面も少なくありません。そのような場合に、住民側からすれば、「できない根拠がわからない」「担当者の能力が低い」「役所側の融通が利かない」「担当者の対応が悪い」という不満・苦情が高じて自治体行政側との対決姿勢が顕著となる（訴訟に至る）場合があります。

また、自治体行政側からすれば、「不当要求をしてくる住民」「モンスターペ

＊1　社会福祉分野でfrom womb to tomb（ゆりかごから墓場まで）という語句が指針として挙げられますが、行政がかかわる分野は広範です。

＊2　緊急・重大案件も少なくありません。

アレント」がいるとして、これまた住民側と対決色を強める場合があります。

このように、住民側の思いと自治体行政側の思いとが、真正面から対立してしまう場面は後を絶ちません。

しかし、こうした膠着・対立状況に陥ってしまうことは、両者にとって不幸というだけでなく、本来の自治体行政のあるべき姿ではないでしょう。

3　紛争の見方・見通し

紛争の行き着く先の一つとして訴訟があります。

確かに、住民から「訴えてやる！」と言われれば動揺するでしょう。精神的ストレスがかかります。組織としても人的・時間的・財政的手当てをしなければならないことからすれば、マイナスイメージしか抱けないかもしれません。

しかし、訴訟は決してマイナスばかりではありません。訴訟では、原告と被告（刑事裁判であれば検察官と弁護人・被告人）との攻撃と防御により解決が目指されるというプロセスをたどります。そして、この攻撃と防御により、当該「紛争」事案の多角的な検証が行われることになります。

それゆえ、両当事者の主張の適否だけに限らず、この過程においては、原告の主張でも被告の主張でもない、両者にとって第三の道（新たな政策や改善策）に気付かされることは決して少なくないのです*3。

むしろ、徹底的に、かつ、勝訴・敗訴というギリギリの攻防がなされるからこそ一種のイノベーション的な改善への道標（理論化や制度化への道）が示されることがあるのでしょう。

4　本書の読み方

上記の観点から、本書では、まず「第１部　行政法制度概略解説編」において、行政救済に係る制度の概略を説明します。

＊3　和解という形で第三の道が探られる場合もありますが、それだけにとどまりません。

また、これから第１部で概略解説を行う五つの項目は、次のように分類することができます。

Ⅰ　行政不服審査制度
Ⅱ　住民監査請求
} 行政内における法統制制度

Ⅲ　行政事件訴訟（処分取消など）
Ⅳ　国家賠償請求（補償を含む）
Ⅴ　住民訴訟
} 裁判所による法統制制度

そして、これらを担保する手続制度として、「行政手続制度」、「情報公開・個人情報保護制度」があります。

続いて、「第２部　行政実務基礎構築編」において、実務に役立つ法律の理解の仕方や、改正の経緯を追いかけることの重要性、判決文の読み方等――すなわち、第１部で述べた理論を行政実務に役立てるためのポイントについて解説します。

そして、「第３部　分野別紛争事例編」では、実際の紛争事例について、

①　原告の立場に立ったらどういう主張をするだろう。
②　被告の立場に立ったらどういう主張をするだろう。
③　裁判所の立場に立ったらどういう判決になるだろう。
④　かかる裁判過程・手続を通じて、学べることはどういうことだろう。
　　行政実務の運営改善等に反映させるべきことはないだろうか。

このように、それぞれの立場に立って検討することを繰り返すことで、訴訟は行政実務をよりよくするツールとなるのです。

さて、ここで、重要な図を提示しておきます。

第１部・第２部・第３部を通じて、それぞれ制度の説明や事例検討を行っていきますが、その際に、何度もこの体系図に立ち戻って、今どの類型の話をしているのか、確認してみてください。

この図を自分で書けるようになれば、かなりの実力者となっていることでしょう。

〔図表〕 紛争・訴訟類型の法体系的位置付け

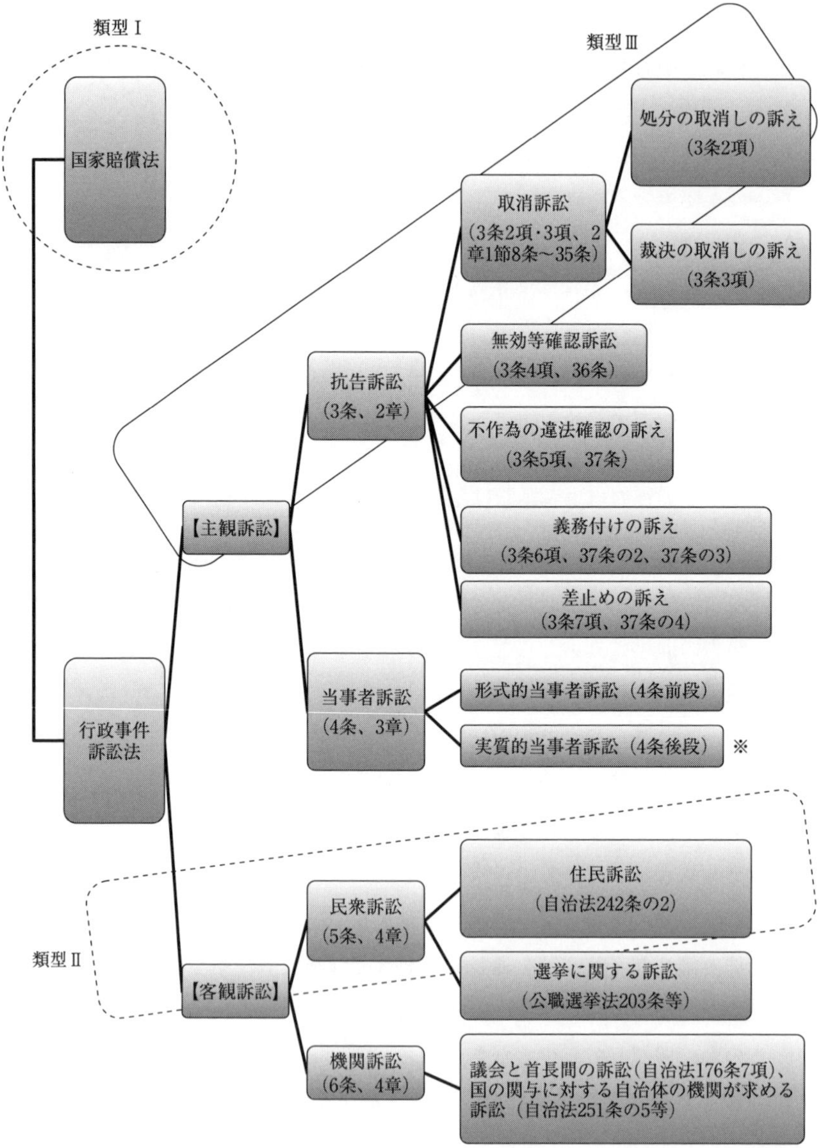

なお、この図は訴訟類型的な視点からの整理となります。

行政法の教科書には、実体的な行政救済論の理解の仕方として、以下の整理もあります。

行政救済論	行政争訟法	行政不服審査法
		行政事件訴訟法
	国家補償法	国家賠償法（違法の場合）
		損失補償法（適法の場合）

いろいろな切り口で、自分なりに整理ができると制度理解が深まります。

行政実務の紛争現場では、主に〔**図表**〕の３類型（Ⅰ・Ⅱ・Ⅲ）が典型的ですので、この３類型をしっかり押さえましょう。

なお、※の実質的当事者訴訟は、平成16年改正により利用促進が図られた類型です。

1　類型Ⅰ（点線○に囲まれたライン）～国家賠償法事例～

一つは、保育園・幼稚園・小学校・中学校等での事故等を原因とするものです。

被害者である原告（住民）が国家賠償法を根拠に提起する損害賠償請求訴訟の類型です。

例えば、公立保育園における保育時間中の骨折事故を原因として、その物的・精神的損害をてん補するための損害賠償請求事例（第３部　事例１（p86））や、水泳事故をめぐる紛争事例（第３部　事例19・20（p193））等について、第３部で詳細に検討します。

2　類型Ⅱ（点線□に囲まれたライン）～住民訴訟事例～

二つ目は、自治体の財務行政の適正な運営確保に係る紛争を原因とするものです。

具体的には、住民が自治体の契約行為・支出命令行為・支出行為等を違法であるとして、地方自治法242条の２及び行政事件訴訟法５条・42条を根拠に提起する住民訴訟の類型です。

例えば、自治体が、競争入札の方法をとらずに特定の団体との間で随意契約を締結して業務を委託するような場合にその締結行為が違法であるとしてなされる住民訴訟事例（第３部　事例２（p99））や、補助金支出をめぐる紛争事例（第３部　事例４（p130））等について、第３部で詳細に検討します。

3　類型Ⅲ（実線に囲まれた斜めのライン）～処分の取消しの訴え事例（取消訴訟事例）～

三つ目は、行政事件訴訟法３条２項・８条以下を根拠とする「処分の取消しの訴え」です。建築確認や除却命令や営業許可など行政のいわゆる処分行為を原因とするものです。

行政の行為（のうち「処分」といえる行為）について、違法を主張して、その法効果を遡って失わせる直截的かつ強力な訴訟類型です。

例えば、公園廃止行為を処分であるとして争うような紛争事例（第３部　事例３（p110））や、生活保護申請却下・廃止等をめぐる紛争事例（第３部　事例５（p136））、建築確認をめぐる紛争事例（第３部　事例６（p142））等について、第３部で詳細に検討します。

それでは、本書を通して、行政運営改善、住民の権利・利益向上のための道を一緒に歩んでいくこととしましょう。

[第1部]

行政法制度概略
解説編

Ⅰ　行政不服審査制度

１　意　義

行政庁の処分に関し、国民がその見直しを求め、行政庁に不服を申し立てる手続です。

なお、行政庁とは、処分権限を有する者をいいます。一般的には国又は地方公共団体の機関がこれに該当しますが、個々の法令において独立行政法人、特殊法人、許可法人のほか、いわゆる指定法人等に処分権限が与えられている場合もあります。

処分の定義については、旧法と規定ぶりが異なっていますが、行政事件訴訟法及び行政手続法とで処分概念が異なるところはないと解されており、定義規定が統一されています。そして、処分の具体的な内容は解釈に委ねられるところですが、基本的には、最判昭39・10・29民集18巻８号1809頁が示す「公権力の主体たる国または公共団体が行う行為のうち、その行為によって、直接国民の権利義務を形成しまたはその範囲を確定することが法律上みとめられているもの」と押さえておきましょう。後掲「Ⅲ　行政事件訴訟」(p24）で詳述します。

２　根拠法・条文

１　根拠法：行政不服審査法

２　条　文

○１条目的規定

(目的等)

第１条　この法律は、行政庁の違法又は不当な処分その他公権力の行使に当たる行為に関し、国民が簡易迅速かつ公正な手続の下で広く行政庁に対する不服申立てをすることができるための制度を定めることにより、国民の権利利益の救済を図るとともに、行政の適正な運営を確保することを目的とする。

2　行政庁の処分その他公権力の行使に当たる行為（以下単に「処分」という。）に関する不服申立てについては、他の法律に特別の定めがある場合を除くほか、この法律の定めるところによる。

＊下線は筆者による

○目　次

第１章　総則（第１条～第８条）
第２章　審査請求
　第１節　審査庁及び審理関係人（第９条～第17条）
　第２節　審査請求の手続（第18条～第27条）
　第３節　審理手続（第28条～第42条）
　第４節　行政不服審査会等への諮問（第43条）
　第５節　裁決（第44条～第53条）
第３章　再調査の請求（第54条～第61条）
第４章　再審査請求（第62条～第66条）
第５章　行政不服審査会等
　第１節　行政不服審査会（第67条～第80条）
　第２節　地方公共団体に置かれる機関（第81条）
第６章　補則（第82条～第87条）

3　主な内容

行政不服審査法は、１条目的規定から読みとれるように、「国民の権利利益の救済を図るとともに、行政の適正な運営を確保すること」を目的としています。平成26年に、①公正性の向上、②使いやすさの向上、③国民の救済手段の充実・拡大等の観点から、約50年ぶりに抜本改正され、平成28年４月１日に施行されています。

1　公正性の向上～点検の強化（審理の見える化）～

(1)　審理員制度の導入による審理手続

職員のうち処分に関与しない者（審理員）が審査請求人と処分庁の主張を公正に審理することとなりました（行審法９条参照）。

(2)　有識者からなる第三者機関への諮問手続（裁決の点検）の導入

第三者の視点で審査庁（大臣、市町村長等）の判断の妥当性をチェックすることにより、裁決の公正性の向上が図られました。なお、迅速な裁決を希望する場合に配慮した例外に対応する規定も置かれています(行審法43条参照)。

(3)　審理手続における審査請求人の権利の拡充

証拠書類の閲覧又は交付（行審法38条）が認められたほか、口頭意見陳述における質問権を付与する（行審法31条５項参照）などの改正がされました。

〔図表１－Ⅰ－１〕　行政不服審査法改正前後の比較

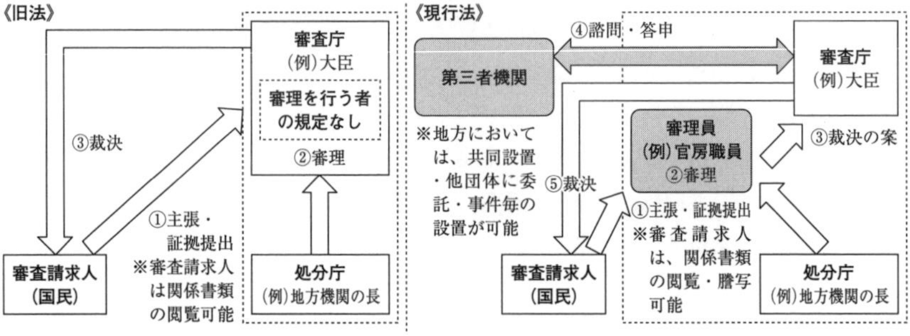

＊出典：総務省HPをもとに筆者作成

〔図表１－Ⅰ－２〕　審査請求の流れ

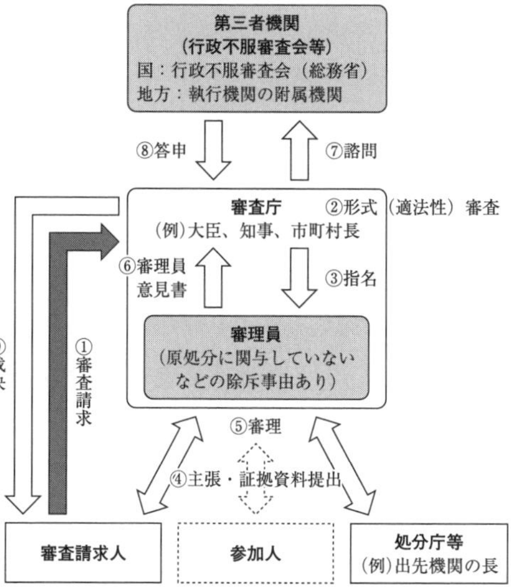

＊出典：総務省HPをもとに筆者作成

②　使いやすさの向上～国民の利便性～

(1)　不服申立期間の延長

不服申立てをすることができる期間が60日から３か月に延長されました（行審法18条参照）。

(2)　不服申立手続の審査請求への一元化

旧法の不服申立手続における「異議申立て」（処分庁から説明を受ける機会の付与なし）を廃止し、「審査請求」に原則一元化されました（行審法２条参照）。

ただし、①不服申立てが大量にあるもの（国税・関税など）については、簡易に処分を見直す手続である「再調査の請求」が例外的に置かれていますが、不服申立人は「再調査の請求」をすることなく、「審査請求」を行うこともでき、選択制となっています（行審法５条参照）。また、審査請求を経た後の救済手続として意義のある場合（社会保険・労働保険など）には例外的に「再審査請求」をすることができます（行審法６条）。

⑶　迅速な審理の確保

審査庁に審査請求がなされてから裁決をするまでに要する標準的な期間（標準審理期間）が努力義務として設定され（行審法16条参照）、また、審理に当たっての争点･証拠の事前整理手続等が導入されました（行審法37条参照）。

⑷　不服申立前置の見直し

行政の処分に不服がある場合に不服申立てをするか、直ちに出訴するかは国民が選択できることが原則です。この観点からすれば、行政の処分に不服がある場合に不服申立てに対する裁決を経た後でなければ出訴できないとする不服申立前置は例外であり、この前置を定める個別法を廃止・縮小する方向で見直されました。

なお、例外的に不服申立前置を存置する場合として以下３類型があります。①不服申立ての手続に一審代替性（高裁に提訴することになる）があり、国民の手続負担の軽減が図られている場合（電波法、特許法など）、②大量の不服申立てがあり、直ちに出訴されると裁判所の負担が大きくなると考えられる場合（国税通則法、国民年金法、労働者災害補償保険法など）、③第三者的機関が高度に専門技術的な判断を行う等により、裁判所の負担が低減されると考えられる場合等（公害健康被害の補償等に関する法律、国家公務員法など）があります。

以上の改正と連動し、行政手続法も改正されたので、続いてみていきましょう。

３　国民の救済手段の充実・拡大～行政手続法の改正～

⑴　是正のための処分等の求め

国民が、法律違反の事実を発見した場合に、行政に対し適正な権限行使を求めることができる法律上の手続が定められています（行手法36条の３参照）。

⑵　行政指導の中止等の求め

法律に基づく行政指導を受けた事業者が、当該行政指導が法律の要件に適合しないと思料する場合に、行政に再考を求める申出を法律上の手続として定めています（行手法36条の２参照）。

④　施行期日

行審法は、原則として公布の日（平成26年６月13日）から起算して２年を超えない範囲内において政令で定める日（平成28年４月１日）から施行され、関係整備法は行審法の施行の日から施行されています。また、改正行政手続法は平成27年４月１日から施行されました。

4　手続の流れ

〔図表1－Ⅰ－3〕 審理手続の一般的な流れ

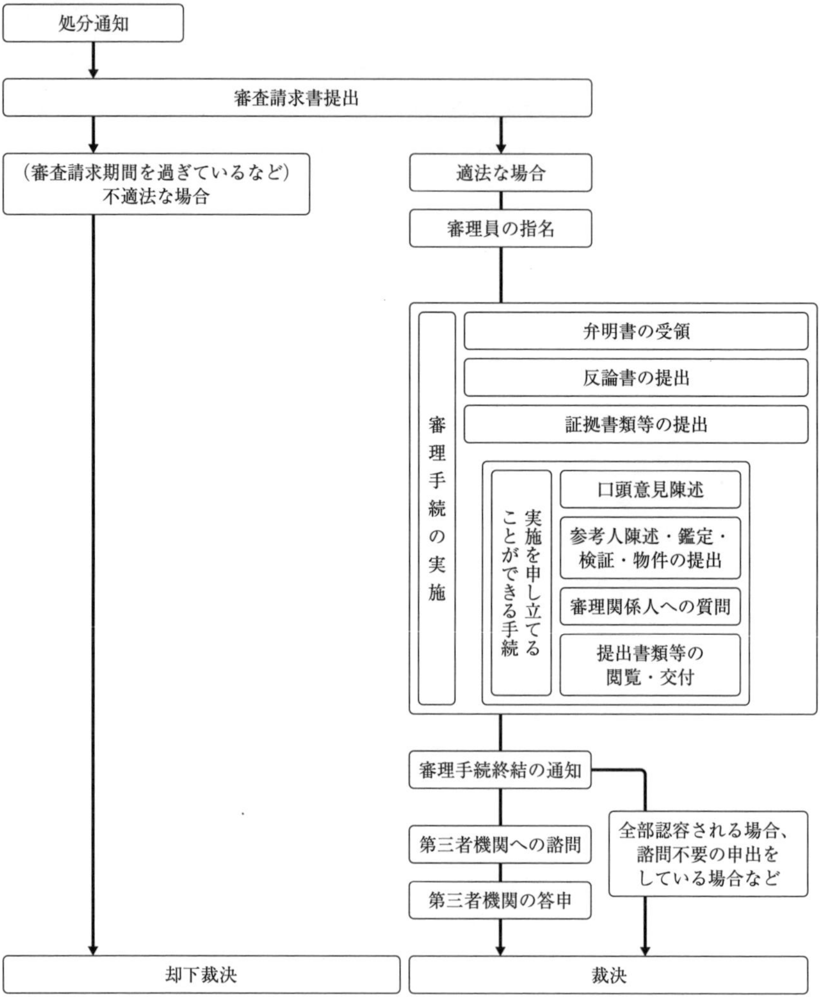

＊出典：総務省「新たな行政不服審査法がスタートしました！！」をもとに筆者作成

5　実務上の視点

行政としては、この制度にあわせた①組織づくり・法務担当のレベルアップが課題となります（審理員の法的専門性・独立性）。また、②不当要件審査[*1]の基準、③公表制度の充実等、再考に耐えられる処分のエビデンスを用意しておくことが必要でしょう。

従前この制度は十分利用されてきませんでしたが、今後は、住民に向けての積極的な制度説明や情報提供を積み重ねることによって、本来の目的である、行政の自己反省機能を高めるということ、国民の権利・利益の救済及び行政の適正な運営を確保するということ、これらの制度目的を果たし得るよう、住民にこの制度を信頼して利用してもらえるように努めることが重要です。

＊1　鈴木秀洋「「不当」要件と行政の自己統制」『自治研究』83巻10号 第一法規（2007年）104～122頁

Ⅱ　住民監査請求

１　意　義

地方公共団体の住民が当該団体の執行機関又は職員の違法又は不当な財務会計上の行為又は怠る事実について、これを予防し又は是正（生じる損害の賠償等を求める等）することで、財務の適正を確保し、住民全体の利益を守ることを目的とする制度です。

法律上行為能力を認められている限り、自然人でも法人でも請求をすることができ、１人であっても可能です。

２　根拠法・条文

1　根拠法：地方自治法242条１項

2　条　文

○条　文

（住民監査請求）

第242条　普通地方公共団体の住民は、当該普通地方公共団体の長若しくは委員会若しくは委員又は当該普通地方公共団体の職員について、違法若しくは不当な公金の支出、財産の取得、管理若しくは処分、契約の締結若しくは履行若しくは債務その他の義務の負担がある（当該行為がなされることが相当の確実さをもつて予測される場合を含む。）と認めるとき、又は違法若しくは不当に公金の賦課若しくは徴収若しくは財産の管理を怠る事実（以下「怠る事実」という。）があると認めるときは、これらを証する書面を添え、監査委員に対し、監査を求め、当該行為を防止し、若しくは是正し、若しくは当該怠る事実を改め、又は当該行為若しくは怠る事実によつて当該普通地方公共団体の被つた損害を補填するために必要な措置を講ずべきことを請求することができる。

（２項以下略）

○目　次

第13章　外部監査契約に基づく監査
第14章　補則
第３編　特別地方公共団体
第４編　補則
＊章、節、款について適宜表示を省略。地方自治法の目次全体を見わたせるものは巻末の参考法令を参照。

３　解　説

住民監査請求は、地方自治法の財務の章「第10節　住民による監査請求及び訴訟」242条に規定が置かれています。

この242条は、独力で読みこなすのはかなり困難です。読みやすく少しアレンジしてみます。

> **（住民監査請求）**
> **第242条**……住民は、……長若しくは委員会（委員）又は当該……職員について、〔違法若しくは不当な〈①公金の支出、②財産の取得、管理若しくは処分、③契約の締結若しくは履行若しくは④債務その他の義務の負担〉がある（……）と認めるとき〕、又は〔違法若しくは不当に〈⑤(ア)公金の賦課若しくは徴収若しくは⑤(イ)財産の管理を怠る事実（以下「怠る事実」という。)〉があると認めるとき〕は、……監査委員に対し、⑴監査を求め、⑵……行為を防止……是正し、⑶……怠る事実を改め、又は⑷……団体の被った損害を補塡《てん》するために必要な措置を講ずべきことを請求することができる。

そして、このアレンジを図にまとめてみると〔**図表１－Ⅱ－１**〕のようになります。

〔図表１－Ⅱ－１〕 住民監査請求（地方自治法242条１項）

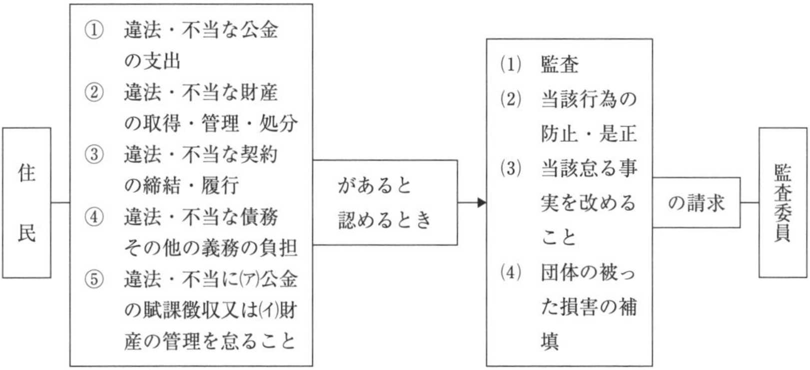

3　主な内容

1　監査請求の対象（自治法242条１項）

当該普通地方公共団体の長、委員会、委員又は職員による違法・不当な財務会計上の「行為」又は財務に関する「怠る事実」が監査請求の対象となります。

具体的には、①公金の支出、②財産の取得・管理・処分、③契約の締結・履行、④債務その他の義務の負担、⑤公金の賦課・徴収を怠る事実又は財産の管理を怠る事実、の五つが挙げられます。なお、①～④については、当該行為がなされることが相当な確実さをもって予測される場合を含みます。

2　監査請求の内容（自治法242条１項）

上記監査請求の対象となる「行為」や「怠る事実」があったと考えられるときに請求できることとしては、①当該行為を防止又は是正すること、②当該怠る事実を改めること、③当該行為・怠る事実によって当該普通地方公共団体が被った損害を補てんするために必要な措置を講ずべきこと、の三つが挙げられます。

３　監査請求の期間（自治法242条２項）

住民監査請求は、「当該行為のあつた日又は終わつた日から１年を経過したときは、これをすることができない」とされています。ただし、請求がこの期間内にできなかったことに正当な理由があるときは認められます。

４　監査委員による監査・勧告等

(1)　監査委員から議会・長への通知（自治法242条３項・10項）

監査の請求があったときは、直ちに監査委員は、当該請求の要旨を当該普通地方公共団体の議会及び長に通知しなければなりません（自治法一部改正（平成29年法律第54号）により新設)。この規定は、請求の後に議会が住民訴訟に係る損害賠償請求権等を放棄する場合に監査委員の意見聴取を行うこととされたこと（10項）との関連で新設されたものです。

(2)　暫定的な停止勧告制度（自治法242条４項）

監査委員は、以下の要件をすべて満たす場合、理由を付して勧告等の手続が終了するまでの間当該行為を停止すべきことを勧告することができます。

①　当該行為が違法であると思料するに足りる相当な理由があると認めるとき

②　当該行為により当該地方公共団体に生ずる回復の困難な損害を避けるため緊急の必要があると認めるとき

③　当該行為を停止することによって人の生命又は身体に対する重大な危害の発生の防止その他公共の福祉を著しく阻害するおそれがないと認めるとき

(3)　必要な措置の勧告・通知・公表（自治法242条５項・６項・９項）

監査の請求があった場合、60日以内に監査を行い（６項)、①請求に理由がないと認めるときは、理由を付してその旨を請求人に通知し、公表しなければなりません（５項前段)。また、②請求に理由があると認めるときは、当該普通地方公共団体の議会、長、その他の執行機関又は職員に対し、期間を示して必要な措置を講ずべきことを勧告するとともに、勧告の内容を請求人に通知し、公表しなければなりません（５項後段)。

勧告を受けた者は、当該勧告に示された期間内に必要な措置を講じ、その旨を監査委員に通知するとともに、監査委員は通知に係る事項を請求人に通知し、公表しなければなりません（9項）。

4　手続の流れ

〔図表1－Ⅱ－2〕 手続の流れ

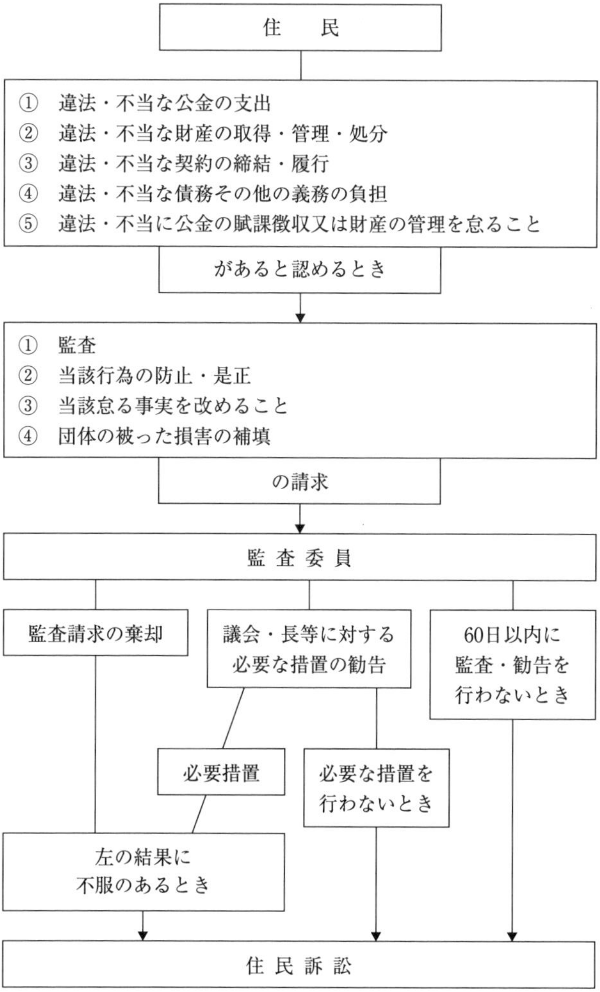

5　実務上の視点

財務会計上の行為の範囲は、法構成の仕方・解釈にもよりますが、行政の活動は何かしら財務を基礎にしており、かなり広範な活動が財務会計上の行為として住民監査請求の対象となり得ます。契約・支出命令・支出等の際には、適法性・妥当性について争われた場合の正当性の根拠（法・条例・規則・指針・マニュアル等）をきちんと確認しておくこと、さらに、類似の裁判例を押さえておくことが重要となります（適法性の審査のみですが参考になります）。このことについては、「第２部　行政実務基礎構築編」（p57以下）で詳しく述べることとします。

6　近時の動向（平成29年地方自治法改正）

地方自治法の改正動向を把握しておくことも重要です。最近では、第31次地方制度調査会「人口減少社会に的確に対応する地方行政体制及びガバナンスのあり方に関する答申」（平成28年３月16日）を踏まえて、地方自治法等の一部を改正する法律（平成29年法律第54号）により、次のような改正がなされました。

①　内部統制に関する方針の策定等

②　監査制度の充実強化

③　決算不認定の場合における長から議会等への報告規定の整備

④　地方公共団体の長等の損害賠償責任の見直し等

総務省の資料に、改正の背景・概要がわかりやすくまとまっていますので、確認してポイントを押さえておきましょう。

〔図表１－Ⅱ－３〕　地方自治法等の一部を改正する法律の概要

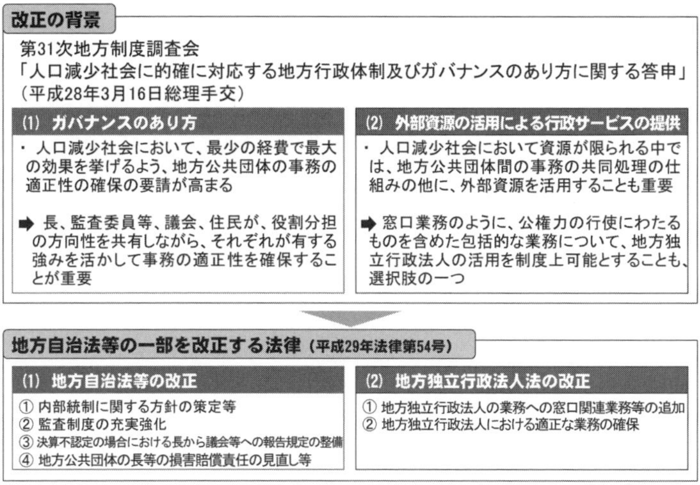

＊出典：総務省「地方自治法等の改正について」
https://www.soumu.go.jp/main_content/000513644.pdf

〔図表１－Ⅱ－４〕　地方自治法等の改正概要

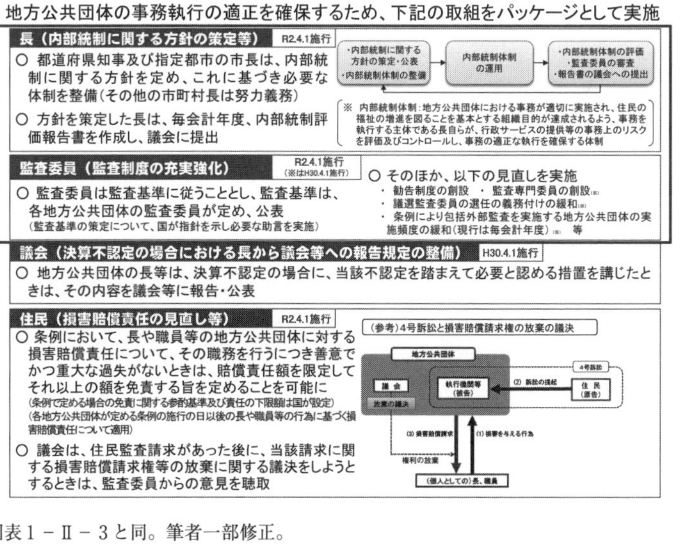

＊出典：図表１－Ⅱ－３と同。筆者一部修正。

Ⅲ　行政事件訴訟

１　意　義

国民の権利・利益を実効的に救済する手続です。

２　根拠法・条文

[1]　根拠法：行政事件訴訟法

[2]　条　文

○条　文

（行政事件訴訟）

第２条　この法律において「行政事件訴訟」とは、抗告訴訟、当事者訴訟、民衆訴訟及び機関訴訟をいう。

○目　次

第１章　総則（第１条～第７条）
第２章　抗告訴訟
　第１節　取消訴訟（第８条～第35条）
　第２節　その他の抗告訴訟（第36条～第38条）
第３章　当事者訴訟（第39条～第41条）
第４章　民衆訴訟及び機関訴訟（第42条・第43条）
第５章　補則（第44条～第46条）

③　解　説

行訴法２条にいう抗告訴訟と当事者訴訟は、主観訴訟に区分されます。主観訴訟は、国民の権利利益の保護を目的とした訴訟であり、裁判所法３条１項の「法律上の争訟」に当たります。一方、民衆訴訟と機関訴訟は、客観訴訟に区分されます。

「はじめに」の〔**図表**〕紛争・訴訟類型の法体系的位置付け（p４）を確認しましょう。

なお、行政事件訴訟としては、行政庁の処分を取り消す取消訴訟が典型であり、以下「主な内容」ではメインルートを中心にみていきます。

3　主な内容

行政事件訴訟法を理解するに当たっては、訴訟要件と本案要件について理解することが必要となります。

「訴訟要件」を理解するうえで重要となるキーワードとしては、処分性、原告適格、狭義の訴えの利益、被告適格などが挙げられます。**4～6**において詳しくみていきましょう。

ここで、現在の行政事件訴訟法の基本的枠組みを理解するためには、平成16年改正の内容を正確に押さえておくことが必要です。平成16年改正では、国民の権利・利益のより実効的な救済手続を整備する観点から改正されました。以下内容を確認しておきましょう。

①　救済範囲の拡大

⑴　取消訴訟の原告適格の拡大

原告適格の判断において、法律の趣旨・目的や処分において考慮されるべき利益の内容･性質などを考慮すべき旨が規定されました（行訴法９条２項）。

⑵　義務付け訴訟の法定

一定の要件の下で行政庁が処分をすべきことを義務付ける訴訟類型として

義務付け訴訟が法定されました（行訴法３条６項・37条の２・37条の３）。

⑶　差止訴訟の法定

一定の要件の下で行政庁が処分をすることを事前に差し止める訴訟類型として差止訴訟が法定されました（行訴法３条７項・37条の４）。

⑷　確認訴訟を当事者訴訟の一類型として明示

当事者訴訟のうち公法上の法律関係に関する訴訟の一類型として確認訴訟が明示されました（行訴法４条）。

２　審理の充実・促進

裁判所が、釈明処分として、行政庁に対し、裁決の記録や処分の理由を明らかにする資料の提出を求めることができる制度が新設されました（行訴法23条の２）。

３　行政訴訟をより利用しやすく、わかりやすくするための仕組み

⑴　抗告訴訟の被告適格の簡明化

訴訟手続を簡明にするため、被告を行政庁から、処分をした行政庁の所属する国又は公共団体に改める改正がなされました（行訴法11条１項・２項・３項・38条１項）。

⑵　抗告訴訟の管轄裁判所の拡大

国を被告とする抗告訴訟は、原告住所地を管轄する高等裁判所所在地の地方裁判所にも訴え提起をすることができるようになりました（行訴法12条４項・５項）。

⑶　出訴期間の延長

「処分があったことを知った日から３か月」とされている取消訴訟の出訴期間が６か月に延長されました（行訴法14条・43条１項）。

⑷　出訴期間等の情報提供（教示）制度の新設

処分をする際、その相手方に対し、取消訴訟の被告、出訴期間、不服申立前置等に関する情報提供をする制度が新設されました。

④　本案判決前における仮の救済制度の整備

⑴　執行停止の要件の緩和

執行停止の要件について、損害の性質のみならず、損害の程度や処分の内容及び性質が適切に考慮されるように「回復の困難な損害」の要件が「重大な損害」に改められました（行訴法25条２項）。

⑵　仮の義務付け・仮の差止めの制度の新設

一定の要件の下で、裁判所が、行政庁に対し、処分をすべきことを仮の義務付け、又は処分をすることを仮に差し止める裁判をすることができる制度が新設されました（行訴法37条の５）。

4　訴訟要件としての処分性

行訴法３条２項・８条以下を根拠とする「処分の取消しの訴え」について検討してみましょう。「処分の取消しの訴え」は、行訴法３条２項において「行政庁の処分その他公権力の行使に当たる行為（略）の取消しを求める訴訟をいう」と定められています（類型Ⅲ）。

①　定　義

処分概念は法技術的概念であり、その内容は解釈によりますが、「公権力の主体たる国または公共団体が行う行為のうち、その行為によつて、直接国民の権利義務を形成しまたはその範囲を確定することが法律上認められているもの」（最判昭39・10・29民集18巻８号1809頁）と押さえておきましょう。

②　イメージ

具体的イメージとしては、契約等の水平関係的なベクトル（⇔）ではなく、国民・住民に向けられた垂直関係的なベクトル（↓）を思い浮かべてみると処分概念を理解しやすいのではないでしょうか。

3　具体例

具体例としては、課税処分、自動車の運転免許、生活保護の廃止決定、建築基準法上の建築確認、違法建築物の除却命令、営業停止命令、公有水面の埋立ての免許等があります。判例六法などで確認しておきましょう。

4　効　果

行政の行為（のうち「処分」といえる行為）について、違法を主張してその法効果を失わせる、つまり既往に遡って行為がなかったものとして法律関係を正す（原状回復機能や適法性維持機能）手段を国民・住民側に与えるものであり、その意味で直截的かつ強力な訴訟類型です。

5　処分該当性判断の具体的要素・基準

前述した、処分の取消しの訴えの対象となる処分とはどういうものか、判例が掲げる定義についてもう少し掘り下げてみましょう[*1]。

判例が掲げる定義は、前述したように「公権力の主体たる国または公共団体が行う行為のうち、その行為によつて、直接国民の権利義務を形成しまたはその範囲を確定することが法律上認められているもの」（最判昭39・10・29民集18巻8号1809頁）というものです。

この定義を具体的要素に分解して基準を挙げると（従来の公式と呼ばれます）以下の5点に分解できます[*2]。

＊1　どの行為を対象にという①処分性のほかに、②誰がという原告適格、③処分を現実に取り消してもらう必要性（実効性）という狭義の訴えの利益、④誰を被告にという被告適格、⑤いつまでに訴えを提起できるかという出訴期間など訴訟で勝訴できるかという以前に訴訟で取り上げられるかどうかという訴訟要件の問題があります。阿部泰隆『行政法解釈学Ⅱ』有斐閣（2009年）88頁では「障害物競走」というわかりやすい表現で説明しています。

＊2　判例が掲げる定義についての要素分解及び基準抽出については様々な整理の仕方があるとともに処分概念拡大論・破綻論・不要論含めて多くの先行研究があります（例えば前掲阿部191頁以下参照）。

①「公権力」性・一方的性格（公権力の発動としての単独行為）
　→　双方の合意に基づく契約について処分性を否定する方向へ
②「直接」性・特定の名宛人への個別・具体性（成熟性と関連、最終性とも関連）
　→　名宛人が不特定である場合や内容が抽象的な場合に処分性を否定する方向へ：
　　　例として行政計画、条例、一般処分等の類型が論点
③「国民（私人）」に対してという外部性
　→　行政の内部行為について処分性を否定する方向へ
④「権利義務」に変動（「形成……範囲を確定」）を及ぼすという法的効果性
　→　法的効果のない行政指導など（事実行為等）の処分性を否定する方向へ
⑤「法律上認められる」という取消訴訟の対象とする立法者意思[*3]
　→　根拠法令上行政不服申立てが法定されている場合など処分性を肯定する方向へ

6　処分性に関する判例

ここで、判例についても確認しておきましょう。

〔図表１－Ⅲ－１〕　処分性に関する判例

（○処分性あり、×なし）

	結論	問題となった行為
内部行為	×	A　建築許可に際して消防長が知事に行う同意（最判昭34・１・29民集13巻１号32頁）
	×	B　墓地埋葬法の埋葬拒否禁止規定の解釈を示す通達（最判昭43・12・24民集22巻13号3147頁）
一般的行為	○	C　告示による一括指定で行った建築基準法の二項道路の指定（最判平14・１・17民集56巻１号１頁）
	×	D　別荘所有者のみ水道料を値上げする町の条例改正行為（最判平18・７・14民集60巻６号2369頁）
	○	E　特定の保育所の廃止を内容とする市の条例制定行為（最判平21・11・26民集63巻９号2124頁）

＊３　公権力性の内容として整理するものもあります。

段階的行為	×	F　都市計画法の用途地域（工業地域）指定（最判昭57・４・22民集36巻４号705頁）
	○	G　都市再開発法の第二種市街地再開発事業計画の決定（最判平４・11・26民集46巻８号2658頁）
	○	H　土地区画整理法の土地区画整理事業計画決定（最大判平20・９・10民集62巻８号2029頁）
私法上の行為	×	I　国有普通財産の払下げ（最判昭35・７・12民集14巻９号1744頁）
	○	J　供託金取戻請求に対する供託官の却下行為（最大判昭45・７・15民集24巻７号771頁）
事実行為	○	K　関税定率法の輸入禁制品該当の通知（最判昭54・12・25民集33巻７号753頁）
	○	L　医療法の病院開設中止勧告（最判平17・７・25民集59巻６号1661頁）及び病床数削減勧告（最判平17・10・25訟務月報52巻５号1574頁）

５　訴訟要件としての原告適格

1　原告適格概念

原告適格とは、処分性が認められた場合に、その個別具体の事件において取消訴訟を提起する資格をいいます。

前述の「処分性」は、その訴訟で対象とされる行政行為が一般的客観的に抗告訴訟の対象とすることができるものか否かを問題とするのに対し、原告適格は、特定の原告や訴えについて個別的にその要件該当性の有無を問題とするものです。

行訴法９条１項は「法律上の利益を有する者」と規定しており、この、「法律上の利益を有する者」の具体的解釈が問題となります。

この点、学説上の対立がありますが、ここでは「法律上保護された利益」説、すなわち、当該処分の根拠法令が保護している利益であると解釈する立場が判例・実務の基本的スタンスであると理解しておきましょう。

2　処分の相手方以外の者について法律上の利益を有するか否か

主に実務上、原告適格が争いとなるのは処分の相手方以外の者についての原告適格です。

確かに、これまで判例が柔軟な解釈を行い原告適格の範囲を拡大してきましたが、国民の権利・利益のより実効的な救済確保が掲げられ、平成16年の行訴法改正が行われました。

新設された行訴法9条2項では、処分の相手方以外の者について法律上の利益を有するか否かを判断する際の解釈指針を明示し、実質的に原告適格の範囲の拡大を目指したものといえます。

3　解釈指針（四要素分解）

行訴法9条2項を読んでみましょう。四つの要素から成り立っています。

> **（原告適格）**
>
> **第9条**　（1項略）
>
> 2　裁判所は、処分又は裁決の相手方以外の者について前項に規定する法律上の利益の有無を判断するに当たつては、当該処分又は裁決の根拠となる法令の規定の文言のみによることなく、①「当該法令の趣旨及び目的」並びに②「当該処分において考慮されるべき利益の内容及び性質」を考慮するものとする。この場合において、当該法令の趣旨及び目的を考慮するに当たつては、当該法令と③「目的を共通にする関係法令」があるときはその趣旨及び目的をも参酌するものとし、当該利益の内容及び性質を考慮するに当たつては、当該処分又は裁決がその根拠となる法令に違反してされた場合に④「害されることとなる利益」の内容及び性質並びにこれが害される態様及び程度をも勘案するものとする。
>
> ＊①〜④や「 」、囲み、矢印は筆者による

まず、「当該処分……の根拠となる法令の規定の文言のみによることなく」

という全体に係る解釈指針を置いたうえで、考慮要素として、①「当該法令の趣旨及び目的」、②「当該処分において考慮されるべき利益の内容及び性質」という二つを規定し、それぞれについて①の判断には「目的を共通にする関係法令」の趣旨・目的の参酌（③）、②の判断には処分等が違法になされた場合に「害されることとなる利益」の内容・性質、侵害の態様・程度の勘案（④）という二つの判断手法を定めました[*4]。

４　原告適格に関する判例

具体的にどのような場合に原告適格が認められ、あるいは認められなかったのかは、判例を確認しておきましょう。

〔図表１－Ⅲ－２〕　原告適格に関する判例

（○原告適格あり、×なし）

	結論	原告適格が問題となった者
営業上の利益等	×	A　病院開設許可に反対する他施設開設者（近隣の医師）と医師が所属する医師会（最判平19・10・19裁判集民226号141頁）
周辺住民	○	B　森林法の保安林指定解除処分に反対する周辺住民（長沼訴訟・最判昭57・９・９民集36巻９号1679頁）
	○	C　定期航空運送事業免許により騒音等の被害を受ける周辺住民（新潟空港訴訟・最判平元・２・17民集43巻２号56頁）
	○	D　原子炉等規制法の原子炉設置許可に反対する周辺住民（もんじゅ訴訟・最判平４・９・22民集46巻６号571頁） ※無効等確認訴訟を提起した事例
	○	E　高層建築物への総合設計許可（建築基準法）、都市計画許可、建築確認に反対する周辺住民（最判平14・１・22民集56巻１号46頁）
	○	F　鉄道高架化事業のための都市計画事業認可（連続立体交差化・附属街路設置）に反対する周辺住民（事業地内地権者と地権者でない者）（小田急高架化訴訟・最大判平17・12・７民集59巻10号2645頁）

＊４　櫻井敬子・橋本博之『行政法〔第６版〕』弘文堂（2019年）282～285頁等参照。

		G　場外車券発売施設設置許可に反対する周辺住民・周辺で事業を営む者・医療施設開設者等（最判平21・10・15民集63巻8号1711頁）
	○	医療施設開設者
	×	周辺居住者・周辺で事業を営む者・医療施設利用者
その他	×	H　公正取引委員会の行った果実飲料等の表示に関する認定処分に反対する消費者団体（主婦連合会）（主婦連ジュース訴訟・最判昭53・3・14民集32巻2号211頁） ※不服申立ての事案
	×	I　陸運局長が私鉄会社へ行った特急料金値上げ認可に反対する利用者（近鉄特急事件・最判平元・4・13裁判集民156号499頁）
	×	J　遺跡への史跡指定解除処分（文化財保護法・条例）に反対する学術研究者（伊場遺跡訴訟・最判平元・6・20裁判集民157号163頁）

6　その他の訴訟要件

1　狭義の訴えの利益

処分性を有し、原告適格があったとしても、当該処分を現実に取り消してもらう必要性（実効性）があるかという問題であり、この利益がなければ、訴えは却下されます。

根拠条文としては、行訴法9条1項括弧書にいう「処分又は裁決の効果が期間の経過その他の理由によりなくなつた後においてもなお処分又は裁決の取消しによって回復すべき法律上の利益を有する者を含む」が挙げられます。

「第3部　分野別紛争事例編」事例7（p145）で詳述しますが、例えば、建築確認は建築という私人の行為を適法に行わしめるものであるため、建築工事が完成してしまうと処分も効果も完了し、訴えの利益はなくなります。逆に、免職処分取消訴訟中に公職選挙に立候補した者については訴えの利益ありとされます（給料請求権の利益が存続します）。

２　狭義の訴えの利益に関する判例

具体的に判例でどのように判断されているかを確認しましょう。

〔図表１－Ⅲ－３〕　狭義の訴えの利益に関する判例

（○狭義の訴えの利益あり、×なし）

	結論	狭義の訴えの利益が問題となった事例
処分の効果消滅	×	A　建物完成後の建築確認処分取消訴訟（最判昭59・10・26民集38巻10号1169頁）
	○	B　土地改良工事が完了し、原状回復不能となった後の土地改良事業施行認可取消訴訟（最判平４・１・24民集46巻１号54頁）
期日の経過	○	C　運転免許取消処分に対する取消訴訟中に本来の運転免許の有効期限が経過した場合（最判昭40・８・２民集19巻６号1393頁）
	×	D　運転免許停止処分期間が終了し、処分から１年間経過後の同処分への取消訴訟（最判昭55・11・25民集34巻６号781頁）
原告の死亡	×	E　生活保護の変更決定に対する取消訴訟中に原告が死亡した場合（朝日訴訟・最大判昭42・５・24民集21巻５号1043頁）
後発的事情その他	×	F　再入国不許可処分に対して取消訴訟を提起した外国人が再入国許可を受けないまま我が国を出国した場合（最判平10・４・10民集52巻３号677頁）
	×	G　代替施設が設置された後の保安林指定解除処分の取消訴訟（長沼訴訟・最判昭57・９・９民集36巻９号1679頁）
	○	H　優良運転者である旨の記載がない運転免許更新処分（「一般運転者」と記載）への取消訴訟（最判平21・２・27民集63巻２号299頁）
	○	I　公務員に対する懲戒免職処分の取り消し訴訟中に原告が公職選挙に立候補した場合（最大判昭40・４・28民集19巻３号721頁）

３　被告適格

平成16年の行訴法改正により、原則として、被告適格は行政庁から行政主体に変更されました。

根拠条文は、次のように、行訴法11条１項となります。

第11条　処分……をした行政庁……が……公共団体に所属する場合には、取消訴訟は、次の各号に掲げる訴えの区分に応じてそれぞれ当該各号に定める者を被告として提起しなければならない。
一　処分の取消しの訴え　当該処分をした行政庁の所属する……公共団体
（略）

これは、行政庁を特定する原告の負担を軽減し、さらに訴えの変更や併合などの手続をしやすくする方策として、国民の権利・利益の実効的救済を趣旨とするものです。

ただし、例外的に、処分をした行政庁が公共団体に所属しない場合には、当該行政庁を被告として提起することとされました（行訴法11条２項）。

具体的には、後述「第３部　分野別紛争事例編」事例６（p142）で詳述しますが、指定確認検査機関（建築基準法77条の18以下）や弁護士会（弁護士法56条２項）などがこの例外に当たると考えられます。

7　実務上の視点

処分性・原告適格については、これまでの判例・裁判例を踏まえて理解することが重要です。そして、実務においては、平成16年改正の趣旨を踏まえた訴訟対応が求められます（審理の充実・促進のための資料提出制度への対応等）。

この点、改正法が当事者訴訟の積極的活用をうたっている以上、当事者訴訟による行政の適法性の主張・立証が求められる機会は増加していくことを理解しておきましょう。

なお、実際の訴訟手続については、行訴法に規定のない事項については、民事訴訟の例によるものとされています（行訴法７条）。第２部で述べる「Ⅲ　行政紛争と裁判手続」（p69）を参考にしてください。

Ⅳ　国家賠償請求

１　意　義

1　定　義

国家賠償制度とは、違法な行政活動によって生じた損害を国家又は公共団体が賠償するものです。

2　経　緯

憲法は、公務員の不法行為による損害について、法律の定めるところにより国・公共団体に損害賠償を求めることができる旨を定めており（憲法17条）、国賠法はこの規定を受けて制定されたものです。

3　機　能

機能としては、①被害者救済機能、②適法性統制・違法行為抑止機能の二つがあります。

4　イメージ

１条は「公務員の公権力の行使」に関する責任、２条は「営造物の設置管理」に関する責任を定めており、イメージとしては１条が人的責任、２条が物的責任と考えるとわかりやすいでしょう。

なお、３条は「費用負担者」について定め、４条は、「国家賠償法」のルールと「民法」のルールの関係について定めています。

２　法的性質

国賠法１条は、従前の「国家無答責の法理」を克服するとの沿革を有し、公務員の故意・過失による個人責任を前提に、その責任を国や公共団体が肩代わり（代位）するものであるとの考え方が通説です。

3　根拠法・条文

1　根拠法：国家賠償法

2　条　文

〔公権力の行使に当る公務員の加害行為に基く損害賠償責任・その公務員に対する求償権〕

第１条　国又は公共団体の公権力の行使に当る公務員が、その職務を行うについて、故意又は過失によつて違法に他人に損害を加えたときは、国又は公共団体が、これを賠償する責に任ずる。

２　前項の場合において、公務員に故意又は重大な過失があつたときは、国又は公共団体は、その公務員に対して求償権を有する。

第２条　道路、河川その他の公の営造物の設置又は管理に瑕疵があつたために他人に損害を生じたときは、国又は公共団体は、これを賠償する責に任ずる。

２　前項の場合において、他に損害の原因について責に任ずべき者があるときは、国又は公共団体は、これに対して求償権を有する。

4　国賠法１条１項

1　「公務員」

国家公務員法や地方公務員法で定める身分上の公務員ではなく、公権力の行使を委ねられた者という意味です。法律で直接定める場合（弁護士法56条２項）、行政行為による場合（精神保健及び精神障害者福祉に関する法律18条・19条の４)、契約に基づく場合（道路交通法108条１項、同施行令40条の２）などがあります。

当該公務員を被害者側で特定しなければならないかについては被害者救済の観点から消極的に考えられています。

２　公権力の行使

⑴　内　容

国家賠償法上の公権力の行使については、国（公共団体）の純粋な私経済作用及び国賠法２条の対象となるものを除くすべての活動を意味すると考える（広義説）のが判例・通説です。

作為だけでなく、不作為（権限の不行使）も含まれます。また、行政作用のみならず、立法作用、司法作用も含まれると考えられています。

⑵　行訴制度との関係

この点、行政事件訴訟法にも公権力の行使の概念があり、整合的に解釈すべきか問題となりますが、判例・実務上は、行訴法制度と国賠法制度とでは、制度目的が異なるために両者が一致する必要はないと考えられています。

⑶　民法との関係

公権力の行使に当たるかどうかの議論は、損害賠償請求ができるか否かという問題ではなく、国賠法１条を適用するか、民法（709条・715条）を適用するか、という問題（使用者免責規定の有無、求償権行使の要件の相違、個人に対する直接請求の可否など）です。

⑷　公共団体や公務員要件との関係

通常、公共団体の要件や公務員要件該当性が問題となることはあまりありません。当該加害行為が公権力行使という要件に当たるか否かが先に判断される事項であり、これが決まればその公権力の行使をする団体が賠償責任を負う仕組みになっているからです*[1]。

3　職務を行うについて

客観的に職務の外形を備える行為であるか、という外形標準説をとるのが判例・通説です（被害者救済の視点）。

4　過失（故意）と違法

(1)　従前の判例・実務と主な学説の考え方（対立点）

文言上は、過失と違法の二つの要件の充足が求められています*2。

この二つの要件の解釈については、様々な分析・分類・見解（名称含めて）があります。これらの学説を網羅的かつ真の意味で理解することは難しいかもしれません。そこで、ここでは、あえて単純化して大きな方向性として理解することとしましょう。

従前の判例・実務と主な学説とが大きく対立している箇所でもありますので、じっくり考えてみましょう。

ベクトルの軸としては二つの組み合わせで考えます。

(α)　国家賠償法上の違法と行政事件訴訟法上の違法を一体的・同質のものと理解すべきか否か（違法性一元論と違法性二元論・違法性相対論）。

(β)　国家賠償法上の違法と過失の要件を一体的に考えるか二段階審査をするか。

上記二つの命題に対して、従前の判例・実務の大きな流れをあえて単純化しておきます。

①　従前の判例・実務は、

＊1　問題となり得るものとして、学校関係では法人化された後の国立大学における事故について、国立大学法人と職員・学生等との関係が通常の契約関係になったことに鑑みると事故は民法の不法行為法により処理されると考えられましょう。また、国公立学校における授業・部活等の活動が広く本条の対象となっているのに対し、国公立病院の医師による医療事故については実務上民法の適用が認められています。

＊2　この点、民法709条の「過失」の解釈が客観的な注意義務違反として理解されてきたことと対応関係もありますが、国賠法１条の解釈の場合は一層複雑な解釈上の対立が存在しています。

(α)について、国家賠償法上の違法と行政事件訴訟法上の違法とは制度趣旨が異なるところもあり、必ずしも一体的に理解する必要はなく、国家賠償法上、違法と判断されるか否かは、当該公務員が「職務上通常尽くすべき注意義務を尽くしたか」（職務行為基準説）という基準によって判断されると考えます。

そうすると、(β)について、文言上は違法と過失と二つ別個の要件がありますが、両者の判断は同じ注意義務違反を規範・基準とする点で二段階別々のものではなく、一体的な判断となりましょう。下の〔**図表１－Ⅳ－１**〕のようにＡの制度枠組みとＢの制度枠組みを別の制度枠組みとして理解します。

〔図表１－Ⅳ－１〕　従前の判例・実務

A	B
行政事件訴訟法	国家賠償法
違　法	違　法
	過　失

②　これに対し、国家賠償法制度における行政活動の違法行為抑止機能・法整合性担保機能を重視する見解からすれば、

(α)について、国家賠償法上の違法も行政事件訴訟法上の違法もともに、基本的には行政活動に課せられた客観的な法違反として捉えるべきであり、一体的･同質のものと理解すべきということになります（Ｃの枠組み）。

そのうえで、(β)について、当該行政行為が客観的な法規範に反するかとの審査の後に、別に当該公務員の過失の有無を判断すべきということになります（Ｄの枠組み）。下の〔**図表１－Ⅳ－２**〕のようにＣの枠組みとＤの枠組みとして理解します。

〔図表１－Ⅳ－２〕　行政事件訴訟法と国家賠償法の違法を統一的に考える見解

C	行政事件訴訟法	国家賠償法	
	違　法	違　法	
		過　失	D

(2)　違法と過失の一体的捉え方（従前の判例・実務の捉え方）
～通常尽くすべき注意義務の具体的判断の仕方～

通常尽くすべき注意義務をもとに違法・過失が判断されるとします（前述**〔図表１－Ⅳ－１〕**の枠組み）。しかし、これだけでは、未だ抽象的です。当然のことながら、関連する法令や計画・指針・マニュアル等を参照するとともに、さらに、個々具体の当該事故場面における具体的な注意義務の内容・程度を確定するためには、様々なファクターを検討することになります。

これまでの学校・保育事故等を分析して、以下の７項目を基準[*3]として挙げておきます。参考にしてみてください。

①年齢
（例えば、独力での衣食が難しい乳児であれば目を離せない、一方で年齢が上がっていけば行動の自主性を尊重しつつ後見的な保護を果たすべきというように動静把握の義務程度が異なる。）
②活動の特質
（危険の有無。例えば砂遊び、鉄棒、組体操、水泳、武道等による相違）
③時（登園中、保育（昼寝中か否か）中、保護者迎え時等による相違）
④場所（園内、園外等による相違）
⑤天気・天候（晴れ・雨・台風等による相違）
⑥参加形式・性質（行事主催が行政か保護者会か又は正規か任意か等）
⑦個別の特殊事情（知能・障害・健康状態等）

これら諸般のファクターを考慮することにより、当該事故場面における具体的な注意義務の内容・程度を確定することができます。次の**〔図表１－Ⅳ**

＊３　阿部泰隆『行政法解釈学Ⅱ』有斐閣（2009年）480～492頁、501頁及び学校事故研究会『学校事故の事例と裁判』総合労働研究所（1977年）を参考に筆者がアレンジした項目です。

－3〕のグラデーションによりイメージがしやすくなると思います。

〔図表1－Ⅳ－3〕　事故場面・年齢別　注意義務の高さ

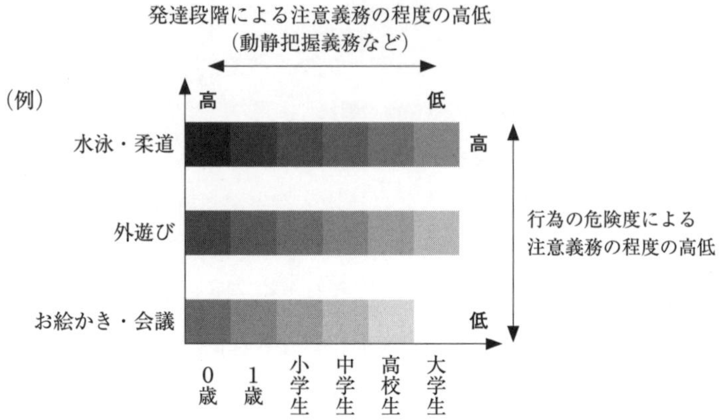

以上のとおり、学校・保育事故等を中心に分析して図示しましたが、対象が高齢者になると介護の必要の観点などから、再び注意義務の程度が上がっていくこととなりましょう。

5　国賠法1条2項～公務員の個人責任の検討～

さて、条文上は「国又は公共団体が責任を負う」となっていますが、公務員は、対外的には個人として責任を負わないのでしょうか。

この点、対外的個人責任免責の法理[*4]が確立しており、最判昭30・4・19民集9巻5号534頁が判例法理となっています。

公務員の個人責任を否定する見解の根拠としては四つほどにまとめることができます。①法律（国賠法1条1項）が「国又は公共団体が」責任を負うという

＊4　当該法理について詳細に検討した論稿として、鈴木秀洋「国家賠償法における個人責任再考－国家賠償法1条の公務員の対外責任に関して」『ガバナンス研究No.7』明治大学公共政策大学院ガバナンス研究科（2010年）89～124頁参照。

文言を用いていること、②被害者としても国又は公共団体から確実に賠償が得られる以上、公務員個人の責任を追及させる必要はないと考えられること、③法律（国賠法１条）に基づく責任を免責的代位責任と解することを前提に、その結果公務員個人は対被害者との関係では一切の責任を負わないということになること、④公務員個人が対外的個人責任を追及される恐れがあるということになると、公務員を萎縮させ、公務の適正な執行まで抑制されるおそれがあること、この四つが挙げられます。①及び③が形式的な理由であり、②及び④が実質的な理由といえます。

なお、国賠法１条２項において、国・自治体から当該個別公務員への求償権の規定（重過失要件）が定められています。裁判で重過失認定された場合にも求償が義務的でなくてよいのかについては議論があるところです。

6　国賠法２条１項

1　基本的性格

同条項は、本来民法（709条・717条）の適用で処理することが可能であったものを国が賠償責任を負うことを確認的に（明確にしておくために）規定したとの立法経緯があります。

民法と比較すると、①民法の土地の工作物よりも広い概念として動産等をも含む「公の営造物」という概念を用いたこと、②民法には占有者免責条項があるのに対し、国賠法２条にはかかる規定はないこと[＊5]、③費用負担のあり方について国賠法３条には独自の定めをしていること、これらの相違から国賠法２条の方が民法717条よりも賠償範囲が拡大されている（被害者救済の範囲がやや広い）といわれています（ただし、上記の立法経緯から実際にそれほど違いは生じ

＊5　民法717条１項は、「土地の工作物の設置又は保存に瑕疵があることによって他人に損害を生じたときは、その工作物の占有者は、被害者に対してその損害を賠償する責任を負う。ただし、占有者が損害の発生を防止するのに必要な注意をしたときは、所有者がその損害を賠償しなければならない。」と定めています。

ないとされます＊6）。

２　国賠法１条との関係

大きな捉え方をするのであれば、基本的には１条が人の過失の場合についての規定であり、２条が物の瑕疵の場合についての規定です。初学者であれば、そのように押さえておくのがよいでしょう。

しかし、実際の事案については両者を明確に分けることはできません。国家賠償法の制定経緯をたどってみると、すべての事故が１条か２条かのいずれかの条文の排他的適用の下に置かれるほど理論的整合性を保ったものとして制定されたものではないとされています。

それゆえ、１条を根拠とする主張をするか、２条を根拠とする主張をするかは原告の選択に委ねられることになります。

そして、１条であれば、公務員の違法又は過失の内容としての注意義務違反が賠償請求権の成立要件となり、２条であれば、営造物の設置管理の瑕疵の内容としての損害可能性の存在が賠償請求権の成立の要件となります。理論的には過失の要件が不要な後者の方が責任を認定しやすいといえましょう。

３　公の営造物

公の営造物とは、国又は公共団体が公用又は公共の用に供している有体物をいいます（無体財産及び人的施設を含まず、また不動産だけでなく動産も含まれます）。

４　設置又は管理の瑕疵

設置又は管理の瑕疵とは、民法717条に定める設置・保存の瑕疵と同義であり、営造物が通常有すべき安全性を欠いていることをいいます＊7。

そして、「瑕疵」の判断（有無・判断基準）に当たっては＊8、「当該営造物の

＊6　塩野宏『行政法Ⅱ〔第６版〕』有斐閣（2019年）355頁参照。

＊7　最判昭45・８・20民集24巻９号1268頁〔高知落石事件〕参照。

構造、用法、場所的環境及び利用状況等諸般の事情を総合考慮して具体的・個別的に判断すべき」とされます[*9]。

１項と異なり、２項は無過失責任を定めていますが、結果責任ではないという意味で、その物の客観的状態以外の要素、例えば管理者の対応（管理者の損害回避）等も考慮され得ることになります。

問題はこの一般的判断基準を前提とした具体的適用ですが、道路の場合や河川の場合など、営造物の種類等により異なってきます。

後述「第３部　分野別紛争事例編」事例19・20・21（p193〜）で具体的に検討しましょう。

7　実務上の視点

国賠制度には、原則として金銭賠償という解決の手法しか規定されていません。また民事訴訟法の制度上、真実探求にも限界があります。

しかし、真実を知りたい、再発を防止してほしいとの思いで国家賠償法を根拠に訴えを提起する住民は少なくありません。これら被害者住民の思いをどのようにして行政は汲んでいけるのでしょうか。

限界はありつつも、例えば民事訴訟法上の真実義務が当事者には課されていることを十分に理解し、住民と向き合う訴訟活動を行い、再発防止の具体策を提示していくことが、行政の行う訴訟の意味となりましょう。

＊８　これまで、学説上は、客観的な安全性の欠如と捉える見解（客観説）と安全保護義務違反と捉える見解（主観説）とが対立してきましたが、判例は基本的に客観説に立っていると考えられています。

＊９　最判昭53・７・４民集32巻５号809頁、判時904号52頁参照。現在では、客観説又は主観説のいずれかに割り切って捉えるのではなく、具体的事例ごとに物的施設の種類（例えば河川の場合や道路の場合等）や被害の性質などをもとに一定の類型化の下、瑕疵の有無について個別に判断するとされています。

Ⅴ　住民訴訟

１　意　義

住民訴訟制度の意義は、自治体の財務行政の適正な運営を確保することにあります。

具体的には、自治体が、競争入札の方法をとらずに特定の団体との間で随意契約を締結して業務を委託するような場合にその契約締結が違法であるとして、また、自治体から特定の団体への補助金の支出が違法であるとして、なされる住民訴訟事例などが挙げられます。具体の事例については、「第３部　分野別紛争事例編」事例２（p99）及び事例４（p130）で検討します。

２　根拠法・条文

１　根拠法：地方自治法242条の２、行政事件訴訟法５条・42条

２　条　文

○地方自治法

（住民訴訟）

第242条の２　普通地方公共団体の住民は、前条第１項の規定による請求をした場合において、同条第５項の規定による監査委員の監査の結果若しくは勧告若しくは同条第９項の規定による普通地方公共団体の議会、長その他の執行機関若しくは職員の①措置に不服があるとき、又は監査委員が同条第５項の規定による監査若しくは勧告を同条第６項の②期間内に行わないとき、若しくは議会、長その他の執行機関若しくは職員が同条第９項の規定による③措置を講じないときは、裁判所に対し、同条第１項の請求に係る違法な行為又は怠る事実につき、訴えをもつて次に掲げる請求をする

ことができる。

㊀　当該執行機関又は職員に対する当該行為の全部又は一部の差止めの請求

㊁　行政処分たる当該行為の取消し又は無効確認の請求

㊂　当該執行機関又は職員に対する当該怠る事実の違法確認の請求

㊃　当該職員又は当該行為若しくは怠る事実に係る相手方に損害賠償又は不当利得返還の請求をすることを当該普通地方公共団体の執行機関又は職員に対して求める請求。ただし、当該職員又は当該行為若しくは怠る事実に係る相手方が第243条の2第3項の規定による賠償の命令の対象となる者である場合には、当該賠償の命令をすることを求める請求

2　前項の規定による訴訟は、次の各号に掲げる場合の区分に応じ、当該各号に定める期間内に提起しなければならない。

一　監査委員の監査の結果又は勧告に不服がある場合　当該監査の結果又は当該勧告の内容の通知があつた日から30日以内

二　監査委員の勧告を受けた議会、長その他の執行機関又は職員の措置に不服がある場合　当該措置に係る監査委員の通知があつた日から30日以内

三　監査委員が請求をした日から60日を経過しても監査又は勧告を行なわない場合　当該60日を経過した日から30日以内

四　監査委員の勧告を受けた議会、長その他の執行機関又は職員が措置を講じない場合　当該勧告に示された期間を経過した日から30日以内

（3項以下略）

＊下線や①～③、囲み、各号の丸囲みは筆者による

○行政事件訴訟法

（民衆訴訟）

第5条　この法律において「民衆訴訟」とは、国又は公共団体の機関の法規に適合しない行為の是正を求める訴訟で、選挙人たる資格その他自己の法

律上の利益にかかわらない資格で提起するものをいう。

（訴えの提起）

第42条　民衆訴訟及び機関訴訟は、法律に定める場合において、法律に定める者に限り、提起することができる。

3　解　説

住民が、自治体の契約行為・支出命令行為・支出行為等を違法であるとして、自治法242条の２及び行訴法５条・42条を根拠に提起する住民訴訟の類型です（p４・類型Ⅱ）。

3　主な内容

1　住民訴訟を行うことができる者（自治法242条の２第１項）

平成14年改正前の訴訟構造は、代位訴訟でしたが、改正後の訴訟構造は義務付け訴訟となりました。

2　住民訴訟を行うことができる場合（自治法242条の２第１項）

住民訴訟は、地方自治法の財務の章に規定があります（第２編「第９章　財務」「第10節　住民による監査請求及び訴訟」）。242条の２第１項本文には、「……住民は、前条第１項の規定による請求をした場合において、……ときは、裁判所に対し、同条第１項の請求に係る違法な行為又は怠る事実につき、訴えをもつて次に掲げる請求をすることができる。」とあります。

要するに、いきなり住民訴訟は起こせず、まずは住民監査請求をしてくださいと規定しています。これが監査請求前置という要件を定めた条文です。

「…ときは」の中身が次の三つの場合です。

①　監査委員の監査の結果・勧告、勧告に基づいて長等が講じた措置に不服があるとき

②　監査委員が監査・勧告を60日以内に行わないとき

③　監査委員の勧告に基づいた必要な措置を長等が講じないとき

住民が住民監査請求を行った場合、上記の三つの場合に、訴訟を提起することができます。

3　住民訴訟の４類型（自治法242条の２第１項）

違法な行為又は怠る事実（不当な行為又は怠る事実に係るものは認められない）について、次の①～④の請求をすることができます。

①　当該執行機関又は職員に対する当該行為の全部又は一部の差止めの請求（１号）

②　行政処分たる当該行為の取消し又は無効確認の請求（２号）

③　当該執行機関又は職員に対する当該怠る事実の違法確認の請求（３号）

④　当該職員又は当該行為若しくは怠る事実に係る相手方に損害賠償又は不当利得返還の請求をすることを当該地方公共団体の執行機関又は職員（委任等がなされていない限り、地方公共団体の場合は長となる）に対して求める請求。ただし、当該職員又は当該行為若しくは怠る事実に係る相手方が賠償命令の対象となる者である場合にあっては、当該賠償の命令をすることを求める請求（４号）

4　訴訟提起の期間（自治法242条の２第２項）

住民訴訟を提起できる場合に応じて、それぞれ一定の日から30日以内に訴訟を提起しなければなりません。

5　４号訴訟の判決後の手続

(1)　４号本文の規定による訴訟について、損害賠償又は不当利得返還の請求を命ずる判決が確定した場合には、当該判決が確定した日から60日以内の日を期限として、当該請求に係る損害賠償金又は不当利得の返還金の支払を請求しなければなりません。

当該判決が確定した日から60日以内に当該請求に係る損害賠償金又は不当

利得の返還金が支払われないときは、当該普通地方公共団体は、当該損害賠償又は不当利得返還の請求を目的とする訴訟を提起しなければなりません（自治法242条の３第１項・２項）。

⑵　４号ただし書の規定による訴訟について、賠償の命令を命ずる判決が確定した場合においては、普通地方公共団体の長は、当該判決が確定した日から60日以内の日を期限として、賠償を命じなければなりません。

当該判決が確定した日から60日以内に当該賠償の命令に係る損害賠償金が支払われないときは、当該普通地方公共団体は、当該損害賠償の請求を目的とする訴訟を提起しなければなりません（自治法243条の２の２第４項・５項）。

6　その他

住民訴訟は、当該地方公共団体の事務所の所在地を管轄する地方裁判所の管轄に専属します（自治法242条の２第５項）。

原告が訴訟に勝訴し、又は一部勝訴した場合において、弁護士に報酬を支払うべきときは、原告は、弁護士報酬額の範囲内で相当と認められる額を地方公共団体に請求することができます（自治法242条の２第12項）。

7　長等の損害賠償責任の一部免責（平成29年法律第54号による新設。令和２年４月１日施行）

条例において、長や職員等の地方公共団体に対する損害賠償責任について、その職務を行うにつき善意でかつ重大な過失がないときは、賠償責任額を限定してそれ以上の額を免責する旨を定めることを可能にしました（免責に関する参酌基準・責任の下限額は国が設定。自治法243条の２第１項）。

この条例の制定又は改廃に関する議決をしようとするときは、あらかじめ監査委員の意見を聴かなければなりません（同２項）。（以上、前掲〔**図表１－Ⅱ－４**〕（p23）参照）

4　手続の流れ

上記の制度について、主な手続を図示しておきます。

〔図表１－Ｖ－１〕　監査後訴訟までの流れ（自治法242条の２第１項本文）

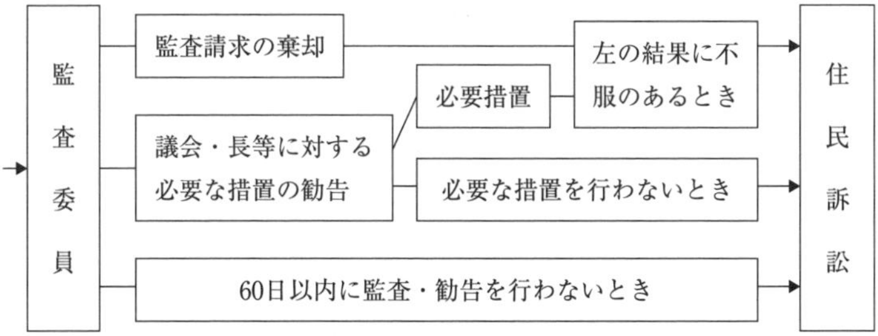

〔図表１－Ｖ－２〕　住民訴訟

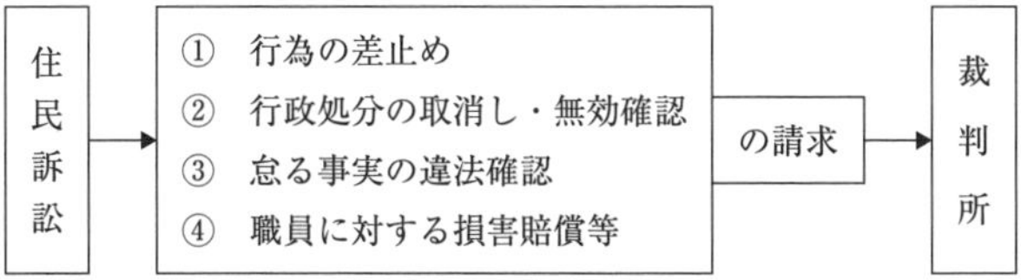

5　４号訴訟　説明図

４類型のうち、制度利用のメリットとして実務上は、ほとんど４号訴訟が提起されています。そこで、４号訴訟の構造を理解できるようにしておきます。

1　４号訴訟の請求の趣旨

実際に訴状にはどのような請求の趣旨を立てる（記載する）のでしょうか。

実際の請求の趣旨の記載パターンをみておくことが４号訴訟の構造理解を助けることになりますので、以下に挙げておきます。

> 被告（執行機関Ｙ）は、△△（当該職員個人Ｙ）に対し、金□□円及びこれに対する平成○年○月○日から支払済みまで年五分の割合による金員を請求せよ。

これが典型的な記載のかたちになります。

次頁の構造概念図等と関連付けると、少しくどい説明になりますが、住民は、「執行機関が所属する自治体が当該職員個人Yに対して有する債権をきちんと請求しなさい（β'）」ということを、被告である執行機関Yに対して請求する（β）、という構造になっています。改正前の旧4号訴訟では、住民が直接個人Yを被告として、個人Yに（α）という請求をする形になっていましたが、このような直接請求をする制度を変更しました。

2　4号訴訟の構造概念図等

〔図表1－V－3〕　4号訴訟の構造概念図（新旧制度の比較）

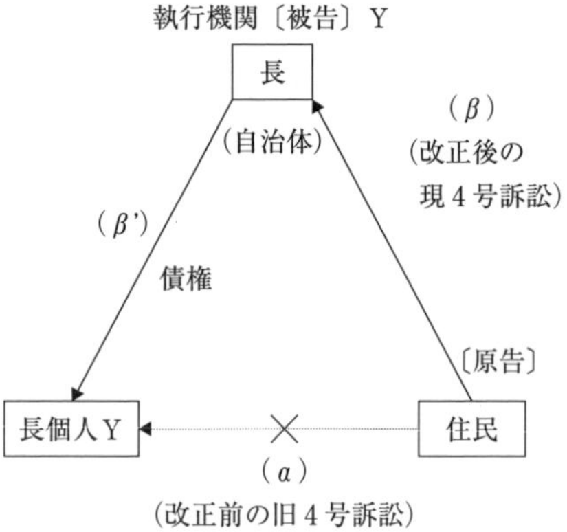

〔図表１－Ｖ－４〕　判決後の訴えを含む４号訴訟の流れ図

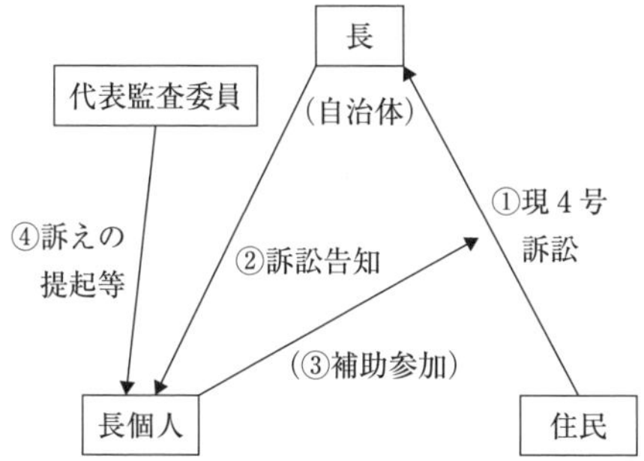

6　実務上の視点

他の救済制度との比較をしてみると、財務の章に規定されていることがこの制度の本質です。そして、このことが、制度の限界を画しているといえます。

第２部で詳細を述べていきますが、体系的思考を身に着けるためには、このように、どこに何が規定されているのかについて、制度の本来的立ち位置を確認することが有用です。

そして、実務において多く提起される４号訴訟について、きちんと理解しておきましょう。

［第 2 部］

行政実務
基礎構築編

第2部では、実務において必要な行政法領域における法務能力・法的知識について解説します。

まず、第2部の項目目次・概略まとめ・ポイントを挙げておきます。

Ⅰ　法的思考・リーガルマインド

・法的思考・リーガルマインドの正体

→　憲法を頂点とした体系的思考（遡り思考）

・法的思考・リーガルマインドの身に着け方

→　目次思考：体系的思考・論理的思考

Ⅱ　行政法の基本原理・原則及び基礎知識

①法律による行政の原理

②適正手続の原則

③平等原則

④信頼の原則・信義則・禁反言の法理

⑤権利濫用禁止原則

⑥比例の原則

⑦行政の公正・透明性の原則

⑧説明責任の原則

⑨必要性・有効性・効率性の原則

⑩公益（公共の福祉）の原則・公益適合原則

Ⅲ　行政紛争と裁判手続

・刑事事件と民事事件

・裁判の基礎知識

→　行訴法7条（「民事訴訟の例による」）と民事訴訟法の基本原則

→　弁論主義（①主張責任の原則、②自白の拘束力、③職権証拠調べの禁止）

・判決の利用

→　裁判による判決の積極的利用

→　判決は行政運営上の課題・改善への道筋を示すと理解

Ⅳ　行政紛争と立法改正

・改正経緯という縦糸をたどることの重要性

Ⅴ　法律の比較

・類似法令という横糸を比較することの重要性

Ⅰ　法的思考・リーガルマインド

行政職員には法的思考・リーガルマインドが必要といわれます。

法の支配・法律による行政の原理を担う者としては、当然身に着けていなければならない能力です。しかし、では果たして、どのような法務能力が実際の実務現場では要求されているのでしょうか。

1　法的思考・リーガルマインドの正体

一言でいえば、憲法を頂点とした体系的思考（遡り思考）といえるでしょう。

例えば、目の前に住民が相談に来ます。窓口にある従前のマニュアルを形式的に文言を当てはめるだけだと、どうも住民の相談には添えないように思えます。でも住民の言い分はもっともだと思えます。こうした場合、どのようにしてみなさんはこの住民の相談に向き合いますか。

下記三角形のピラミッドに、次の①～⑦の用語を当てはめてみたうえで、再度この事例について考えてみてください。

〔図表２－Ⅰ－１〕

①憲法　②法律　③政令・省令　④条例
⑤規則　⑥要綱・要領・ガイドライン
⑦マニュアル・職場の慣行・上司の指示・先輩の助言等

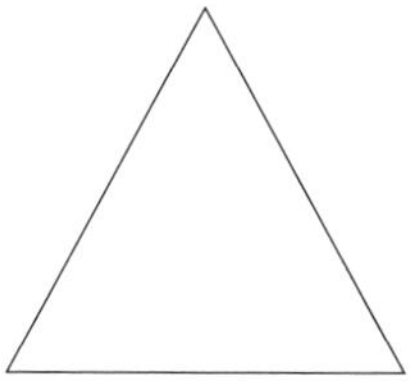

どのようなピラミッドを作成しましたか。

参考に、筆者作成のピラミッドを挙げておきます。

〔図表2－Ⅰ－2〕

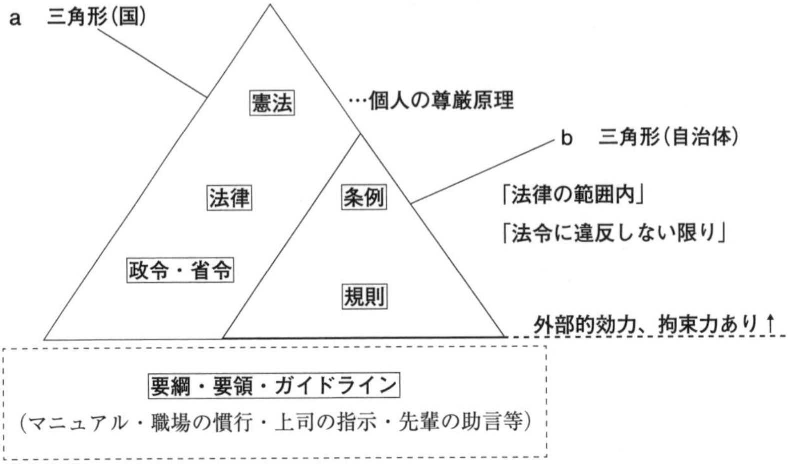

みなさんが、住民からの相談に向き合うとき、ご自身の手元には、ピラミッドの△の下の点線の部分である上記⑦マニュアル等があります。しかし、そのマニュアルには書いていないことや、マニュアルを当てはめてしまっては不都合な結果が生じる場合が多々あります。

そのような場合には、個々人の権利・利益の実現（住民福祉の向上）のために、より上位の法律や条例、さらに憲法にまで遡って解決法を考えます。

これが、法的思考・リーガルマインドです。このように上位法に遡って考えていく能力が自治体職員には要求されます。例えば、原発事故の影響で（又はDV被害から）避難してきた住民票のない家族が窓口に来て、明日からこちらの地域の小学校に通いたいといった場合、みなさんはどう対応しますか？　住民票がないから一切サービスは提供できないと断わりますか？　憲法を頂点とした体系的思考（遡り思考）で考えてみましょう。

2　法的思考・リーガルマインドの身に着け方

さて、このような上位法への遡り思考の大切さはわかったとします。しかし、具体的に多くの法令がある中で、どうやってそれらの法令を読み込み、理解し、活用していったらよいのでしょうか。体系的思考や論理的思考が大切といわれますが、それはどうやって身に着けていけばよいのでしょうか。

ここでは、効果的な体系的思考及び論理的思考の身に着け方を紹介しておきます。

一つには、まず、法令の目次を確認し、目的規定（第1条）を読むことです。

この目次思考及び目的規定読みにより、当該法令のカバーする内容や外縁を概観できます。そして、このような目次思考等を繰り返していくことで、個々の条文の解釈について疑義が生じた場合にも、体系的かつ趣旨からの思考により、一定の方向性を見出すことができる（大きな森の中での個々の木々をみることができる）ようになります。

こうした目次思考等が、体系的思考であり、論理的思考といえるものです。本書では、この観点から、第1部及び本書末の参考法令においても目次・目的規定を掲げています。

①　目次思考の具体例としての地方自治法

それでは実際に、地方自治法の体系的理解を目次思考によって行ってみましょう。

(1)　大きな体系的思考

地方自治法の目次を挙げてみます。一言で地方自治法がどんな法律かを答えるとするならば、以下の目次のうち、一番大きな「編」をみてみます。

第1編　総則
第2編　普通地方公共団体
第3編　特別地方公共団体
第4編　補則

地方自治法とは、普通地方公共団体と特別地方公共団体について定めた法律であるという理解ができましょう。シンプルですが、これが一番大きな法的枠組みであり、体系理解です。

上記大枠の体系（編）を理解した後に、その下位階層の構造（ツリー構造・ディレクトリー）を理解するようにします。「編」の次の階層部分の「章」をみてみると次のようになっています。

第２編　普通地方公共団体
　第１章　通則
　第２章　住民
　第３章　条例及び規則
　第４章　選挙
　第５章　直接請求
　第６章　議会
　第７章　執行機関
　第８章　給与その他の給付
　第９章　財務
　第10章　公の施設
　第11章　国と普通地方公共団体との関係及び普通地方公共団体相互間の関係
　第12章　大都市等に関する特例
　第13章　外部監査契約に基づく監査
　第14章　補則

地方自治法とはどういう法律か？という問いに対して、もう少し詳しい内容説明をするのであれば、「編」の次の階層部分の「章」をたどります。

そうすれば、地方自治法とは、住民、条例・規則、選挙、直接請求、そして議会と執行機関（という二元代表制機関）等について定めた法律であると説明することができます。

このように、目次を「編」→「章」→「節」→「款」という階層構造を意識しながら読む（森から木へ）ことで、体系的思考が身に着きます。実は、基本書・体系書[*1]といわれる書籍もよく読めば条文の目次体系がベースと

＊1　これは代表的な基本書といわれる塩野宏『行政法ⅠⅡⅢ』有斐閣、宇賀克也『行政法概説ⅠⅡⅢ』有斐閣、橋本博之・櫻井敬子『行政法』弘文堂などの基本書を読んでいく場合も同じです。まずは目次を確認してみましょう。

なっています。

⑵　体系的思考から制度的限界の理解へ

では、上記を前提に、具体的に、住民監査請求制度・住民訴訟制度を例に、制度の体系的理解や制度的限界を目次思考等から導き出してみましょう。なお、住民監査請求制度・住民訴訟制度については、「第１部　行政法制度概略解説編」（p46）及び「第３部　分野別紛争事例編」事例２（p99）、事例４（p130）でも取り上げていますので、適宜参照ください。

住民監査請求制度及び住民訴訟制度、これらの制度は、地方自治法に定めがありますので、地方自治法の目次をみていきます。

第２編　普通地方公共団体
　第９章　財務
　　第１節　会計年度及び会計の区分
　　第２節　予算
　　第３節　収入
　　第４節　支出
　　第５節　決算
　　第６節　契約
　　第７節　現金及び有価証券
　　第８節　時効
　　第９節　財産
　　　第１款　公有財産
　　　第２款　物品
　　　第３款　債権
　　　第４款　基金
　　第10節　住民による監査請求及び訴訟
　　第11節　雑則

住民監査請求及び住民訴訟は、「９章　財務」の中の「10節　住民による監査請求及び訴訟」に規定されていることがわかります。

ここに位置付けられているということはどういうことを意味するのでしょう

か。

両制度は、財務にかかわる制度として位置付けられています。すなわち、行政施策一般を対象にした制度ではなく、あくまで財務会計上の違法（住民訴訟・住民監査請求）・不当（住民監査請求）を対象にし、財務行政の適正を担保する制度なのです。このことが目次思考によりわかります。そして、両制度の限界もここでわかるのです。財務会計上の行為にかかわらないものについては請求ができない制度ということが体系的・論理的にわかります。

どうですか。体系的思考・論理的思考が必要だといわれても不安になることはないでしょう。目次思考により、どの制度がどこに規定されているのか、その立ち位置の確認を繰り返すことで体系的思考・論理的思考が身に着いていきます。

２　目的規定の理解

目的規定は、通常ＡによりＢもってＣという形式で定められます。

Ａ：手段、制度、内容、法令目次
Ｂ：直接の目的、第一次的な目的
Ｃ：究極の目的、目指すべき方向性

このＡ・Ｂ・Ｃの部分にそれぞれの法律の制度や目的などを書きこんで目的規定をつくっていきます。それゆえ、この１条の目的規定を読むことで、当該法律がどのような内容のもので、何を目指す法律なのかがわかります。

具体例として行政手続法と地方公務員法を挙げてみます。

〇行政手続法

（目的等）
第１条　この法律は、処分、行政指導及び届出に関する手続並びに命令等を定める手続に関し、共通する事項を定めることによって、行政運営における公正の確保と透明性（行政上の意思決定について、その内容及び過程が国民にとって明らかであることをいう。第46条において同じ。）の向上を図り、もって国民の権利利益の保護に資することを目的とする。
（２項略）

○地方公務員法

（この法律の目的）
第１条　この法律は、地方公共団体の人事機関並びに地方公務員の任用、人事評価、給与、勤務時間その他の勤務条件、休業、分限及び懲戒、服務、退職管理、研修、福祉及び利益の保護並びに団体等人事行政に関する根本基準を確立することにより、地方公共団体の行政の民主的かつ能率的な運営並びに特定地方独立行政法人の事務及び事業の確実な実施を保障し、もつて地方自治の本旨の実現に資することを目的とする。

どうですか。ＡによりＢもってＣというように、Ａの部分、Ｂの部分、Ｃの部分と分けてみて、構造を理解すると、当該法律の理解が進むのではないでしょうか。

さらに、この１条の規定を理解することは、自治体で条例をつくろうとする場合などに、当該条例が「法律の範囲内」か否かを判断するときに、法律の１条のA・B・C部分と、制定しようとする条例のA・B・C部分とを比較することで、それぞれの目的・内容・趣旨等の射程を測ることができます。重要な分析視点として、是非身に着けてください。

なお、「法律の範囲内」か否かについての規範を定立したとして引用される徳島市公安条例事件判決（最判昭50・９・10刑集29巻８号489頁）の判示部分（「条例が国の法令に違反するかどうかは、両者の対象事項と規定文言を対比するのみでなく、それぞれの趣旨、目的、内容及び効果を比較し、両者の間に矛盾抵触があるかどうかによってこれを決しなければならない。例えば、（略）」）については必ず確認しておきましょう。

Ⅱ　行政法の基本原理・原則及び基礎知識

行政法には、民法や刑法のような統一法はありません。しかし、個々の法律がばらばらに制定されているわけではなく、個々の行政法規をつなぐ、国家と住民との関係における通則的な基本原理・原則が存在します。また、これらが個別紛争の解決の指針となっています。まずは全体のイメージを概観したうえで、基本的な原理・原則について押さえておきましょう。

１　行政法の全体像

行政法を理解するための視点や切り口として、ここでは、①行政法の全体像の分類、②行政活動という視点からの分類、③行政側からの行政上の強制措置という分類の３点について紹介しておきます。

〔図表２－Ⅱ－１〕　行政法の全体像

①　行政作用	様々な行政活動について、共通する原理、ルール、理論を学習します。統一的・横断的法典はありませんが、「行政手続法」は特に重要です。
②　行政救済	行政活動によって損害・損失を被った国民がその救済を国などに請求する手続・ルールを学習します。
③　行政組織	行政が活動する際の組織・人・物についての理論やルールを学習します。

〔図表２－Ⅱ－２〕　行政活動の分類

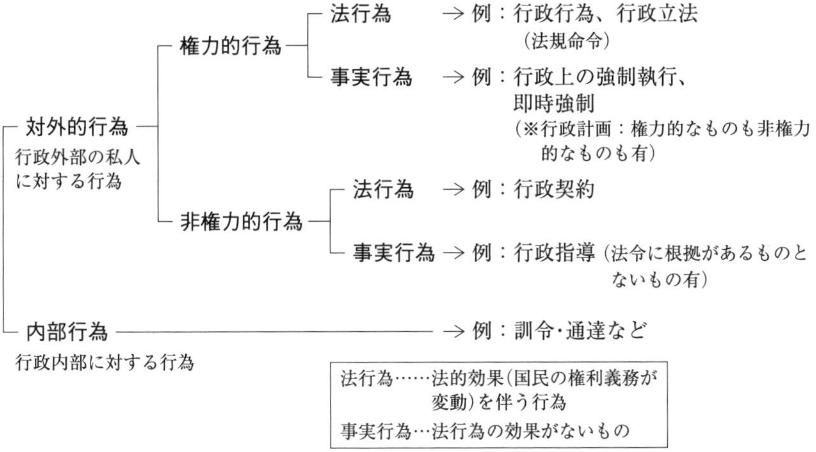

〔図表２－Ⅱ－３〕　行政上の強制措置

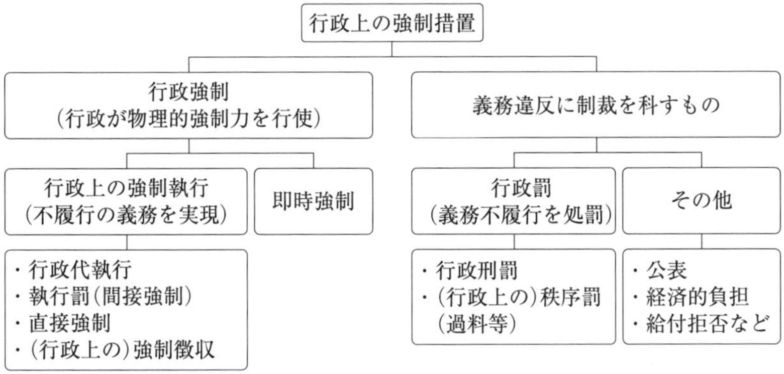

これらの分類のほかにも、行政法の全体像を理解するためには、塩野宏『行政法ⅠⅡⅢ』（有斐閣）や宇賀克也『行政法概説ⅠⅡⅢ』（有斐閣）、橋本博之・櫻井敬子『行政法』（弘文堂）などの教科書を手元に置いて、目次を確認することも有効です。ぜひ、確認してみてください。

2　10の原則

①　行政法の基本原理・原則

(1)　法律による行政の原理

行政の活動は、法律に従って行われなければならないとの大原則であり、内容としては、①法律の法規創造力、②法律の優位、③法律の留保の三つが挙げられます。

現行憲法は、基本的人権を保障し、違憲立法審査権を定める「法の支配の原理」を採用しています。この憲法下における法律による行政という場合の法律については、法律という形式のみならず、法律自体の内容も問われる実質的法治主義を意味すると考えられています。

(2)　適正手続の原則

行政活動は内容的に正しいだけでなく、手続的にも適正なプロセスを経ることが要請されるとの原則です（憲法31条参照）。

(3)　平等原則

憲法上の原理であり、行政が合理的な理由なく差別することを禁止する原則です。行政裁量の統制方法として妥当します（憲法14条、自治法244条３項参照）。

(4)　信頼の原則・信義則・禁反言の法理

行政が相いれない矛盾する行為をした場合に、私人の行政に対する信頼を保護する原則です（民法１条２項、東京地判昭40・５・26判時411号29頁、最判昭56・１・27民集35巻１号35頁等参照）。

(5)　権利濫用禁止原則

権利行使が正当な範囲を逸脱するような場合はその権利行使の効果が認められないという原則です。法条としては、民法１条３項、警察官職務執行法１条２項・警察法２条２項、行訴法30条、また裁判例としては、最判昭53・５・26民集32巻３号689頁〔余目町個室付浴場事件〕が参考となります。

(6)　比例の原則

規制対象の社会的害悪と規制措置には均衡が保たれていなければならず、目的達成のために必要最小限度を超えた不利益を課すような過剰な規制手段をとることを禁ずるという原則です。①必要性の原則と、②過剰規制の禁止（目的と手段の比例）を内容とします。直接の明文規定はありませんが、憲法31条、13条等をはじめとして、警察官職務執行法１条２項、行政代執行法２条等及び福岡高判昭58・３・７判時1083号58頁〔飯盛町旅館建築規制条例事件〕が参考になります。

⑺　行政の公正・透明性の原則

行政上の意思決定について、その内容及び過程が国民にとって明らかであることが要請されるとの原則（行政手続法上の基本原理）です。

⑻　説明責任の原則

行政が主権者である国民に対して国政にとって重要な情報を適時・適切に提供し、国政に対する国民の理解を可能とするような施策展開を行政の責任とする原則（情報公開法の原則）です。

⑼　必要性・有効性・効率性の原則

直接的には、行政機関が行う政策の評価に関する法律が、政策評価のあり方として掲げる原則です。行政における監査の基準としても挙げられます（行政機関が行う政策の評価に関する法律３条１項等参照）。

⑽　公益（公共の福祉）の原則・公益適合原則

様々な利益を調整するため、行政がかかわる理屈として要求される原則です。地方自治における補助行政においても公益上の必要性が要件とされています（民法１条１項、自治法232条の２等参照）。

２　まとめ

これらの原則は、行政実務担当者にとって日常的な業務指針となるものです。個別の法規がない場合又は個別の法規を形式的に当てはめることでは妥当な結論が得られない場合など、常にこれらの原則を頭の引き出しに入れて事案に向き合う必要がありましょう。

3　様々な利益衡量の物差し・思考軸

また、私たちは、住民の権利・利益の向上を目指して日々の行政活動を行っていますが、公益適合の観点から、住民の権利を制限したり義務を課したりすることも必要となります。

個々人の私的領域に踏み込む場合（上記比例の原則と関連しますが）、憲法の合憲性（違憲）判定基準におけるこれまでの学説議論（類型化）を理解しておくことは非常に有益です。

例えば条例・規則を制定するときに（立法事実・エビデンスを踏まえることは当然のこととして）、また紛争事例の解決のために、事案への向き合い方・ベクトルの方向性・ベクトルの太さ等を決めるのに以下のような物差し・思考軸が役に立ちます。

①　行政活動の介入領域が表現の自由の領域か
②　営利的言論に関することなのか
③　内心の自由の領域か否か
④　純粋言論か行動を伴う言論か
⑤　行政による介入は、事前規制か事後規制か
⑥　規制態様・手段は、内容規制か時・場所・方法の規制か
⑦　直接規制か付随的規制か　　　　　　　　　　　　　　など

事案とそれに対する行政活動に対して、上記のような物差し・思考軸に照らして多角的な分析を加え、規制を正当化する根拠・程度・手段を選択することになります。このように、思考軸（物差し）を持っておくことが様々な場面における利益衡量の役に立ちます。

4　10の原則の個別紛争解決における使われ方（例）

上記原則等が個別紛争解決に使われた裁判例は多々あります。判例六法などで確認してみましょう。本書「第３部　分野別紛争事例編」でも、上記の視点を踏まえて解説していきますので、参照してください。

Ⅲ　行政紛争と裁判手続

個別の具体的紛争を解決する手段として、訴訟制度が利用されます。それゆえ、基本的な裁判の基礎知識・訴訟手続について知っておく必要があります。

ここでは、裁判の基本的な知識について説明しておきます。

1　刑事事件と民事事件

日本の裁判所では、刑事裁判と民事裁判とに分かれています。

簡単に両者の相違について説明しておきます[*1]。

〔図表２－Ⅲ－１〕

	刑事事件→刑事裁判	民事事件→民事裁判
目的	国家刑罰権の行使	私的自治の原則
基本条項		
実体法の根拠	刑法	民法
裁判手続の根拠（手続法）	刑事訴訟法 ①真実の発見 ②適正手続の保障	民事訴訟法 ①権利の保護 ②私法秩序の維持 ③紛争の解決
手続の流れ・基本原則	【捜査】	
	【公判】 起訴状一本主義 予断排除の原則 Ⅰ（検察官）公訴提起 ①起訴状（公訴事実） 審判対象：訴因	【口頭弁論】 Ⅰ（原告）訴えの提起 ①訴状（請求の趣旨） 審判対象：訴訟物

＊1　詳しい概念や用語についてはそれぞれの法律や基本書などを読んで確認してみましょう。

	・検察官だけが起訴 ・起訴便宜主義 （検察官が起訴・不起訴を決める） Ⅱ公判手続（証拠調べ） 主張・立証 ・検察官の責任（挙証責任） ・当事者主義 ・自由心証主義 （様々な立証のハードルが設けられ厳格な手続が定められている） ・伝聞法則 ・補強法則 ・自白法則 ・違法収集証拠排除 ・検察官による「合理的疑いを入れない程度まで」の証明 ・無罪推定の原則（疑わしきは被告人の利益に）	・原告（私人）が訴え ・処分権主義 （訴訟の開始・内容の選択・終了は当事者が決める） Ⅱ口頭弁論（証拠調べ） 主張・立証 ・当事者分配（証明責任） ・弁論主義（後掲2 2(3)） ・自由心証主義 （左に掲げる刑事手続上の厳格な手続はない）
	Ⅲ判決の宣告	Ⅲ判決の言渡し ・和解制度あり

上記のように、裁判の目的及び手続には、刑事と民事とで相違があります。

では、行政事件はどちらによるのでしょうか。行訴法に定める類型の裁判については、行訴法7条に「行政事件訴訟に関し、この法律に定めがない事項については、民事訴訟の例による。」と規定されているため、行訴法に特別の規定がない限りは民事事件の流れにのることになる点注意しましょう。また、国賠類型の事件についても、基本的に民事事件として処理されます。

2　裁判の基礎知識

1　事実認定等

裁判は、具体的な事実を認定し、その事実を前提に法規を当てはめて結論を出すものです。

法解釈に注目がいきがちですが、実務では、細切れの情報をもとに事実をどのように認定していくのかが、実は非常に重要な作業となります。

裁判では、行政側の主張する事実が検証されます。裁判において提出される当事者の主張・立証→事実認定→法の適用・あてはめという流れの中で、事実認定がどのようになされるかについては、その難しさも含めて、「第３部　分野別紛争事例編」事例５（p136以下・暴力団員の事実認定）で勉強しましょう。

司法研修所編『民事判決起案の手引〔10訂〕』法曹会（2006年）には、判決書を作成する場合に、裁判官は、①当事者の事実主張に欠けた点はないか、②矛盾はないか、③どこが争点であるか、④争点についての証拠は十分であるか、⑤法律の解釈適用に誤りはないか、などを再検討することになる旨記述しています。

2　自治体が当事者となる場合

(1)　訴訟手続の流れ

自治体が紛争当事者となる場合でも、特別の行政裁判所は設置されません。

例えば学校事故や医療過誤等を原因とする国家賠償法を根拠とする損害賠償請求事件の場合や建築確認や情報不開示決定等を原因とする行政処分取消請求事件の場合にも、一私人同士の紛争解決と同様、原則として民事訴訟法の手続に則ることになります（行政事件訴訟法には一部手続に例外がありますが、基本的には「民事訴訟の例による」（行訴法７条）と定められています）。

(2)　紛争解決の訴訟手続

では、紛争が裁判所に持ち込まれた場合、どのような形で訴訟は進んで行くのでしょうか。

訴訟手続の流れを概観すると、

①訴えの提起
②口頭弁論
　②－Ⅰ　争点及び証拠の整理手続
　②－Ⅱ　証拠調べ
　②－Ⅲ　弁論終結
③判決

このような形で、訴訟が進行します*2（上訴がなされればその手続を経て判決の確定となります）。

⑶　民事訴訟法による手続の原則

では、上記の手続における基本原則としてはどのようなことを押さえておくことが必要でしょうか。

裁判の基本は「事実（主張）」と「証拠（立証）」です。この、事実と証拠に係る原則として、民事裁判の基本原則である弁論主義について押さえておくことが重要です。

弁論主義とは、裁判の基礎となる訴訟資料の収集と提出を当事者の権能及び責任とする主義のことをいいます。その内容として、次の三つ（三テーゼ）が挙げられます。

(i)　裁判所は当事者によって主張されていない主要事実（法律効果の発生・消滅に直接必要な事実）を判決の基礎とすることはできないとの原則（主張責任の原則及び訴訟資料と証拠資料の峻別）。

(ii)　裁判所は、当事者間に争いのない主張事実については、当然に判決の基礎としなければならないという原則（自白の拘束力）。

(iii)　裁判所が調べることができる証拠は、原告又は被告（当事者）が証拠申出をしたものに限られるという原則（職権証拠調べの禁止）

＊2　上記②－Ⅰ～Ⅲを口頭弁論といいます。詳細は、行政訴訟実務研究会編『行政訴訟の実務』第一法規（加除式）第二章「訴訟対応」一「訴訟手続総論」の項目参照。

なお、行政事件訴訟法においては、７条に「民事訴訟の例による」と定められており、基本的には処分取消訴訟のような行政訴訟の場合にも民事訴訟法の手続によって裁判が進められるのですが、行訴法24条に特別の規定（「裁判所は、必要があると認めるときは、職権で、証拠調べをすることができる。ただし、その証拠調べの結果について、当事者の意見をきかなければならない。」）があり、上記弁論主義の三テーゼのうち、職権証拠調べの禁止の原則は採用されていません[＊3]。

3　裁判制度の限界を理解したうえでの紛争解決の展望

こうした原則を理解すると、自治体との紛争事案における原告住民からの「裁判で真実が発見されなかった」、「自らの言い分に全く応えてもらえなかった」などの不満・怒り・失望の指摘については、必ずしも被告自治体や裁判所の対応に問題があったからだとは言い切れないこともわかります。

弁論主義に則り、被告が原告主張事実に限り、かつ、主要事実に絞って攻撃・防御を行うということ自体は、必ずしも制度的に非難されるものではないからです。

しかし、だからといって、裁判を利用し紛争を解決しようとする当事者の不満をそのまま放置してよいものではありません。特に自治体が訴訟を通じて住民と向き合う場合、裁判へのかかわりは一私人が裁判を利用する場合とは異なる様相を呈しています。

従前から、裁判制度全般については、次のような問題提起及び提言がなされてきました。新堂幸司教授[＊4]は、従来の民事訴訟学と裁判制度に対し、「裁判とこれを利用する立場の市民との関係を抜きにしては問題の正しい解決は到底

＊3　なお、上記(iii)の原則は、行訴法では24条で修正されていますが、この規定自体は裁判所に職権証拠調べを義務付けたものではなく、実務上もほとんど行われていないとのことです（司法研修所編『（改訂）行政事件訴訟の一般的問題に関する実務的研究』法曹会（2000年）215頁）。また刑事の場合には刑事訴訟法298条２項参照。

＊4　新堂幸司「現代型訴訟とその役割」『民事訴訟制度の役割』有斐閣（1993年）318頁

得られない。」と述べています。

また、渥美東洋教授＊5は、具体的人間の参加、双方の相互交流の観点から、感情を含めた両者の相互交流を欠けば、両者の調和への努力は覚束ない、と現行裁判制度・実務に警笛を鳴らしてきました。そして、実定法の背後にあって「実定法の基盤を形成しているもの」（道徳性・道徳感性ともいえる）を見つけ出す作業が要求されると述べています。

民事訴訟・刑事訴訟の両大家の上記提言は、行政実務の現場で、紛争解決に携わるみなさんへの提言・示唆となりましょう。

自治体にとって訴訟は喧嘩とは異なります。自治体が重視する実体的価値のみを主張し、その説明を尽くそうとしてもそれは説明責任を履行したことにはならないし、それでは「紛争」は解決しません。

住民の信託を受けた自治体行政の立場を十分認識しつつ、違った価値観・個性を持った個々具体の一人ひとりの住民と真摯に向き合い、一度対立し、失われた信頼関係を、裁判所という場を利用し、対話による相互尊重・相互交流による手続を通して修復していく必要がありましょう。

④　紛争解決としての積極的真実義務・修復的司法の考え方

では具体的にはどのような改善・提言をなし得るのでしょうか。

本書は、筆者の論稿を紹介する場ではないので、ここでは簡単な指摘・提言にとどめますが、一つには民事訴訟において当事者に課されている真実義務の考え方を、行政が被告となる場合には積極的真実義務（証拠開示義務含む）を負っていると片面的法構成を行い、行政に主張・立証責任を課すことが考えられます＊6。行政の説明責任の原則等が根拠となります。

＊５　渥美東洋『全訂第２版　刑事訴訟法』有斐閣（2009年）新版補訂　はしがき及び全訂版はしがき。『複雑社会で法をどう活かすか－相互尊敬と心の平穏の回復に向かって』立花書房（1998年）475～480頁。

＊６　鈴木秀洋「自治体の訴訟対応－政策法務の視点から」自治体学会編『自治体のかたち』第一法規（2003年）。鈴木庸夫編『自治体法務改革の理論』勁草書房（2007年）「第６章　自治体の訴訟法務」（鈴木秀洋執筆）。

またもう一つには、上記両教授の問題提起と関連しますが、刑事司法手続における修復的司法の考え方[*7]を紛争解決のベースにすることの提言です。すなわち、修復的司法とは、狭義では刑事司法手続において被害者を参加させるシステムですが、広義では社会全体のシステムの変更を指向する概念です。自己の生活を破壊され、身体的・心理的・財産的な損害を被った被害者に対する正義は、加害者の責任が確定され、その行為が否認され、物質的・観念的な損害調整が行われてはじめて実現されるものであると考えられます（**〔図表２－Ⅲ－２〕**参照）。

〔図表２－Ⅲ－２〕

	（応報的司法）	⇔	（修復的司法）
「犯罪」	法の違反	⇔	人間関係の侵害
「罪の負い目」	処罰によって解消	⇔	償いによって解消
「焦点」	過去	⇔	将来
「処罰・抑止」	苦痛を賦課	⇔	両当事者の関係修復手段として損害回復が必要
「司法」	対立・排除を指向	⇔	合意・融合を指向
「被害者ニーズ（権利）」	無視	⇔	中心に考える
「行為の社会的、経済的、道徳的関係」	無視	⇔	全体関係重視
「手続」	疎外的	⇔	和解を重視
「国家の役割」	独占的対応	⇔	被害者･加害者及びコミュニティの役割重視
「コミュニティの位置付け」	傍観者	⇔	修復過程の促進者

訴訟を、当該地域コミュニティにおいて発生した地域全体にかかわる（影響する）紛争と捉え、「被害者」の声に耳を傾け、原告その他住民の納得を模索した主張・立証を志向することはコミュニティの安寧を担う立場である行政の責務と考えられましょう[*8]。

＊７　高橋則夫「被害者関係的刑事司法と回復的司法」法律時報71巻10号11頁

＊８　前掲＊６

３　判決の利用

裁判はその過程において、両当事者が争点について主張・立証を積み重ねるものであり、行政にとっては、その過程で、様々な行政運営上の課題が浮き彫りになってきます。

この裁判過程において、行政が勝つことを目的に力を注ぐことが果たして正当化されるでしょうか。住民福祉の向上、住民の権利・利益の向上という観点（行政資源・労力の無駄遣いといえないかという観点）から十分な検証が必要です。裁判過程において明らかになった行政課題は、解決のためにエネルギーを注ぐチャンスと捉えることができれば、裁判過程及びその結果としての判決を、積極的に読み込み、利用すべきといえましょう。

さらに、裁判例は行政課題と改善理念・改善の具体策の宝庫と考えれば、自らが当事者となっていない他の自治体の判決であっても、積極的に分析し、利用することが自治体の行政運営を住民視点で改善することにつながります。

また、判決文をきちんと読むということに加えて、「判例時報」や「判例タイムズ」等の囲み解説部分を読んで、当該判例の法的位置付けを確認することも実務上重要です。

例えば、「第３部　分野別紛争事例編」事例３（p110）で紹介する横浜市立保育園廃止処分取消請求事件（最判平21・11・26民集63巻９号2124頁。以下「平成21年判決」という）について、判例タイムズの囲み解説部分を参考にみてみましょう。

判例タイムズ1313号104頁の解説の構成は、「１、事案の概要」「２、１審判決及び原判決」「３、本判決」「４、学説及び判例」「５、平成14年最判との関係」「６、平成18年最判との関係」「７、抗告訴訟の対象とすることの合理性」「８、まとめ」となっています。

まず、事案は次のようにまとめられています。

「本件は、Ｙ市がその設置する保育所のうち四つの保育所を平成16年３月

31日限りで廃止する旨の条例（本件改正条例）を制定し、その施行によって当該各市立保育所が廃止され、その同じ建物等を利用して引き続き社会福祉法人による保育所の運営（いわゆる民営化）がされることになったことについて、廃止された各市立保育所で保育を受けていた児童及びその保護者であるＸらが、本件改正条例の制定行為はＸらが選択した保育所において保育を受ける権利を違法に侵害するものであるなどと主張して、行政事件訴訟法３条２項に基づき、上記制定行為が抗告訴訟の対象となる行政処分に当たるとの前提でその取消しを求めるとともに、②国家賠償法１条１項に基づき、上記制定行為等により被った精神的損害の賠償として各20万円の支払を求めた事案である。」

この事案箇所を読むことで、端的に事案を理解することができます。そして、この事案に関して必要な基本知識を次の、１審・２審・最高裁判決の内容の解説を読むことで得ることができます。さらに、この事案に含まれる論点に関する判例・学説状況を確認することができます。そして、最終的にこの判決がどのような意義を有するのかについては、独りで考えてもわかるものではありません。この解説では次のように解説し、まとめています。

「最高裁の判例としては、区立小学校の廃止条例に関する最一小判平14・４・25判自229号52頁（平成14年最判）と、町営の水道料金の改定条例に関する最二小判平18・７・14民集60巻６号2369頁、判タ1222号80頁（平成18年最判）があるが、この二つの判例が一般論として否定説に立つものか限定的肯定説に立つものかは判文上明らかではなく、いずれも結論としてそれぞれの条例制定行為の処分性を否定している。本判決は、条例制定行為の処分性について一般的に判示するものではなく、保育所廃止条例についての事例的判断にとどまるものであるが、その説示する内容からすると、限定的肯定説の立場に立って、本件改正条例の制定行為が例外的に行政処分に当たるとしたものと解される。」

こうまとめた後に、

「公立保育所の民営化をめぐっては全国各地で同種の訴訟が提起され、前記４のとおり大阪高裁が保育所廃止条例の処分性を認める判断を示していたところ、本件の原審である東京高裁がこれとは逆の判断を示したことで、高裁段階での判断が分かれる状況になっていたが、本判決によって判断の統一が図られたものということができる。本判決は、条例制定行為の処分性を最高裁が初めて認めた判決でもあり、その先例的価値は大きいと考えられる。」

こうして、当該判決の意義を説明しています。

このように、この判決の解説文を読むことで、より判決原文の理解が深まり、実務上の指針とすることができますので、お勧めします。

Ⅳ　行政紛争と立法改正

実務で仕事をしていくうえで、根拠となる法令の改正経緯という縦糸をたどってみることは、現在の立ち位置とこれからの方向性を想像するためにも大事なことです。

例えば、「第１部　制度概略解説編」でも挙げましたが、行政事件訴訟法の改正は、国民の権利・利益の救済の拡大であるという縦糸の流れを理解することで、現在の行訴法の解釈全体の方向性を理解することができます。

また、行政不服審査法の改正は、国民の使いやすさの向上という観点からの法改正でした。このような大きな縦糸の流れを押さえることで、個々の紛争や疑義があれば、住民の権利・利益を拡大する方向で解釈を行うことが立法趣旨に合致するということがわかってきます。

さらに、こうした視点で地方自治制度の基本法である地方自治法をみてみると、二元制機関としての一方の機関である、議会の権限・活動強化の方向性が読み解けます。

では、個別具体法の例として、児童福祉法の改正はどうでしょうか。市区町村の権限・役割の強化と児童相談所の専門性の強化という縦軸を見つけ出すことができます。

このように、自らが関係する法令の縦糸をたどってみることで、現在の担当職務の方向性がみえてくるものです（児童福祉法の改正については、「第３部　分野別紛争事例編」事例９・10（p156～165）で紹介します）。

Ⅴ　法律の比較

自らが携わる分野において、隣接する法律同士を比較し、制度設計の分析をする（制度趣旨を正確にとらえる）こともまた、大事になってきます。法令の改正の経緯をたどることを「縦糸」にたとえるとすれば、こちらは「横糸」に当たります。

ここでは、①親密圏領域での暴力等における法律の比較と、②児童・高齢者・障害者の領域における虐待防止法の比較、③差別解消に関する各種法律を例として取り上げます。

１　親密圏領域での暴力等における法制度設計の分析

虐待への対応についての法制度設計の分析として、それぞれの法律がどの行政機関にどのような権限・役割を課しているのかを見ていきましょう。

まず、法律に基づき、児童虐待・DV・ストーカー行為等に係る通告・通報先を整理してみると、〔**図表２－Ⅴ－１**〕のようになり、児童虐待については自治体が中心となって対応しなければならないことがわかります。

一方、ストーカー行為等については、ストーカー規制法８～12条に国及び地方公共団体が行うべき配慮・支援についての規定はあるものの、警告・禁止命令・報告徴収等の行為の主体はすべて警察です。

DV防止法は、その間に位置しており、通報先は配偶者暴力相談支援センター又は警察官とされています（DV防止法６条）。

DV防止法９条には、被害者の保護のための関係機関の連携協力について定められており、配偶者暴力相談支援センターと警察以外にも、「福祉事務所、児童相談所その他の都道府県又は市町村の関係機関その他の関係機関は、被害者の保護を行うに当たっては、その適切な保護が行われるよう、相互に連携を図りながら協力するよう努めるものとする」とされていますが、同法３条により、「関係機関との連絡調整その他の援助」は、都道府県や市町村が運営する配偶者暴力相談支援センターの役割であることが確認できます。

〔図表２－Ｖ－１〕　児童虐待・ＤＶ・ストーカーに係る通告・通報先等の比較

児童福祉法（25条） 児童虐待防止法（６条）	通告先： 自治体	市町村、都道府県設置福祉事務所、児童相談所
DV防止法（６条） （配偶者からの暴力の防止及び被害者の保護等に関する法律）	通報先： 自治体と警察	配偶者暴力相談支援センター又は警察官
ストーカー規制法（４条・５条・13条等） （ストーカー行為等の規制等に関する法律）	警察中心	警視総監若しくは道府県警察本部長又は警察署長。都道府県公安委員会

2　児童・高齢者・障害者の虐待防止領域に関する法律の制度設計の分析

また、いわゆる虐待三法について、主に措置権限について比較してみると、行為の主体は次のとおりであり、原則として都道府県の権限とするのか、市区町村の権限とするのかという点で相違があることがわかります。児童虐待防止法に関しては、筆者は、児童相談所中心主義から市区町村中心主義への制度改善の提言をしていますが、虐待三法の制度の違いをこうして比較し、運用の実態を調査し、良い点と悪い点を検討することで、制度改善につなげることができます。

〔図表２－Ｖ－２〕　虐待三法の措置権限の比較

<table>
<tr><td>児童虐待防止法（児童虐待の防止等に関する法律）</td><td>都道府県・児童相談所</td></tr>
<tr><td>障害者虐待防止法（障害者虐待の防止、障害者の養護者に対する支援等に関する法律）</td><td rowspan="2">市区町村</td></tr>
<tr><td>高齢者虐待防止法（高齢者虐待の防止、高齢者の養護者に対する支援等に関する法律）</td></tr>
</table>

3　差別解消についての法制度の分析

差別解消に関しては、〔図表２－Ｖ－３〕に記載の三つの法律を挙げてみました。

〔図表２－Ｖ－３〕　差別解消三法の比較

障害者差別解消法 （障害を理由とする差別の解消の推進に関する法律）	・障害者基本法という土台の上に作られている ・障害者基本法では明確に障害者差別禁止を規定している（４条）。 ・障害者差別解消法の制定に至る経緯において、障害者差別禁止法との名称は通らず、差別解消法となった経緯がある。
部落差別解消法 （部落差別の解消の推進に関する法律）	・名称は禁止法とならず、差別禁止規定も盛り込まれなかった。
ヘイトスピーチ解消法 （本邦外出身者に対する不当な差別的言動の解消に向けた取組の推進に関する法律）	・名称は禁止法とならず、差別禁止規定も盛り込まれなかった。 ・定義規定は設けている。 （実質的には差別禁止規定であるとの評価がされる）

① 名称についての分析

憲法は14条で差別禁止を明記しており、差別禁止法という名称にすることについては法的には何ら問題は生じませんが、国会での議論等をたどると主に政治的理由でいずれも解消法という法律名となっています。

性的少数者にかかる包括的差別禁止の法律案の検討の際も、同様に差別禁止ではなく差別解消という用語が提案されました（なお、性的少数者の差別禁止の制度検討に関しては、差別解消か理解増進かとの制度設計のあるべき論の議論もされています）。

しかし、障害者基本法においては、明確に差別禁止がうたわれています。

② 差別禁止規定に関しての分析

上記①と関連しますが、障害者の差別に関しては、基本法において「何人も、障害者に対して、障害を理由として、差別することその他の権利利益を侵害する行為をしてはならない。」と明確に差別禁止を謳っています。これに対し、部落差別解消法もヘイトスピーチ解消法も、こうした明確な禁止規定は置かれませんでした。ただし、ヘイトスピーチ解消法に関しては、「専ら本邦の域外にある国若しくは地域の出身である者又はその子孫であって適法に居住するもの（以下この条において「本邦外出身者」という。）に対する差別的意識を助長し又は誘発する目的で公然とその生命、身体、自由、名誉若しくは財産に危害を加える旨を告知し又は本邦外出身者を著しく侮蔑するなど、本邦の域外にある国又は地域の出身であることを理由として、本邦外出身者を地域社会から排除することを煽動する不当な差別的言動」を「本邦外出身者に対する不当な差別的言動」と定義しており、この定義規定が実質的には差別禁止規定と評価することができます。

③　上記分析を踏まえた筆者見解

差別禁止を明記することは、言論を萎縮させることにつながるため慎重であるべきとの見解がありますが、差別に苦しんでいる人がいる現実は見逃せません。そして、差別禁止に関しては憲法14条で明確に規定されており、これまで裁判で積み上げられた基準と蓄積もあることに鑑みれば、射程を明確にしたうえで憲法14条を当該分野において具体化するものとして、差別禁止について明記することには意義があるものと筆者は考えています。

差別禁止が明記されれば、個々の裁判事例に対し、審査基準としての意味を持ちます。そうである以上、こうした具体的法律を制定することには意義があります。

なお、差別は当該人に原因があるものでなく社会の偏見・障壁により生み出されるものであることからすれば、積極的に行政がその社会的障壁を取り除いていかねばなりません（医療モデルから社会的モデルへ）。

[第 3 部]
分野別
紛争事例編

Ⅰ　保育園での骨折事故をめぐる紛争

事例１

① 公立保育園Ａにおいて、お昼寝時間後、一歳児クラスの甲ちゃんが鼻血を出す。
② 甲ちゃんの保護者が夕刻迎えに来たときに、担当保育士は、次のように説明して甲ちゃんを保護者に引き渡す。「日中何度か鼻をかんだときに、鼻血が出たので自宅で様子を見てください。」
③ 夕食準備時、甲ちゃんの鼻から再度大量の鼻血の塊が出たので、病院に連れて行く。
④ 病院でのレントゲン検査の結果、鼻骨骨折（軽微）と診断される[*1]。
⑤ 甲ちゃんの保護者は、事実関係につき自治体に何度も説明を求める。
⑥ その後、自治体からは保護者に対しては、事実関係や事故後の対応について十分な説明（資料）は提示されない。
⑦ 上記膠着・対立状態を打開すべく甲ちゃんの保護者が訴えを提起。

１　原告の立場で考えてみよう

みなさんが、甲ちゃんの保護者であると仮定してみてください。自治体側に対して、どのような主張をしますか。

1　被害保護者であれば……

怪我の程度にもよりますが、自治体に文句を言いたくなる気持ちはわかると思います。そのような場合、事故（事件）の５Ｗ１Ｈについて、きちんとした

＊１　類似事案において診断をした医師は、医学的に調べれば、骨折したおおよその時間帯（幅はあるとしても）を推定することは可能だといいます。

説明を求めることになるでしょう。例えば、
「他の児童とぶつかったのか、自分で転んだのか、それとも何か部屋の構造・附属物にぶつかったのか。」
「保育士は果たしてその現場で見ていたのか。」
「そもそも鼻血としてしか認識していないということは、事故（事件）に気付いておらず、きちんと保育をしていないということではないのか。」
「原因は、当該担当保育士個人の資質の問題なのか、そもそも保育士の人数配置や面積基準といった組織体制・運営体制等に問題があるのではないか。」

このように、疑問や不満が深まることでしょう。実際に自治体職員として事故（事件）を担当すると、裁判前の交渉段階でかかる疑問が被害保護者側から自治体に投げられます。

しかし、かかる疑問に対し、自治体が十分な説明を履行していない場合も決して少なくありません。

被害保護者からすれば、かかる軽微な骨折で、弁護士に依頼をし、裁判に訴えるということは、金銭的な面を考えるならば決してプラスとはならず、やめるべき＊2ということになるでしょう。しかし、それでも自治体を訴えるというのはなぜでしょうか。

ほとんどの場合それは、事実をきちんと知りたいということに尽きるのです。みなさんも被害保護者となってみれば十分そのことは理解できるはずです。

かかる疑問への対応が真摯に行われないこと、そして、被害保護者の我慢が限界を超えること、このような経緯をたどり、被害保護者としては、もう裁判に訴えるしかない、という気持ちになるのです。

２　訴えの形式は？

果たして、「きちんと事実解明をして説明を行ってほしい」「再発防止策を立

＊２　類似の損害賠償請求事件における判決を読んで、裁判に係る費用（弁護士費用を含む）と認められた損害賠償額とを比較してみれば、このことは明らかとなります。

てて、徹底してほしい」このような請求を立てようとする場合、みなさんは、どういった形で、訴えを提起しますか。

残念ながら、必ずしも、ぴったりの訴訟形態はありません。

そこで、次のように考えることになります。

この事例においては、骨折による物理的・精神的損害が「金○○○円」生じました。そして、この損害が生じた原因は、自治体公務員の行為（作為・不作為）に起因するものです。このように構成し、自治体に対して、金銭の損害賠償請求を立てます。こうした請求であれば、裁判手続を利用することが可能となります。そして裁判における主張・立証を通して、上記目的（の一部）を達成しようとすることになります。

具体的法条としては、国賠法1条が、「国又は公共団体の公権力の行使に当る公務員が、その職務を行うについて、故意又は過失によつて違法に他人に損害を加えたときは、国又は公共団体が、これを賠償する責に任ずる。」と規定しています。

国家賠償制度については、「第1部　行政法制度概略解説編／Ⅳ　国家賠償請求」の説明（p36）を振り返ってみてください。主な論点となる違法・過失の要件については、p39で説明しています。ここで扱う事例を検討するに当たっては、まずこの条文の要件に事故（事件）事実を当てはめて自治体に請求を行うことが可能であること、この請求を裁判で行うことで自治体側の責任（対応）を問うことができるということを理解しましょう。

2　被告自治体側の立場で考えてみよう

それでは、国賠法1条を根拠とする訴えの提起がされたと仮定して、今度は、被告自治体の立場で、被告自治体側の主張を考えてみてください。

1　反論をする場合の二つの構成

被告自治体としては、主に二つの向き合い方を選択することになります[*3]。

＊3　訴訟上の個々の事実の認否・抗弁等の正確な立証責任を理解するというよりは、大きな方向性を理解しましょう。

一つには、原告が主張する主要事実を否認する場合です。例えば、教師による生徒への殴打があり、それにより当該生徒が怪我をしたという事実主張に対し、教師は殴打をしていないと主張して行為の事実自体を否認する（又は教師の殴打による怪我ではない等の因果関係を争う）場合です*4。

また、もう一つの構成としては、請求原因となる主要事実は認めたうえで、自治体側の対応は正当である（適法又はやむを得ないもの）と主張する場合です。

例えば、教師が生徒Ａを殴打した事実は認めつつも、殴打に至る経緯として、Ａが生徒Ｂにナイフで危害を加えている場を目撃し、急いで制止するためＡのナイフを取り上げようとしたときに結果的にＡの手を払う形になってしまったのであり、これはやむを得ないものであると主張するような場合です。

2　自治体としてどう主張するかの検討・選択判断

当然のことですが、上記二つの構成のどちらを選択するかの判断は、自治体側の詳細な事実調査が前提となります。

原告主張事実が真実であるのにそれを否認し、又は自治体側の対応が適法といえない場合であるにもかかわらず正当性の主張を行うことは許されません。

自治体にとって裁判の鉄則は「負けるべき裁判は適正に（適正な範囲で）負け、勝つべき裁判は正当性を主張して適正に（適正な範囲で）勝つ*5」ということになります。

3　本事例における被告自治体の主張の選択判断

それでは、本事例においてはどうでしょう。

保育時間中の事故である*6以上、上記1のように事故事実を否認すること

＊4　被告自治体側の訴訟手続に則った対応としては、原告の事実主張について認否（例えば、①認める、②否認する、③不知）、そして④法的主張について「争う」等の応答をしたうえで、自らの主張・立証を行うことになります。

＊5　筆者は訴訟の勝ち負けという言葉に抵抗がありますが、あえて標語的に用いた場合です。

はできません。信義[*7]にもとります。

それゆえ、事故に気付かなかった保育士の行為が「違法」とはいえない又は「過失」がないと主張できるかについて検討することになります。

４　正当性を主張するための事実調査の一部

(1)　保育体制を確認する事実調査

例えば、１歳児クラスは担任４人で担当しており、当日も人員配置・人数に不備がないことなどを確認します（法定の基準及び自ら定めた運用基準に則っていることが大前提です）。

(2)　担当保育士からの聞き取り調査

「１歳頃の児童は、歩き始めの有無など個人差が大きく、発達段階が近いグループごとに分けて複数の保育士で保育しています。お昼寝時間帯に交代で昼食休憩をとり保育士が一時的に部屋に１人となる時間帯がありますが、何かあれば助けを求める体制は組んでいます。」

「当日は、お昼寝の時間帯におしっこに起きたＢ君がおり、その対応のため併設のトイレに連れ出た数分間は誰も保育室にいない時間帯を作ってしまったのは事実です。しかし、その前後に事故には気付きませんでした。」

このような聞き取り調査結果を得たとします。

(3)　上記の事実確認の後に自治体としてできる法的主張

自治体は、国家賠償法の要件に該当しないとの主張ができるでしょうか。具体的には、公務員の行為が「違法に」又は「過失によって」という要件をみたしていないとの主張をすることになりましょう。

上記要件の具体的判断基準（規範）については判例・学説上見解の対

＊６　保育時間中の事故か不明との反論もあり得ますが、①朝の受け入れ時の健康観察で問題がなかったこと、②保育中から出血があったこと、さらに③医学的な鑑定等を行えば保育時間中の打撲によることが明らかとなること、以上から推認されます。

＊７　行政法の一般原則としての信義則です。また訴訟遂行にも信義則の適用（民事訴訟法第２条）があります。

立[*8]がありますが（詳解は「第1部　行政法制度概略解説編／Ⅳ　国家賠償請求」（p39）を参照）、ここでは、保育士が職務上通常尽くすべき注意義務を尽くしていたといえるか否かが基準（規範）になると理解しておきましょう[*9]。

保育士に法令上課されている義務はこういうものであり、要求される注意義務のレベルはこうであるというものを洗い出し[*10]、それらに合致した行動をとっていたといえるのかを検証し、法的主張を考えます。

本事例では、保育士が事故を見ておらず、正当性を主張することは現実として難しい事案といえます。仮に保育士がその場にいたとしても、本事例はやむを得ないものであるということを、果たして原告又は裁判所に理解してもらえるでしょうか。そう考えれば、本事例では、全面的に争うのではなく、保育体制や当日の保育士の行動・状況を淡々と主張することぐらいしかできないと考えることになるでしょう。

(4)　反論の例示

そのうえで、例えば、保育学等（人間の発達過程等）の知見として、どんなに保育体制（ハード・ソフト両面）を万全としても、1歳頃の発達段階であれば、這う（はいはい）から、つかまり立ちにチャレンジし、転ぶことを繰り返し、歩き出すという過程を経て成長していく段階であり、この時期に転んだりして軽微な怪我をすることを完全に防ぐことは難しい（やむを得ないものもある）ということを主張することがせいぜいということになりましょう[*11]。

5　自治体の主張に求められる「品格」

これまで、原告及び被告の主張を検討してきましたが、自治体が被告となる

＊8　塩野宏『行政法Ⅱ〔第6版〕』有斐閣（2019年）332頁以下に詳解。また宇賀克也『行政法〔第2版〕』有斐閣（2018年）405頁以下に判例も含めた整理がされています。

＊9　例えば櫻井敬子・橋本博之『行政法〔第6版〕』弘文堂（2019年）363頁以下が参考になります。

＊10　保育所保育指針や日常の保育計画もこの中に含まれると考えるべきでしょう。

場合の姿勢について補足しておきます。

この点、自治体は、常に正当性を主張すべきであるとの主張を見聞します*12。

しかし、自治体としての主張を考える場合、行政としての「品格」というものを考える必要があります。「品格」というと抽象的で非法律的に聞こえるかもしれませんが、法体系的に裏付けることはできます*13。

すなわち、通常の民事事件であれば対等な一私人同士の争いが典型です。お互いがどのような主張をしようともある意味真実に反しなければ自由です。

しかし、自治体が裁判に臨む場合には、争いの是非・程度に関し、全く同じようには考えられません。

なぜなら、①原告は住民であり（原告となってもいわば主権者*14・主役としての地位は変わらない）、②自治体は、住民利益（住民の信託を受けた公益代表として）の主張をすべきだからです。

---

*11　保育所保育指針（厚生労働省告示第117号・平成30年改正）によれば、「１歳３か月から３歳未満」であれば、「歩き始め、手を使い、言葉を話すようになることにより、身近な人や身の回りの物に自発的に働きかけていく」「新しい行動の獲得により、環境に働きかける意欲を……」「物をやり取りしたり、取り合ったりする姿が見られる」という発達過程の記述があります。むろん、この過程で怪我がやむを得ないとする趣旨ではなく、「一人ひとりの発達過程……に応じた適切な援助及び環境構成」が重要であり、「事故防止及び安全対策」として「子どもの心身の状態等を踏まえつつ、保育所内外の安全点検に努め、安全対策のために職員の共通理解や体制作りを図る」ことが大切であるとする記述につながります。ひっかきや噛みつき事例など子ども間のトラブルも増えてくるので、当該年齢児の発達過程を考えた具体的なハード・ソフト対策がとられていることが前提です。そのうえでの主張となります。

*12　例えば行政の無謬論に縛られることがあります（東日本大震災前の原発の安全性に対する過去の行政側主張をみれば顕著でしょう）。

*13　鈴木秀洋「自治体の訴訟対応－政策法務の視点から」自治体学会編『自治体のかたち』第一法規（2003年）。鈴木庸夫編『自治体法務改革の理論』勁草書房（2007年）「第６章　自治体の訴訟法務」（鈴木秀洋執筆）を参照ください。

*14　正確には国民が主権者ですが、わかりやすい説明概念として使用しています。

3　裁判所の立場で考えてみよう

それでは、原告・被告の主張をもとに、裁判所としてはどう判断するのでしょうか。

1　裁判所の立場で重視すべきこと

この点、司法修習生向けの書籍*15では、「当事者の事実主張に欠けた点はないか、矛盾はないか、どこが争点であるか、争点についての証拠は十分であるか、法律の解釈適用に誤りはないか」などを検討し、判断の的確さを保つべき旨記述されています。

(1)　本件の争点

本事例においては、「違法」「過失」の要件該当性が主な争点となります。

学校・保育事故事例においては、判例・実務は、違法と過失の一体的判断*16をし、その判断基準としては「職務上通常尽くすべき注意義務を果たしたか否か」を基準としていることについては、「第1部　行政法制度概略解説編／Ⅳ　国家賠償請求」（p41）で説明したところです。

(2)　更なる具体的基準

そして、注意義務が基準であるとはいっても、これだけでは、極めて抽象的であり、関連する法令や計画・指針・マニュアル等を参照するとともに、さらに、個々具体の当該事故場面における具体的な注意義務の内容・程度を確定するためには、様々なファクターを検討する必要があります。具体的なファクターについては、「第1部／Ⅳ／4　国賠法1条1項」（p37）で、7項目を挙げました。思い出してみましょう。

＊15　司法研修所編『民事判決起案の手引〔10訂〕』法曹会（2006年）第1章に記述があります。

＊16　阿部泰隆『行政法解釈学Ⅱ』有斐閣（2009年）480～492頁、501頁。芝池義一『行政法読本〔第4版〕』有斐閣（2016年）399～400頁（学校での教育活動のやり方に法律の規定がないので違法性が問題にならないのではないかとの記述）。稲葉馨ほか編『ケースブック行政法〔第6版〕』弘文堂（2018年）18章等が参考となります。

①年齢
②活動の特質（危険の有無。例えば砂遊び、鉄棒、組体操、水泳、武道等による相違）
③時（登園中、保育（昼寝中か否か）中、保護者迎え時等による相違）
④場所（園内、園外等による相違）
⑤天気・天候（晴れ・雨・台風等による相違）
⑥参加形式・性質（行事主催が行政か保護者会か又は正規か任意か等）
⑦個別の特殊事情（知能・障害・健康状態等）

これら諸般のファクターを考慮することにより、当該事故場面における具体的な注意義務の内容・程度を確定することができます[*17]。

⑶　あてはめ・結論

本事例においては、保育時間中の保育園内事故であること、年齢が１歳であり動静把握について高度な注意義務が課されていること、以上の検討から、担当保育士らが昼寝時間中部屋を空けるなどして園児の動静を把握する義務を果たさなかった点に違法・過失が認められ、被告自治体が損害賠償責任を負うことになりましょう。

4　裁判を契機とした行政実務の改善・反映について

1　裁判を契機[*18]とした行政実務の改善・反映（総論）

この紛争を契機に自治体は、自らの行政実務の改善にどう取り組むべきでしょうか。

住民の権利・利益を守るために「法の支配の原理」及び「法律による行政の原理[*19]」が定められており、かかる原理からの思考が出発点となります。言

*17　例えば、さいたま地判平21・12・16判タ1324号107頁では動静把握義務という用語を使用し具体的な注意義務の内容を検討しています。猪熊弘子『死を招いた保育』ひとなる書房（2011年）。

*18　敗訴した場合又は判決後に限りません。

*19　塩野宏『行政法Ⅰ〔第６版〕』有斐閣（2015年）第１編第４章第１節参照。

い換えれば、自らの仕事の根拠・寄って立つ法規範を再確認して*[20]行政実務を検証するということです。

裁判で行政実務の正当性を主張・立証しようとすれば、かかる法規範の体系及び規定の趣旨・解釈について徹底的な調査・検討が必要となります。その過程で、行政実務上の疑義に直面することがあり、それを改善することが類似の紛争（事故）予防*[21]となるのです。

２　改善・反映各論（規範・基準との関係）

さて、本件設例事案に戻って具体例を挙げてみましょう。まず、上記法規範に該当するものとして何があるでしょうか。

(1)　保育所保育指針と実務との乖離はないか

この点、争いはありますが学習指導要領については、判例が*[22]大綱的な法規範性（基準的性格）を認めています。保育所保育指針についても具体的部分にもよるのでしょうが、一定の法規範性が認められるものと思われます（同指針解説書*[23]序章も保育所保育の質を担保する規範性を有する基準と記述しています）。

(2)　保育所保育指針という法規範の内容について

それゆえ、同指針と日常の保育計画・体制が合致しているかについて再検証することが必要となります。

＊20　従前からの組織内マニュアルや上司の指示に従ったとの理屈は、対外的には、当該公務員の行為の違法を阻却し自治体が責任を免れるという免罪符にはなり得ません。

＊21　紛争を積極的な改善の契機とすること（訴訟後に行政実務改善報告を行うような行政内ルール付け等）は、規範的意味だけでなく、経済的・効率的意味（後の紛争を防ぐ）を考慮しても是認されるべきでしょう。

＊22　最判昭51・５・21刑集30巻５号615頁〔中学校学習指導要領〕は全体として大綱的基準として法的拘束力肯定。最判平２・１・18判時1337号３頁〔高校学習指導要領〕は法規としての性質を有するとした原審判断を是認しています。

＊23　平成20年４月厚生労働省雇用均等・児童家庭局保育課。なお指針については平成21年に厚生労働省の大臣告示（141号）に格上げされました。

例えば、同指針中、「第五章健康及び安全」「２環境及び衛生管理並びに安全管理」「⑵事故防止及び安全対策」アの項目には、「保育所内外の安全点検に努め、安全対策のために職員の共通理解や体制作りを図る」とあります。

そして当該部分について同指針解説書は、「①日常の安全管理」の項目に「……安全点検表を作成して、施設、設備、遊具、玩具、用具、園庭等を定期的に点検し、安全性の確保や機能の保持など具体的な点検項目や点検日及び点検者を定める」「遊具の安全基準や規格などについて熟知し、必要に応じて専門技術者による定期点検を実施」と記載しています。

また、「③事故防止マニュアルの整備と事故予防」の項目では、「事故防止のために、日常……留意すべき……事故防止マニュアルを作成し、その周知を図る必要」があり、「保育の体制」として「子どもの動静については、常に全員の子どもを把握」「観察の空白時間が生じないよう職員間の連携を密にする必要」「午睡を含めて、子どもの安全の観察に当たっては、一人一人を確実に観察することが大切」と基準を定めています。

⑶　法規範の具体的あてはめの検証

当該紛争（事故）においては、午睡（昼寝）時間帯に観察の空白時間が生じており、その点で同指針及び同指針解説書の基準をみたしていません。

この点、「観察の空白時間を作らないように」という個々の保育士への注意喚起を促すことで再発防止策とする自治体もあるようですが、それでは不十分です。

実際、担任の保育士自身が体調不良によりトイレに行くこと、保護者からの急な電話への対応、熱性けいれんを起こした子どもの対応、複数の同時トラブルの発生、地震の発災等１人ひとりの子どもを観察する空白時間が生じかねない事態は容易に想定されます。このような観察空白時に事故等が生じ、訴訟に至る例が後を絶ちません。

その意味で、定数上又はローテーション上の保育士の人員・配置の下での当該クラスの保育計画（例えば当日の散歩・プール）における保育士の連携を確認し合うだけでは不十分であり、前述例のように突発的に担当保育士が当該場所から離れざるを得ない事態が生じることを保育士同士が理解し、かかる間隙をどうフォローし合うかについても事前に再確認し、フォローの具体策を持つ習慣・システムを構築し、できれば文書化して共有しておくことが重要です。

また、事故防止のための安全点検表又は事故防止マニュアル等*24が形骸化していないかについても検証が必要であり、実際にマニュアル等を使用しての訓練を行ってみることも有効でしょう。

3　改善・反映各論（情報流通・信頼関係）

事故の軽重等様々な要因がありますが、訴訟担当として事実をたどると、究極的には「日常的に保育者と保護者との間のコミュニケーションがよくできている場合には訴訟にはなりにくい」との結論に至ります。

原告（保護者）の立場から考えてみると、「きちんとした説明を受けたい」ということでやむなく訴訟を起こしている事例がほとんどであることは、先にも説明したとおりです。

筆者は、本件設定類似事案において、和解の席で「日々の送迎時に担当保育士からは子どもの様子をあまり話してもらうことがなかった。事故についても保護者に迅速に伝達するという体制ができておらず、今後はこの点の整備を約束してほしい。賠償金が欲しいわけではない。」との発言を受けており、このような経験は相当数に及びます。

一見法務と関係がないように思えますが、紛争の背後には、日々の出来事・子どもの様子等をいかに伝え（よく会話をする以外にも、ノートを活用する等）、なんでも相談できる体制ができている、という信頼関係が大きく影響します。信頼を日々どう構築しておくかということも、紛争解決に不可欠の知見ということになります。

＊24　保育園における１歳児の鼻骨骨折であれば１歳児が立った頭・顔の位置でぶつかるものがないか、柵、棚、机等で角があるものはないか、もう一度自治体の全保育所で設置位置（高さ）・部材・角取り等を確認し、事故原因となりそうな設備等の変更が必要でしょう。

4　まとめ

本項では、保育事故事例を題材に、原告・被告・裁判所の立場から検討をするとともに、紛争を契機に行政実務の改善へと結びつけていくための視点を紹介しました。記録をつけておくこと、文書を保管しておくことも重要です。裁判の時に自らの行為の適法性を立証する証拠となるからです。

Ⅱ　随意契約をめぐる紛争

事例２

① 自治体は自治体所有の会館を利用して、障害児を対象とした事業（トレーニング）を行っている。上記事業（トレーニング）は、自治体が直接行っているのではなく、Ａ団体に委託して行っている。

② また、この会館の清掃業務等については、Ｙ団体（当該会館でトレーニングを受けている障害児の保護者グループ団体であり、Ａ団体の構成員とも重複がある）が自治体と契約を締結して業務を履行している。

③ 上記清掃業務等の契約は、随意契約（業者指定）の手法で何年も行われてきた。

④ 上記清掃業務等の契約履行については一部不備（清掃が十分になされていない場合）があると指摘されたことがあるが、自治体の書類上は履行を確認して支出がなされた。

１　前提としての契約締結の基礎知識

1　問題の所在

自治体の契約締結の方法としては、一般競争入札が原則であり、随意契約は例外となります（後掲 3 参照）。そこで、本事例においては、随意契約をしてよい場合かどうか？という観点から、みていきましょう。

2　定義・意義

では、そもそも随意契約とはどういったものなのでしょうか。

随意契約とは、地方公共団体が競争の方法によらないで、任意に特定の者を選定してその者と契約を締結する調達方式をいいます。

一方、原則とされる一般競争入札とは、不特定多数人の参加を求め入札の方法によって競争を行わせ、そのうち自治体に最も有利な価格で申込みをした者を契約の相手方とする調達方式をいいます。

3　原則と例外の制度設計根拠

自治体における契約が、「契約自由の原則」が支配する私人と異なるのは、その財源が税金によって賄われるからです。税金を財源とした公金支出という視点からは、より良いもの、より安いものを調達すべきであり、公正性と機会均等性を理念*1とする一般競争入札方式が原則とされます。

この観点からすれば、随意契約は、自治体が契約の相手方となるべき者を任意に選定するものであることから不適正な価格設定が行われるおそれがあり、その意味で例外となるのです。

ただし、一般競争入札にも問題が指摘されています。第一に、契約担当者の事務上の負担が大きく（準備に多くの作業及び時間がかかります）、経費がかかります。第二に、不良・不適格業者が混入する可能性が大きくなります。このような短所を有しているのです。

そして、この短所の裏返しが随意契約の長所といえます。随意契約は、第一に、契約担当者の事務上の負担を軽減し、事務の効率化に寄与することができること、第二に、自治体が任意に選定する点で、特定の資産、信用、能力等がある業者を容易に選定することができること、かかる点が長所として挙げられています。

要は、完璧な制度というものはないのですから、長所と短所のバランスをどのようにしてとるかということになります。

地方自治法は、税金を財源とした公金支出という面を重視し、公正性と機会均等性を第一に考慮して原則を一般入札とし、例外として随意契約を許容するというバランスのとり方をしたということになります。

＊1　競争性、透明性、経済性とも説明されます。
http://www.soumu.go.jp/main_content/000025877.pdf

この例外要件の一つとして地方自治法は、同法234条２項をさらに具体化した地方自治法施行令167条の２第１項２号を定めています。

つまり、「性質又は目的が競争入札に適しないもの」という要件が充足される場合には、随意契約が許されるという制度構築をしたのです。

2　原告の立場で考えてみよう

1　原告（住民側）の主張の大きな方向性

ここまでの理解を前提として、原告（住民側）の主張を考えてみましょう。

大きな方向性としては、あくまで一般競争入札が原則であり、その例外としての随意契約の要件は厳格に解釈されるべきであるということです。

この観点から、「性質又は目的が競争入札に適しないもの」という文言を解釈・検討した場合、どのように考えるべきでしょうか。

「性質又は目的」というのは、例えば、特別の技術者や芸術家等でなければ創りあげられない高度かつ特異な物品・役務の提供が不可欠とされ、代替が想定されないような場合を考慮した概念[＊2]といえます。

もっとわかりやすい例で考えれば、オリンピック金メダリストによる水泳プロジェクトやiPS細胞に係る契約案件ということになれば、競争入札の方法による契約締結の方法が不可能又は著しく困難であることは明らかでしょう。

問題は、そのような狭い意味で性質又は目的を捉えるか、もう少し広がりを持った概念としてこの文言を捉えるか、この点が解釈上の岐路となります。

あくまで一般競争入札の原則を強調し、例外は厳格にという観点からするならば、「性質又は目的」の解釈を極めて限定的に捉え、すなわち、前述の例のように、競争入札の方法では契約の締結が「不可能又は著しく困難」な場合にのみ随意契約ができると考えます。

こう考えれば、本件事例は、清掃業務であり、この事例に係る事情（例えば

＊２　松本英昭『新版　逐条地方自治法〔第９次改訂版〕』学陽書房（2017年）第234条「随意契約」の解説箇所参照。

会館でトレーニングを受けている障害児とのかかわりにおいてこの団体構成員は十分な対応ができる等の事情）を考慮したとしても、一般競争入札が不可能又は著しく困難になる事例とまではいえません。

それゆえ、随意契約許容の要件具備はなく、当該契約は違法であるとの結論を導くことになりましょう。

2　原告（住民側）の訴えの形式

これまで、原告（住民側）の主張の大きな方向性について検討してきましたが、かかる主張（本事例における随意契約は違法である旨の主張）があった場合には、「住民訴訟」という類型があることを押さえておきましょう（自治法242条の2、行訴法5条・42条、「第1部　行政法制度概略解説編／V　住民訴訟」（p46）参照）。

この類型は、自治体職員のなした違法な財務会計上の管理行為をただして、自治体の財務行政の適正な運営の確保を図る観点から、住民参政の一環として、住民に対し出訴権を認めたものです[*3]。住民1人でも提起できますが、自治体の財務会計上の行為のみが審査対象となります。

本事例との関係では、ある契約を随意契約でするか入札によるべきかは財務会計上の行為に当たるので、住民訴訟の対象となるのです[*4]。

3　被告自治体の立場で考えてみよう

基本的には、次の二段階の争い方が考えられます。

一つには法解釈（「性質又は目的が競争入札に適しない」という文言の法解釈）の

＊3　最判昭53・3・30民集32巻2号485頁参照。塩野宏『行政法Ⅱ〔第6版〕』有斐閣（2019年）287～288頁参照。

＊4　塩野・前掲書289頁、また阿部泰隆『行政法解釈学Ⅰ』有斐閣（2008年）424～430頁参照。上記立法趣旨の観点から特別の法制度として認められた訴訟類型であり、保育園や学校事故〔事例1〕のように個人の権利が侵害されたような場合（いわゆる主観訴訟）とは異なり、客観訴訟と呼ばれる訴訟類型です。

争い、もう一つは上記法解釈・基準を本事例に当てはめる際の事実評価の争い、ということになります[*5]。

１　第一段階の主張について

法が定める「性質又は目的」という文言は、随意契約許容の要件ですが、この文言は極めて抽象的です。違法か適法かを判断するためには、もう少し具体的な要件・判断基準が必要となります。

(1)　基本的な考え方

この点、原告主張の理由は、競争入札の方法が「不可能又は著しく困難な場合」という限定的な場合を想定したものでした[*6]（以下「狭義説」という）。

これに対し、被告自治体側は、「性質又は目的」とはもう少し広がりを持った要件であると主張することになります（以下「広義説」という）。

例えば、地域福祉政策推進の観点から、又は地元自治体の産業振興促進の観点なども「性質又は目的」に含まれるというような法解釈等がなされるべきと主張をすることになりましょう。

(2)　要件・基準の導き出し

では、自治体側の要件解釈が適法とされるには、裁判上どのような主張・立証が必要となるのでしょうか。

例えば、当該自治体のマニュアルや要綱を示して適法性を主張することが考えられますが、要綱のとおりの運用をしていることを示したところで、それだけで適法性は導けません。

そのマニュアル等が法令に則っているという根拠を示す必要があります。それゆえ、法令（法律・条例等）と実務運用との間に乖離があり違法であるとの原告の主張に対し、自治体側としては、当該法令の制定過程の議論、制

＊5　両方とも主張することが多いですが、論理上は別の問題です。法解釈の点では争いはなく事実のあてはめの部分のみ争うということもあります。

＊6　もちろん、原告の主張も、後述するように最高裁判所の判例（基準）は争わず、それを前提としたうえで、あてはめ事実を争うという手法もあります。

度趣旨、立法事実等を丁寧に追いかけたうえで、その法令を具体化した要綱やマニュアルが定められていること、その要綱やマニュアルに則って運用していることを立証することになるでしょう。

また、各種関係法規との関係や、より上位規範となる憲法との関係についても検討することが必要となります。

当然のことながら、過去に当該法令に関して紛争となった判例・裁判例等についても調べ、その射程を測り、目の前の実務の運用・争いとなる事例に当てはめてみるといったことが必要となってきます。

(3)　最高裁判所が示した判断基準

本事例に関しては、立法経緯・趣旨等から一義的に広義説は導けません。しかし、「性質又は目的」の法解釈については判例（最判昭62・３・20民集41巻２号189頁）があります。

この判決は、「その性質又は目的が競争入札に適しない」という要件の意義・判断基準[*7]を示しています。一部抜粋して紹介します。

まず、狭義説については、「必ずしもこのような場合に限定されるものではなく」とします。

そのうえで、具体的基準としては、「……当該契約自体では多少とも価格の有利性を犠牲にする結果になるとしても、普通地方公共団体において当該契約の目的、内容に……相応する資力、信用、技術、経験等を有する相手方を選定しその者との間で契約の締結をするという方法をとるのが当該契約の性質に照らし又はその目的を究極的に達成する上でより妥当であり、ひいては当該普通地方公共団体の利益の増進につながる……場合」には、「性質又は目的が競争入札に適しない」場合に該当すると判示しています。

要するに、上記傍線の事情を総合考慮したうえで、随意契約の適法性を判断するとしています。被告自治体側としては、この最高裁判決を引用して、広義説を主張します。

＊７　『主要行政事件裁判例概観３〔第３版〕－地方自治関係編』法曹会（2007年）179頁以下参照。

2　第二段階の主張について

次に、上記判例基準の本事例へのあてはめが問題となります。

この点、清掃業務等は、仮に広義説をとっても、具体的基準（上記下線）に合致しないとの主張に反論することが必要となります。

このような主張に対しては、当該会館の特殊性、利用者の利便、団体の技術・経験、信用等を考慮したこと、これらの事実を主張することになります。

もう少し詳述しますと、当該会館は日常的に障害者等の訓練のために利用されており、障害者に理解ある者が受託することが好ましいこと、そして訓練担当団体と本件清掃業務受託団体とは構成員に重複があり、障害者対応において専門的知見を有している者が多く（調査したところ障害者のための各種事業活動を広く行ってきていることもわかりました）、Y団体と契約締結することが、清掃だけにとどまらない対応が必要となる当該会館の清掃業務等の性質に照らし、又は目的を達成するうえで妥当という主張を行うことになります[*8]。

4　裁判所の立場で考えてみよう

ここまで原告と被告の主張・立証を検討してきましたが、では裁判所はどのように判断するのでしょうか。

1　最高裁判所が掲げる随意契約許容の基準

これまでみてきたように、一般競争入札が原則であって随意契約はあくまで法律上は例外です。そして例外的に随意契約が認められる場合として自治法234条2項及び自治令167条の2第1項2号は、「性質又は目的が競争入札に適しない」との要件を掲げています。

＊8　筆者は他の類似事案で、①障害者の訓練前後・休憩中を含めた動静の見守りや有事のパニック対応等において日常的に見知った保護者らの見守り的な役割の重要性、また、②自治令167条の2第1項3号の拡張としての障害者・障害者の保護者ら弱者保護（福祉政策）の観点、これらが根拠たり得ないかについて指定代理人間で議論しています。

ただし、この要件は抽象的です。そのため違法か適法かの判断が難しく、例外要件をみたさない違法な随意契約ではないかとの多くの訴訟提起と判決が積み重ねられています*9。

この点、最判昭62・3・20民集41巻2号189頁（以下「昭和62年判決」という）は、随意契約の方法によるごみ処理施設の建設工事請負契約締結事案において、「性質又は目的が競争入札に適しない」場合とは、契約の種類・内容に応じた資力・信用・技術・経験等諸般の事情を考慮して判断するものである*10としました。

ではこの判示の該当部分は、基準を定立したものと考えてよいのでしょうか。それとも、単なる事例判断にすぎないのでしょうか。

ここでは、結論として、当該判示の該当部分は、一般競争入札制度の例外を定めた「性質又は目的が競争入札に適しない」との抽象的要件を補う具体的な基準を定立したものと理解しておきましょう（一般競争入札が原則であるのに対し、例外としての随意契約が許容される要件・意義を明らかにし、かつ、当該事由に該当するか否かの判断に自治体契約担当者の裁量が認められることを明らかにした初めての最高裁判決と理解されています*11）。

2　本設例事案へのあてはめ・結論

そこで、昭和62年判決が定立した基準を本設例事案に当てはめることになります。

確かに、通常自治体施設の清掃業務等では、特殊な技術・経験は想定されておらず、随意契約が認められる可能性は低いようにも思えます。

---

*9　国の場合には会計法並びに予算決算及び会計令（以下「予決令」という）があり、随意契約により得る場合を類型化して列挙しています（会計法29条の3第4項・5項、予決令99条参照）。自治体が随意契約を締結する場合の参考になりましょう。

*10　詳細は1(3)参照。狭義説を否定して広義説を採用したということになります。

*11　山崎敏充「地方自治法施行令（昭和49年政令第203号による改正前のもの）167条の2第1項1号にいう『その性質又は目的が競争入札に適しないものをするとき』に該当する場合」『法曹時報』41巻4号（1989年4月）205～219頁

しかし、結論としては、例えば、随意契約に至る被告自治体側の下記主張事実がきちんと立証されるのであれば、違法であるとの判断はなされないでしょう。

すなわち、第一に、当該会館は、日常的に障害者等の訓練のために利用されており、業務に当たり障害者と接する場面も日常的にあることから、障害者に理解ある者が受託することが好ましいといえます（当該会館における清掃業務等の性質）。第二に、当該会館において訓練を担当している団体と本件清掃業務受託団体Ｙとは構成員に重複があり障害者対応において専門的技術・知見を有している者が多いといえます。第三に、Ｙ団体は障害者のための各種事業活動を広くかつ継続的に行ってきており当該地域での経験と信用を得ている団体であるといえます。第四に、Ｙ団体と契約締結することで単なる清掃だけにとどまらない対応（個々の障害者への特別配慮・突発的な事件に対する対応等）が可能となるといえます。さらに、第五として、障害者（児）のみならず、その保護者に対する広い意味での福祉政策的な目的を達成することにもなります（就労面での支援）。

上記の主張事実を、Ｙ団体の構成員による陳述書等又は証人尋問等によって立証できるのであれば、裁判所としては、自治体とＹ団体との間の随意契約を違法とはいえないでしょう。

3　類似事例における判断

実際に、本設例と類似の事案において裁判所は随意契約を違法としませんでした。

ただし、上記で述べたように、裁判過程において被告側に立証を厳しく求めています（例えば証人尋問における裁判長からの補充尋問や介入尋問等。民事訴訟法202条参照）。さらに判決文には、当・不当は別にして違法とまではいえない旨の記述もされています（後述 4 参照）。

4　裁判所の立場に関する補足

(1) 裁判所の結論を理解するうえでの注意事項

この点、昭和62年判決についての調査官解説（前掲＊11）は、判決を理解するうえで十分念頭に置く必要があることとして、次のように述べています。

裁判所としては、「違法ということができないと判示したものにすぎない」のであって適切か・妥当かについては、判断すべき事項でないから見解を示していないにすぎず、「随意契約の方法によったことが適切であったとしているわけではない」のです。要するに当・不当まで踏み込まれない点で、行政側の判断が覆され難い結論となっているのです。

そして、「随意契約の方法によることが違法ではないにしても不適切あるいは妥当を欠くとされる場合には、契約担当者はやはりかかる方法をとるべきではないのであって、このような場合に随意契約の方法によって契約の締結がされたとすると、その行為は、監査委員の監査の対象となるのはもとより（地方自治法199条、242条参照）、契約担当者の行政的責任や政治的責任の原因となり得るであろう。」と述べています。

住民訴訟をはじめとする裁判の限界とともに、自治体行政内で他の手段による契約の適正を担保する必要がある旨述べています。

(2) 昭和62年判決後の流れ

また、昭和62年判決後、入札・契約制度には様々な適正化をはかるための改正がなされています（総務省のホームページにまとまっています＊12）。このことも現在随意契約を行う場合には押さえておく必要があります。

5　裁判を契機とした行政実務の改善・反映について

それでは、自治体行政実務としては、上記裁判を契機にどのようなことを学べるでしょうか。

＊12　http://www.soumu.go.jp/main_sosiki/jichi_gyousei/bunken/14569.html

昭和62年判決は、随意契約を許容する要件解釈としては必ずしも厳格な基準を提示しませんでした。しかし、上記４④において述べたとおり、自治体行政実務において、随意契約はあくまで例外であることはきちんと認識しておかなければなりません[*13]。

自治体内部において随意契約を行おうとする事業所管部に対して、契約担当所管部がきちんとガイドライン等を作成し、随意契約ができる場合を具体的に示しておくこと、実際にそのガイドラインに則ったチェックを行えるようにしておくことが必要となりましょう。

＊13　昭和62年判決後平成10年ぐらいまでの裁判例を概観したものとして、『主要行政事件裁判例概観３〔第３版〕－地方自治関係編』法曹会（2007年）178～183頁があります（裁量権を濫用・逸脱した違法があったとした福岡地判平３・２・21判例時報1401号44頁等参照）。

Ⅲ　公園廃止をめぐる紛争

事例３

① Ｙ自治体では、保育園の待機児対策が喫緊の課題となっていた。また地元町会等からは高齢者向けの福祉施設設置の要望等を度々受けてきた。

② そこで、Ｙ自治体は自治体設置のＡ公園を廃止し、公園跡地に高層建築物を建設することとし、建築物内には子育て施設としての保育園や高齢者のための施設等の複合施設を開設することとした。

③ これに対し、このＡ公園の北側に接しているＢマンション居住の住民Ｘらが、この公園は子供や地域住民にとって必要な公園であり、廃止撤回を求める意見書をＹ自治体に提出した。

④ しかし、Ｙ自治体は当該公園を廃止する決定をするとともに、Ｙ自治体の公園設置条例の別表に規定する当該公園の名称・位置・区域等を削除する条例改正を行った。

１　原告の立場で考えてみよう

本事例の紛争構図は、特定の公の施設（公立の公園）の廃止を行った自治体とこの廃止に反対する近隣住民というものです。

１　訴訟類型の選択

この点、当該公園を利用していた近隣住民からすれば、公の施設（公立の公園）の廃止という法効果を直接覆し、公園を存続させる効果をもたらす手法が一番直截的かつ強力な方法といえます。

それゆえ、自治体の公園「廃止行為」を捉えて、それを違法な処分であると構成し、「処分の取消しの訴え」を提起できないか（行訴法３条２項）、ここを出発点とすべきでしょう。

２　処分概念の具体的要素（基準）

そこで、次に、難しい概念ですが、「第１部　行政法制度概略解説編／Ⅲ　行政事件訴訟」（p27）を参照し、処分の取消しの訴えの対象となる処分とはどういうものか、判例が掲げる定義を改めて確認しましょう。

判例が掲げる定義は、「公権力の主体たる国または公共団体が行う行為のうち、その行為によって、直接国民の権利義務を形成しまたはその範囲を確定することが法律上認められているもの」（最判昭39・10・29民集18巻８号1809頁）というものです。

(1)　本事例における基準（要素のハードル）

本事例は、（公の施設の廃止として）公園の廃止は条例事項であることを前提としていますので、「『直接』性・特定の名宛人への個別・具体性（成熟性と関連、最終性とも関連）」をみたすかが論点であり、それを肯定する主張をする必要があります[*1]。

(2)　廃止行為の抽出

それでは、処分性の上記基準（要素）を当てはめる対象としての「廃止行為」は、具体的にはどの行為を指すのでしょうか。

細かく行政過程をたどるのであれば、①行政内部での廃止の意思決定、②議会への議案（条例案）提出、③議会での審議・議決、④公布、⑤施行、と

＊１　訴訟要件としての処分の存在については原告が主張・立証責任を負います。この弁論主義と対置される概念が①職権探知主義（裁判に必要な事実・証拠の収集を当事者に任せず裁判所の責任とする建前）です。類似の概念として、②職権調査事項（当事者の指摘の有無にかかわらず裁判所が積極的にその事項を取り上げ事柄に応じた処置をとらねばならない事項）という概念があります。②職権調査事項は、訴訟要件のうち公益性の強い事項（裁判権、専属管轄、当事者の実在、当事者能力など）の存否、強行規定遵守の有無、事件に適用すべき実体法規の探索、除斥原因の有無、口頭弁論公開の有無など、ある事項を職権で顧慮しなければならないか否かに関するものです。裁判の基礎資料の収集を誰の責任とするかという弁論主義か①職権探知主義かとは次元が異なります。ここで問題となる原告適格などの訴訟要件は、公益性の強くない事項として弁論主義が適用されます。

いうような過程を経て、特定の公の施設の廃止という法効果が生じることになります。

この点、様々な考え方・解釈がありますが、これまでの判例を検討してみると、「条例制定行為」＝「廃止行為」といえるかとの一定の括り・評価をして処分性について論じているといえましょう[＊2]。

⑶　原告住民側の法律構成

結論として、本事例においても条例制定行為に着目し、この行為を処分であるとして訴えの提起をすることになりましょう。

そもそも、公の施設の設置・管理・廃止は、市町村長の担任事務となっていますが（自治法149条７号)、これについては条例事項ともなっています（同法244条の２)。そして、条例の制定は、自治体の議会が行う立法作用に属します。

そう考えると、条例制定行為は、通常一般的抽象的な法規範を定めるものであり、直接個別具体の権利変動が生じるものではないということになり、上記基準（要素)「直接性（個別・具体性)」をみたさず、抗告訴訟の対象となる処分には当たらないことになってしまいそうです。

しかし、裏を返せば、条例制定行為であっても、個別・具体的な執行であると評価できるのであれば、行政処分性が肯定されるということです。

現に、最判平21・11・26民集63巻９号2124頁[＊3]でも、保育所廃止に係る条例制定行為の直接性（個別・具体性）を肯定して、処分性を認める最高裁判決が出されています[＊4]。

＊２　例えば、横浜市立保育園廃止処分取消請求事件（最判平21・11・26民集63巻９号2124頁）における「被上告人（横浜市）は…市議会の議決を経て、……条例を制定し、……」との事実認定をし、この条例の制定行為の抗告訴訟対象性について判示しています。

＊３　本判決について、判例タイムズ1313号104頁の囲み解説記事参照。

＊４　また、形は行政立法ですが、処分性を認めることが可能であるとした判例として地方公務員の昇給延伸条例につき盛岡地判昭31・10・15判時97号９頁があります。さらに、条例制定行為が場合によって処分性を有することがあることを示唆した最高裁判決として飛地の再編に関する富山県令について判断した最判昭34・６・２民集13巻６号639頁などもあります。

原告住民側としては、このような処分性を肯定した判例の射程が及ぶとの主張（一般論としては事実の類似性・価値判断の同一性等）をすることになります。

例えば、他に行政庁の処分を待つことなく条例施行により公園廃止の効果を発生させること、そしてかかる効果は、特定の住民、例えばこれまで当該公園をリハビリのために利用していた原告住民や安全で不可欠な散歩場所として利用していた乳幼児を持つ保護者原告住民らの法的権利・利益を奪うことになり、処分と実質的に同視し得るものであるというような主張をすることが考えられます。

また、この条例制定行為の段階で争わせないことはほかに実効的な救済手段がないことになってしまう等の最終性の理屈も付け加えることができましょう。

3　原告適格

(1)　原告適格概念

原告適格は、個別具体の事件において取消訴訟を提起する資格をいいます。

(2)　処分の相手方以外の者について法律上の利益を有するか否か

主に実務上、原告適格が争いとなるのは処分の相手方以外の者についての原告適格であり、行訴法９条２項は、処分の相手方以外の者について法律上の利益を有するか否かを判断する際の解釈指針として四つの要素を挙げています。再度確認しておきましょう（行訴法９条２項、「第１部　行政法制度概略解説編／Ⅲ　行政事件訴訟」（p31）参照）。

(3)　本事例における検討

「第１部／Ⅲ／５　訴訟要件としての原告適格」（p30）で説明した内容を前提知識として押さえたうえで、本事例の原告の主張・立証を考えます。

具体的には、まず、本事例が都市公園であれば、根拠法令として都市公園法（昭和31年４月20日法律第79号）の趣旨・目的を検討します。

同法の目的は、都市公園の設置及び管理に関する基準等を定めて、都市公園の健全な発達を図り、もって公共の福祉の増進に資することにあります。そして、同法3条1項は設置基準として、「地方公共団体が都市公園を設置する場合においては、政令で定める都市公園の配置及び規模に関する技術的基準を参酌して条例で定める基準に適合するように行うものとする。」と規定し、さらに都市公園法施行令（昭和31年9月11日政令第290号）は、1条（都市公園の配置及び規模に関する技術的基準）、1条の2（住民一人当たりの都市公園の敷地面積の標準）及び2条（地方公共団体が設置する都市公園の配置及び規模の基準）を定め、各自治体はこの基準を参酌した基準を条例で定めるという法的仕組みになっています。

ここで、施行令について該当条項を挙げておきます。

○都市公園法施行令（昭和31年9月11日政令第290号）

第1章　都市公園の設置

(都市公園の配置及び規模に関する技術的基準)

第1条　都市公園法（以下「法」という。）第3条第1項の政令で定める技術的基準は、次条及び第2条に定めるところによる。

(住民一人当たりの都市公園の敷地面積の標準)

第1条の2　一の市町村（特別区を含む。以下同じ。）の区域内の都市公園の住民一人当たりの敷地面積の標準は、10平方メートル以上とし、当該市町村の市街地の都市公園の当該市街地の住民一人当たりの敷地面積の標準は、5平方メートル以上とする。

(地方公共団体が設置する都市公園の配置及び規模の基準)

第2条　地方公共団体が次に掲げる都市公園を設置する場合においては、それぞれその特質に応じて当該市町村又は都道府県における都市公園の分布の均衡を図り、かつ、防火、避難等災害の防止に資するよう考慮するほか、次に掲げるところによりその配置及び規模を定めるものとする。

一　主として街区内に居住する者の利用に供することを目的とする都市公

園は、街区内に居住する者が容易に利用することができるように配置し、その敷地面積は、0.25ヘクタールを標準として定めること。
二　主として近隣に居住する者の利用に供することを目的とする都市公園は、……。
三　主として徒歩圏域内に居住する者の利用に供することを目的とする都市公園は、……。
（1項4号・2項略）

原告は、かかる法的仕組み解釈として、基準に合致するような公園利用権が個別具体的に付与されている（住民一人当たりの都市公園の敷地面積の標準（1条の2）及び街区内居住者に対する設置基準による公園利用権の付与（2条1項1号）等）として、当該公園の廃止処分について原告適格があると主張することになりましょう。

また、道路・公園等の公共用物を住民が自由に利用する権利は、管理者がこれらを公共の用に供していることの一般的反射的利益にすぎないとの自治体側の反論を想定しつつ、ある道路が特定個人の日常生活に不可欠のものであって、その供用が廃止されると当該個人に著しい支障が生じるというような特別の事情がある場合に限っては、当該個人につき、その道路の供用廃止処分の取消しを求める原告適格を肯定する余地がある旨言及した最判昭62・11・24判時1284号56頁の射程が本事例にも及ぶとの主張をすることになりましょう。

具体的には、当該処分により害される利益として、他に近隣オープンスペースはなく乳幼児を持つ保護者にとって当該公園は乳幼児発育のためには不可欠の場所となっていることや通院中の高齢者が日々リハビリに利用しており廃止により回復のために著しい支障が生じる等原告らの特別の事情を主張・立証し、このような住民の使用利益は、当該公園に設定された特別使用権に準ずるものとの主張・立証をすることになりましょう。

2　被告の立場で考えてみよう

1　被告自治体からの処分性の検討

(1)　処分性否定の従前の公式

基本的には、被告自治体は、条例制定行為は一般的抽象的な法規範の定立であり、処分性の構成要素である「直接性・特定の名宛人への個別具体性（成熟性とも関連*5）」の要素を欠く*6として却下判決を求めることになります。

これまで、公立小学校の廃止条例に関して争われた事案*7（区域内設置の公立小学校をすべて廃止し新たに公立小学校8校を設置する条例の処分性を否定した最判平14・4・25判例自治229号52頁、以下「平成14年判決」という）及び町営の水道料金の改定条例に関して争われた事案（最判平18・7・14民集60巻6号2369頁、以下「平成18年判決」という）のいずれも条例制定行為の処分性を否定しており、これらの判例（の理屈）を根拠として引用できましょう。

(2)　処分性を肯定した「平成21年判決」

上記に対し、原告（近隣住民）は、最判平21・11・26民集63巻9号2124頁（以下「平成21年判決」という）が条例の処分性を肯定していることから、本事例（公園事例）でも処分性を肯定すべきとの主張をします。

ここで、平成21年判決について、少し詳しく解説しておきます。

平成21年判決は、処分性を肯定しましたが、ここに至るまでは、以下のような経緯をたどっています。

①　まず第1審判決は、本件保育園を廃止する条例の制定行為を行政処分としたうえで、その制定行為には民営化の実施時期について裁量権を逸脱濫

＊5　「第1部　行政法制度概略解説編／Ⅲ　行政事件訴訟」（p29）参照。

＊6　一般に条例を執行する具体的適用段階（行政処分段階）で初めて誰にどのような権利義務が生じるかが決まります（例えば青少年保護条例は違反して処罰されるときに争う等）。阿部泰隆『行政法解釈学Ⅱ』有斐閣（2009年）100頁参照。

＊7　「社会生活上通学することができる範囲内にないものとは認められない」としました。前掲・阿部100頁参照。

用した違法があるとしました。

② ただし、各市立保育所の廃止から２年余りが経過しているとして、これを取り消さずに行訴法31条によるいわゆる事情判決とし、国家賠償請求を１世帯につき10万円の限度で認容しました。

③ これに対し、高裁判決は、本件改正条例の制定行為を行政処分とせず、その取消しの訴えを不適法却下し、国家賠償請求についても本件条例制定行為に違法はないとして原告・控訴人の請求を棄却しました。

そして、上告審では、国家賠償請求に関する上告受理申立て理由は上告受理決定において排除されたことにより、本件改正条例の処分性の点のみが争点となり、概略以下の理屈で処分性を肯定しました。

すなわち、自治体保育所の利用関係は、保護者の選択に基づき保育所と保育の実施期間を定めて設定されること、特定の保育所で現に保育を受けている児童及びその保護者は当該保育所において保育の実施期間が満了するまでの間保育を受けることを期待し得る法的地位を有すること、本件改正条例が、他に行政庁の処分を待つことなくその施行により保育所廃止の効果を発生させ、入所中の児童・その保護者という限られた特定の者らに対して、直接この法的地位を奪う結果を生じさせるものであることなどを指摘して、本件改正条例の制定行為が行政処分に当たると判断しました（ただし、取消しの訴えの結論としては、Ｘらに係る保育の実施期間が既に満了しており訴えの利益が失われたとして、Ｘらの上告を棄却しています）。

この平成21年判決については、従前条例制定行為の処分性を否定した平成14年判決と平成18年判決が存在し、それらの判例との整合性・射程の相違が問題となります。

この点について、判例タイムズの解説が参考になるので一部引用します。

まず、平成14年判決との関係について、平成21年判決は、

「本件改正条例の処分性を検討するに当たり、まず、児童福祉法の定める保育所入所の仕組みが保護者による保育所の選択を制度上保障したものであり、保育所の利用関係は保育所を特定して設定されるものであること、Ｙ市

においてはさらに、保育所入所時に保育の実施期間が指定されることになっていることを指摘して、特定の保育所で現に保育を受けている児童及びその保護者は、保育の実施期間が満了するまでの間は当該保育所における保育を受けることを期待し得る法的地位を有するとした。平成14年最判は、学齢児童の保護者は特別区が社会生活上通学可能な範囲内に設置する小学校においてその子らに法定年限の普通教育を受けさせる権利ないし法的利益を有するが、具体的に特定の区立小学校で教育を受けさせる権利ないし法的利益を有するとはいえず、その廃止条例の制定が抗告訴訟の対象となる行政処分に当たらないとした原審の判断を正当として是認したものであるが、本判決は、このような通学すべき公立小学校の選択が法律上保障されていない保護者、児童の法的地位と、保育を受けるべき保育所の選択が法律上保障されている保護者、児童の法的地位との違い、ひいては、それぞれの施設の廃止条例が当該保護者、児童の法的地位に及ぼす影響の違いを明らかにし、本判決が平成14年最判と事案を異にするものであることを示したものと考えられる。」と解されています。

また、次に平成18年判決との関係においては、平成21年判決は、「本件改正条例は、他に行政庁の処分を待つことなくその施行により保育所廃止の効果を発生させ、入所中の児童及びその保護者という限られた特定の者らに対して、直接、前記５のような法的地位を奪う結果を生じさせるものであるから、その制定行為は行政庁の処分と実質的に同視し得るものであるとした。これは、平成18年最判が、公営の水道料金を一般的に改定する条例について、それが限られた特定の者に対してのみ適用されるものではないとしてその処分性を否定したのに対し、本判決は、本件改正条例が特定の保育所の廃止のみを内容とする一回的なものであり、これによって事実上の影響を受ける者の範囲は広いものの（例えば、将来その保育所に児童を入所させようと考えていた保護者や当該保育所にそれまで勤務していた市の職員など）、少なくともその具体的な法的地位に直接影響を受ける者の範囲は入所中の児童及びその保護者という特定の者らに限定されることに着目して、そこに行政庁の処分との同質性を見いだしたものと考えられる。」
とされています。

このように、平成14年判決と平成18年判決との相違点を挙げて、平成21年判決と矛盾するものではないこと、三つの判例は、それぞれ事案とその射程が異なっている旨の解説がなされています。

三つの判例とも重要な判例ですので、実務担当者はこの解説をよく読み込んで理解しておくことが大切です＊8。

(3)　処分性肯定判決に対する理屈の検討

原告が条例の処分性を肯定する根拠として平成21年判決を出してきたのに対し、被告自治体としては、本事例（公園事例）はこの平成21年判決とは事案が異なると反論することになりましょう。

すなわち、平成21年判決は、「本件改正条例は、本件各保育所の廃止のみを内容とするものであって、他に行政庁の処分を待つことなく、その施行により各保育所廃止の効果を発生させ、当該保育所に現に入所中の児童及びその保護者という限られた特定の者らに対して、直接、当該保育所において保育を受けることを期待し得る上記の法的地位を奪う結果を生じさせるものであるから、その制定行為は、行政庁の処分と実質的に同視し得る」として廃止条例の処分性を肯定しました。

この理屈（法的仕組み解釈）は、自治体が保育の実施について保護者と行政

＊8　なお、平成21年判決については、判例タイムズ社の解説には「抗告訴訟の対象とすることの合理性」という項目で、平成21年判決は、「処分の取消判決に第三者効が認められている取消訴訟において保育所廃止条例の制定行為の適法性を争い得るとすることの合理性にも言及している。このくだりは、市町村の施行に係る土地区画整理事業の事業計画決定の処分性を肯定した最大判平20・９・10民集62巻８号2029頁、判タ1280号60頁が、「実効的な権利救済を図るという観点から見ても、これを対象とした抗告訴訟の提起を認めるのが合理的である。」と判示した部分を連想させるものであり、実効的な権利救済のために当該行為を抗告訴訟の対象として取り上げるのが合理的であるかどうかという視点を土地利用計画以外の場面でも用いることの可能性を示唆したものということができる。」との説明もなされ、処分性のあてはめをする場合の視点として理解しておくことが有用でしょう。

契約を締結することにより、現に特定の保育所で保育を受けている児童及びその保護者は当該選択した保育所で保育の実施期間満了まで保育を受けることを期待し得る法的地位を有することになり、それゆえ、当該保育所を廃止するということはこの法的地位を有する個々人の具体的権利を侵害することになるというものです。

これに対し、本事例（公園事例）の原告（近隣住民）には、そのような特定の法的地位を認める法制度体系・仕組みがそもそもありません[*9]。それゆえ、かかる特定の名宛人への個別具体性（又は直接性）を構成要素とする処分性は観念し得ない[*10]と反論することになります。

２　被告自治体からの原告適格の検討

(1)　従前の解釈公式による原則否定論

次に、被告は、上記処分性が肯定される場合に備えて、原告（近隣住民）は「法律上の利益を有する者」とはいえないと反論します。

この点、行訴法９条２項の解釈指針が定められ、原告適格の範囲拡大が目指されたとはいえ、根拠法令を離れた解釈が認められるものではありません（従前の解釈公式[*11]）。

そこで、都市公園法（令）の趣旨・目的等の法的仕組みの検討・解釈を行

＊9　都市公園法（令）体系においては技術的な基準は定めるものの個々の住民の利用権を個別・具体的に規定したものとはなっていません。なお、原告適格の項目での説明と重複しますが、処分性と原告適格の判断構成要素として立法者意思・法的仕組み解釈が必要となる以上両者の判断過程の重複は生じましょう。また原告適格を有する者がカテゴリーとして存在しなければ概念上は処分性もなくなり区別することなく訴えの利益が否定されることがある点につき、塩野宏『行政法Ⅱ〔第６版〕』有斐閣（2019年）147頁注３参照。

＊10　前掲・塩野111頁は、行政決定の形式的な名宛人がないからといって当然に処分性が否定されるわけではなく個別の検討が必要とします。

＊11　三つの判断枠組・要件（最高裁の解釈公式）として、①違法な行政庁の処分によって何らかの不利益が生じたこと（不利益要件）、②それが処分の根拠法規によって保護されていること（保護範囲要件）、③それが特定の（個別の）私人について保護されたものであること（個別保護要件）と整理されています。

います。1③(3)で検討をしましたが、一言でまとめると、この法令は、①都市公園の設置及び管理に関する基準等を定めるものであり（法1条）、②規定されている住民1人当たりの敷地面積の基準や公園の配置及び規模の基準等の数値は技術的基準にすぎない（法3条1項及び同施行令1条～2条並びにこれらを参酌して基準を定める条例）ものと解釈されます。

すなわち、都市公園法（令）は、近隣住民が公園を利用する個別具体的権利・利益を保護するものではなく、近隣住民が自由に利用する権利は、自治体が公園を公共の用に供していることの一般的反射的利益にすぎないといえます。それゆえ、当該公園を廃止することによる近隣住民の不利益は、一般的公益の中に解消される事実上の不利益にすぎず、法律上の利益は否定されると主張することになります。

(2)　例外的に肯定する理屈の検討

しかし、上記に対し、原告（近隣住民）は、例外的に原告適格が認められる事情を挙げた最判昭62・11・24判時1284号56頁（以下「昭和62年判決」という）（の理屈）を引用した主張をします。

これに対して被告自治体は、本事例（公園事例）には昭和62年判決が言及するような特段の事情は認められないと反論することになります。

すなわち、昭和62年判決は「本件里道が上告人に個別的具体的な利益をもたらしていて、その用途廃止により上告人の生活に著しい支障が生ずるという特段の事情」が認められる場合には、当該個人に取消を求める原告適格を認める余地がある旨言及しています。

しかし、本事例（公園事例）では、原告（近隣住民）の中には、確かに健康増進のために公園を利用している高齢者は存在しますが、当該公園廃止により生活に著しい支障が生じるとまではいえず、特段の事情は存在しないと反論することになりましょう。

3　裁判所の立場で考えてみよう

1　処分性に係る裁判所の立場

処分性の有無については、被告自治体が主張するように、基本的には条例制定行為は一般的法規範の定立であり、処分性の構成要素としての個別・具体性を欠くと判断し、裁判所としては処分性を否定することになりましょう。

この点、原告（近隣住民）は、条例制定行為であっても「行政庁の処分と実質的に同視し得る状況」を肯定して処分性を認めた保育所入所に係る平成21年判決の射程が本事例（公園事例）に及ぶと主張することになります。

しかし、被告の主張で詳述しましたが、限られた特定の者に対し直接その法的地位を奪うという、「行政庁の処分と実質的に同視し得る状況」は本件の公園廃止の場合には認められません。入所申請及び承諾という形で特定の保育園における日常保育を保障する保育園の利用と住民一般の自由利用を想定している公園利用とでは法的制度設計が異なるからです。平成21年判決の射程は本事例（公園事例）には及ばないと考えられます。

2　原告適格に係る裁判所の立場

次に、原告（近隣住民）が「法律上の利益を有する者」といえるか（原告適格の有無）については、行訴法9条2項に解釈指針が定められ、原告適格拡大の方向性が示されていますが、基本的には根拠法令がどのような法的仕組みをとっているかによることになります。

本事例においては、都市公園法（令）の趣旨・目的等の法的仕組みの検討・解釈を行うことになります。これまで詳述してきましたが、要約すると、この法令が定める設置及び管理に関する基準等が、①技術的基準にすぎないのか（被告自治体の主張）、②それとも一定の距離内に居住する住民に対し当該公園を利用する利益を個別的な権利・利益として保障したものと考え得るのか（原告（近隣住民）の主張）という点が解釈上の争点となります。

結論として、判例・実務の従来の考え方である法律上保護された利益説を前提とすれば（都市公園法の制定過程、逐条解釈*12が証拠資料となります）、裁判所は被告の主張を採用するものと考えられます。すなわち、原告（近隣住民）の原告適格は否定されることになりましょう。

この点、原告（近隣住民）は、さらに昭和62年判決が言及する例外的な特段事情を主張することになります。しかし、確かに原告の中には公園を継続的に利用していた高齢者や子育て中の保護者が存在するとしても、公園廃止が生命や健康にかかわるとの事実はこの裁判過程で具体的に明らかにされない限りは、「当該個人の生活に著しい支障が生じる」との特段の事情を認定して原告適格を肯定することは難しいでしょう。

なお、昭和62年判決の射程としてこの特段事情がどの程度のものを想定するかという論点はまだ明らかになっていません。すなわち、生活に著しい支障が生じるといっても、それを①狭義に解し、生命にかかわるような場合と考えるのか、②もう少し広義に解し、日常の健康生活に影響が出る場合と考え得るのか、こうした解釈の方向性によって原告適格の広狭はかなり異なってきます。今後の判例の動向が気になるところです。

3　類似事例における判決

本事例と類似事案における判決では、実際には処分性と原告適格の論理先行関係については言及せず、当該公園の廃止によって法律上保護されている個別具体的な利益を侵害されたという事情は認められないとして、原告適格を否定し、その余の争点について判断するまでもなく、不適法な訴えとして却下をしました。

4　その他本件事案についての若干の考察・補足

(1)　本案の争点として

実際の類似事案においては、訴訟要件がないものとして却下されてしまったので本案には触れられなかったわけですが、仮に本案に入った場合には、

＊12　建設省都市局公園緑地課監修『都市公園法解説』社団法人日本公園緑地協会（1978年）

どのような点が争点となるでしょうか。みなさんが原告（近隣住民）であれば、やはり都市公園法を読み込むことが必要となります。

例えば、都市公園法16条*13を見つけることはできたでしょうか。どんな主張をしますか。少し一緒に考えてみましょう。

まず、同条項は、三つの例外要件を規定しています。三つの例外要件のほか、「みだりに……都市公園を廃止してはならない」と規定しています。

それゆえ、まず、同条項1号の例外要件である「公益上特別の必要がある場合」に当たるか否かについて検討することになります。

都市公園法の逐条解説本によれば、「その区域を都市公園の用に供しておくよりも、他の施設のために利用することの方が公益上重要だという場合である」との解釈基準が示されています。当然のことながら裁判所としてはかかる解釈基準に拘束されるものではありませんが、何かしら類似の基準が示されて判断がなされることになりましょう。

原告としては、当該事業は住民ニーズに応えるものではなく、公園の廃止による不利益の方が大きいとの主張をすることでしょう。

一方被告としては、当該事業が、地元の住民要望に沿った高齢者向けの福祉施設の整備及び待機児対策としての保育園等を開設するためのものであり公園に供しておくよりも公益に合致した重要な事業の用に供することになると主張することになりましょう。

もう一つの要件を検討してみましょう。同条項2号においては、「廃止される都市公園に代わるべき都市公園が設置される場合」には公園の廃止の要

＊13　都市公園法第16条（都市公園の保存）

公園管理者は、次に掲げる場合のほか、みだりに都市公園の区域の全部又は一部について都市公園を廃止してはならない。

一　都市公園の区域内において都市計画法の規定により公園及び緑地以外の施設に係る都市計画事業が施行される場合その他公益上特別の必要がある場合

二　廃止される都市公園に代わるべき都市公園が設置される場合

三　公園管理者がその土地物件に係る権原を借受けにより取得した都市公園について、当該貸借契約の終了又は解除によりその権原が消滅した場合

件をみたすとしています。実務上公園の廃止の場合には代替公園を検討しようとします。その場合どのような条件がそろえば代替性が認められるのでしょうか。同等の面積があるか、距離的には近接しているのか等が判断基準になるものと思われます。

⑵　児童遊園か都市公園か

類似事案では、当該廃止公園が児童福祉法に基づく児童遊園なのか、都市公園法に基づく都市公園なのか同法16条の適用の有無が争点となりました。児童福祉法と都市公園法とで設置根拠が異なり、全く別の類型であると思われるかもしれません。しかし、実は都市公園法附則２項によって児童遊園も都市公園とみなされることもあり、その立証は結構難しいものです（住民からすれば実態の相違も明らかとはいえないでしょう）。これ以上深入りしませんが興味があれば調べてみてください。

４　これまでの確認と補足

これまで特定の公立公園を廃止する事例を題材に、行政事件の典型的なパターンである①処分性の有無、②原告適格の有無について検討してきました。公園に係る知識として２点ほど補足説明しておきます。

1　公園条例における個々の公園の名称・位置等が明記されていない場合

本事例は、公園条例において、個々の公園の名称・位置等が明記されている場合を想定して検討を行ってきました。

しかし、実際に都市公園法を根拠として自治体が規定している公園条例を比較・分析してみるといくつかのパターンがあります。

⑴　主に二つのパターンの存在

個々の公園の名称・位置等を規定しているかという観点から大括りすると主に二つのパターンがあります。

一つには、「公園は別表のとおりとする」と定めて条例の別表に「名称・

位置等」を明記するパターンです（Ⅰ型）。もう一つには、公園条例上は「設置に際してはその名称、位置及び区域並びに供用開始の期日を公告（告示）する」等とのみ定め、条例には個別の公園の名称・位置等を定めないパターンです（Ⅱ型）。

(2)　二つのパターンの考え方の整理

上記Ⅰ型とⅡ型の考え方（基本的スタンスの違い）を整理しておきます。

まずⅠ型については、地方自治法が公の施設の設置・管理に関する事項について原則として「条例でこれを定めなければならない」（自治法244条の2第1項）と規定していることからすれば、公園の名称・位置等は設置及び管理に関する基本的事項ですから、条例で定めることが必要であると解釈します。

一方で、Ⅱ型の解釈はさらに分かれます。

まず、理屈のうえで徹底するのであれば、自治法244条の2第1項が「法律又はこれに基づく政令に特別の定めがあるものを除くほか、公の施設の設置及びその管理に関する事項は、条例で」と定めており、この除外事項に該当し公の施設の設置等を条例で定めなくてもよい場合であると解釈します。こう解釈すれば、都市公園については、条例で公園設置等に係る事項を定める必要はなく、設置の根拠は都市公園法及び同施行令ということになります（Ⅱ型A）。

しかし、自治体の実務担当者は、ここまで割り切った解釈をしていないようです。

つまり公園設置の根拠としての条例が必要であるとの解釈は維持しつつ、ただし、後述するように、都市公園法の規定があることにより地方自治法が要求している公の施設を設置する場合の具体的明示事項が緩和されると両法を併せ読んだ解釈をするのです（Ⅱ型B）。条文を挙げて具体的に見てみますと、まず、都市公園法は法2条の2で、「都市公園は、次条の規定によりその管理をすることとなる者が、当該都市公園の供用を開始するに当たり都市公園の区域その他政令で定める事項を公告することにより設置されるものとする。」と定めています。そして、さらに、同法を受けて、同施行令9条は、「法第2条の2の政令で定める事項は、都市公園の名称及び位置並びに供用開始の期日とする。」と定めています。この規定を自治法244条の2第1項と整合的に解釈します。

すなわち、公園は公の施設である以上、自治法244条の2第1項に基づく、公園設置根拠としての公園設置条例は必要であると解釈しつつも、個々の公園の名称・位置等まで条例で明記する必要はなく、その個々の事項は都市公園法・同施行令の規定が存在することにより、公告（告示）でよいとして緩和されていると解釈するのです（Ⅱ型B）。

⑶　Ⅱ型の場合の争い方

なお、Ⅱ型の場合には、個々の公園の名称・位置等が条例上明記されていません。近隣住民が原告として当該公園廃止の効力を覆すためには、廃止公告（告示）を採り上げて、当該公園の廃止公告（告示）は、単なるお知らせではなく、処分性を有するものであるとの争い方・論証が必要になってきます。

2　都市公園法施行令の改正（公園の類型の名称変更）についての補足

本事例は、平成5年の同施行令の改正（平成5年6月30日政令第235号）後の公園類型（同施行令2条1項の1号から3号までの3類型）のうち、同条1項1号の街区公園（敷地面積は0.25ヘクタールを標準として定められるもの）を想定して検討を行ってきました*[14]。しかし、実は、平成5年改正前は街区公園という類型はなく、児童公園とされていたのです*[15]。

古い資料や様々な文献には児童公園という記述が数多く出てきますので、児童公園が街区公園になったという改正経緯を押さえておくことは必要な知識といえます。名称的には児童公園がなくなったことにより、児童福祉法を根拠と

---

*14　都市公園法施行令（昭和31年9月11日政令第290号）2条1項1号から3号までの類型（前掲p114～115）をご参照ください。

*15　敷地面積基準等に変更はありません。

する児童遊園との相違が多少わかりやすくなったと評価することはできましょう。

5　裁判を契機とした行政実務の改善・反映について

それでは、自治体行政実務としては、上記裁判を契機にどのようなことを学べるでしょうか。

自治体行政としては、勝訴判決を受けることになりそうです。勝訴判決を受けたのであれば裁判所が自治体行政の事業執行は適法であると判断してくれたと受け止める向きもあるようです。しかし、裁判所による却下判決は、実は、訴訟要件がないから本案に入らずに裁判を終了させたというだけであり、行政の事業執行が適法であったとは判断していないのです。

このような場合には、裁判終了後において（もちろん裁判中もそうです）、行政の事業執行が適法であったのか、仮に類似・後続事案において裁判所が本案に入って行政の事業執行の適法性を判断した場合にはどのような判決がされるのであろうか、といったことを想定し、検証しておくことが必要です。

つまり、裁判の勝ち負けに関心を寄せるのではなく行政の適法性をきちんと主張できるか、そして立証できるか（主張を証明するための証拠はどのようなものがあるのか等）ということを検討・検証するという過程を設けるところまでが定型化した一つの作業工程であり、一つのサイクルとしておく必要がありましょう。

また、適法性の主張・立証には、内容面だけでなく、手続面も含まれます。

住民説明の過程において、例えば行政内の意思形成・決定の経緯をどのように開示・公開してきたのかが問われることがあります。また住民説明会等は何回行ったかという形式充足論でなく、実質的な討議がどのようになされたのか等も問われます。つまり、現在では、行政法の基本原則として実務現場においても認知されている適正手続の要求（透明性の原則や説明責任の原則等。憲法31条、情報公開法１条、行手法１条等）が遵守されていたのかについても、実際の裁判では問われるのであり、それを想定した検証が行政内で必要となりましょう。

確かに、特にまちづくりに関していえば、私益・公益等様々な利害が衝突し、住民すべてが満足する円満な解決を得ることは難しいでしょう[*16]。そして、本事例のように、公園存続の利益を考えてみた場合、常に公園存続を望む住民の利益が他の住民の利益を上回るのかといえばそうとはいえないでしょう。最終的には住民利益と他の住民利益の衝突の調整となります。公園廃止による事業執行により生み出される住民の利益との相関関係・利益衡量で決まってくるものといえます。

その意味では、廃止の利益がきちんと説明され立証できるのであれば、公園廃止は適法であり、適正といえるのです[*17]。つまり、行政として進むべきという判断ができることになります。

行政の事業執行に当たっては、この辺りの見通し、見立てが重要なのです。そのために紛争を通じた徹底的な検証を積み重ねること、そしてそれをもとに住民と対話をしていくことが将来にわたって役立つのです。

＊16　震災後の岩手・宮城・福島の復興まちづくりにおいて顕著に表れています。また、都市部では保育所に入れない待機児童が増え続け、保育所の確保が喫緊の課題となっています。子育てしながら働く女性からの切実な要望を受けて（「保育園落ちた日本死ね」などのブログが国会でも取り上げられました）、公園用地を一部廃止し、保育園に転用（仮園舎）するなどの施策展開をしている自治体もあります。一方で、この施策は一般の公園利用者からの反対運動を受けて、住民同士の激しい利害対立が生じたりもしています。

＊17　もっと突っ込んだ言い方をするのであれば、公園廃止をためらうがために他の重要な住民利益を犠牲にしているという事実があるとすればその状態が違法・不当であるとの評価がされることもありましょう。

Ⅳ　補助金支出をめぐる紛争

事例４

①　現在、Ａ自治体区域内には、総合病院は私立Ｂ病院のみとの医療状況である。 ②　Ｂ病院としては、現在地での病院事業継続は経営上困難であり、移転による事業拡張が必要との判断をし、移転先を探している。 ③　Ａ自治体としてはＢ病院が区域外に移転してしまうと当該自治体区域内に総合病院が１つもなくなってしまうことから、Ｂ病院側と何度も話し合いを行ってきた。 ④　住民の中には、上記Ｂ病院が移転するとの情報をキャッチして、Ｂ病院を当該自治体区域内に残すための要望・陳情を挙げる者が徐々に増加している。 ⑤　Ａ自治体は、Ｂ病院が当該Ａ自治体区域内に残ってもらうために補助金支出を行う決定をし、支出を行った。 ⑥　また、Ａ自治体は、区域内で廃校となった学校跡地（普通財産）について、Ｂ病院へ土地の貸付も行っている（この件については、議会で了承されている）。 ⑦　この状況下で、当該廃校となった学校跡地でレクリエーション活動をしていた住民らは、Ｂ病院に補助金を支出したこと及びその額が問題であると考え、裁判所に訴えを提起することとした。

1　原告の立場で考えてみよう

①　訴訟類型の選択

みなさんが、原告住民側の弁護士だったとしたら、どのような訴訟形式を考え、そしてどんな基準・規範に照らして自治体の行為の違法性を主張しますか。その訴訟類型の選択と違法か否かの判断基準・規範を見つけ出すことが重要です。

直接の個人の権利・利益が侵害されている事案ではないこと、そして自治体の財務に係る支出（財務会計上の行為）が論点であると考えれば、客観訴訟のうちの地方自治法の財務の章に規定されている住民訴訟による争い方を選択し、四つの類型のうち、4号訴訟を提起することになりましょう（「第1部　行政法制度概略解説編／Ⅴ　住民訴訟」（p51～53）に制度を説明した図がありますので復習してみてください）。

本設例では、A自治体のB病院への補助金支出が自治体に損害を生じさせたとして、自治体の執行機関である長が、その損害を生じさせた責任のある当該職員（通常債権管理権限は自治体の長にあります＊1）に対して、損害賠償の請求（又は不当利得返還請求）を行うことを求める、という形式の4号訴訟を提起することになりましょう。

2　実体面の主張

実体面の違法性の主張については、補助金支出の根拠規定である自治法232条の2を見つけ、その要件該当性を検討することになります。

2　本案の論点と最高裁判所の立場を考えてみよう

自治体が補助金を支出する場合の根拠法令は、地方自治法にあります。第9章財務、第4節支出、232条の2（寄附又は補助）に「普通地方公共団体は、その公益上必要がある場合においては、寄附又は補助をすることができる。」と規定されています。それゆえ、支出が適法であるか否かは、「公益上必要があ

＊1　自治体が有する債権の管理は自治体の長の権限とされています（自治法240条）。それゆえ、自治体の財務規則等により長からその他の職員に権限の委任が行われていない限りは長が被告ということになります。

る場合」に該当するかという解釈論によります＊2。

行政法上は行政裁量論（行政裁量統制論）に位置付けられる論点であり、従前から実体的判断を行う立場と手続的な裁量過程判断に限るべきとの立場との見解の対立＊3があるところです。

最高裁の基本的な立場＊4は、自治体の政策的な判断（長に付与されている裁量権行使）を考慮し、特に社会通念上不合理な点がある場合又は特に不公正な点がある場合にはその裁量権行使に逸脱・濫用があり、当該補助が公益上の必要を欠き違法となるとしています＊5。

3　原告・被告の主張の方向性は？

①　原告住民の主張の方向性

原告住民の主張（解釈論）の方向性は、以下のようになるでしょう。すなわち、自治法232条の２の立法趣旨は、恣意的な補助金交付による自治体の財政秩序の濫用防止にあり、かかる趣旨を重視すれば、広範な行政裁量は肯定し難

＊２　実際、この抽象的概念の意味内容を一義的に確定することは困難であり、個々の具体的事案ごとに地方自治法及び各種関連法令や行政法の一般原則等に照らして解釈していくほかありません。国の補助金適正化法に対応するものは自治体にはなく、自治体ごとに補助金交付に関する規則や要綱を定めております。司法審査の場合にはこれらの定めが「公益上の必要」判断に一定の役割を果たすことになりましょう。

＊３　吉野夏己『紛争類型別行政救済法〔第３版〕』成文堂（2012年）512～514頁参照。

＊４　裁量統制については行政事件訴訟法30条を軸に論じられ、従来は実体的な違法の有無を審査する観点から裁量権の逸脱・濫用の場合を類型化し判断基準を具体化する努力がされてきた（裁量審査の基準）こと、最近では裁量処分にいたる行政庁の判断形成過程の合理性について審査する手法（判断過程審査。形成過程での考慮要素の抽出及びその重み付けにまで踏み込んだ審査手法など）について判例の進化がみられること、また処分結果とは別の次元でより純粋に手続的な観点から審査する手法を採用する判例もある（手続的審査）こと、このようにより密度の高い裁量審査の手法が探求されつつあるとの判例分析がされています（櫻井敬子・橋本博之『行政法〔第６版〕』弘文堂（2019年）112～119頁参照）。

＊５　最判平17・10・28民集59巻８号2296頁、最判平17・11・10裁判集民218号349頁、最判平18・１・19裁判集民219号73頁、最判平23・１・14裁判集民236号１頁等参照。

く公益性の判断は厳格になすべきとの立場となるでしょう。学説上の行政裁量論としては、当然実体的判断に踏み込むべきということになります。

2　被告自治体の主張の方向性

これに対し、被告自治体の主張（解釈論）の方向性は、以下のようになるでしょう。

すなわち、自治体の長は、住民の福祉の増進のために地域行政を自主的かつ総合的に実施する役割を担う自治体の執行機関であり、住民の多様な意見及び利益を勘案し、補助の要否を決定します。

それゆえ、その決定は、事柄の性質上、当該自治体の地理的・社会的・経済的事情及び各種の行政施策の在り方等の諸般の事情を総合的に考慮したうえでの政策的判断を要するものであり、長の行政裁量は広く、公益性判断も緩やかに解すべきとの立場をとります。学説上の行政裁量論としては、原則として実体的判断を行うべきではなく、手続的な裁量過程判断に限るべきとの論と親和性を有することになります。

4　裁判所の立場を想定すると

1　具体的基準

上記のように原告と被告との主張の方向性の相違はありますが、実際の裁判では、以下のような基準（規範）を意識した具体的攻防がなされるものと推察されます。

すなわち、「公益上の必要がある場合」要件の具体的判断基準としては、広島高判平13・5・29判時1756号66頁〔日韓高速船補助金住民訴訟控訴審〕が、次のような判断基準を提示しています*6。この裁判例で示された判断基準は、原告にも被告にも参考になるものです。

＊6　経営破たんした（再生可能性のない）第三セクターの債務の肩代わり（債務整理）を目的とする補助金支出のあり方についての論旨でありますが、実務上参考になるものです。

一部引用しますと、「補助金交付の適法性に関する判断基準」として、長の裁量権と限界を認め、従前からの最高裁の立場である「裁量権の逸脱又は濫用論」を採用したうえでその具体的基準として、「当該補助金交付の目的、趣旨、効用及び経緯、補助の対象となる事業の目的、性質及び状況、当該地方公共団体の財政の規模及び状況、議会の対応、地方財政に係る諸規範等の諸般の事情を総合的に考慮」するとしています。

2　上記基準への事実のあてはめ

本設例事案では詳細な事実関係を示しておりませんが、原告住民の立場からすれば、①補助金交付の目的は、特定のＢ病院支援にあること、②病院が自治体に一つ必要であるとの定めはないこと（医療圏の考え方）、③補助金支出に加え土地の貸付も行っており二重・三重にＢ病院を支援する不明朗な支出を行う経緯であること、④補助後Ｂ病院が当該自治体で継続して病院維持を行う保証がないこと、⑤自治体の財政規模中当該補助は過大であること（予算に占める割合等の数値資料）⑥議会での十分な議論がなかったこと等の主張・立証を行っていくことになるでしょう。

一方で、被告自治体は、①補助金交付の目的は、保健医療行政及び住民の健康維持のために不可欠な総合病院を存続させるために行うものであること（住民福祉向上の目的）、②当該自治体内に総合病院が皆無となることは住民の生命身体に関わる重大事態といえ、かつ、現在の通院者に長期移動が困難な乳児・高齢者・障害者が少なくない中で病院存続を積極的に働きかける意義が大きいこと（住民からの要望・陳情書を提出）、③・⑥土地の貸付[*7]の必要性については議会で了承を得ており議事録にも記載があること、④必要な補助金額や地域で病院を存続させる等の協議を継続してきたこと・後の自治体内での病院の継続

＊７　普通財産の貸付については、議会の議決（自治法237条２項）要件があります。議会の議決がある場合に、さらに自治法232条の２の適否が問題となるかが論点となっています。判例の潮流は適用説ですので、補助金支出の要件が欠ければ議会の承認があっても違法となりましょう。

については協議を重ねその記録もあること（病院の経営状況・事業拡張の計画についても自治体に提出済み）、⑤補助金の金額は、自治体の他の補助との比較上相当であること（予算に占める割合等の数値比較資料）等の主張・立証を行っていくことになりましょう。

裁判所としては、被告自治体の主張を裏付ける証拠が提出されれば、公益上の必要性を認め補助金の支出を適法とするものと考えます。

なお、本事例と類似の事案では、被告主張事実を裏付ける資料等が提出され自治体の支出の適法性が認められています。

5　裁判を契機とした行政実務の改善・反映について

自治体における補助金支出は日常事務といえます。そして、裁判にまで発展することが多い紛争事例の宝庫です。本事例で挙げた裁判例の基準を参照して、みなさんの自治体の規則・要綱・運用マニュアル等を見直しておくことをお勧めします。実務上、法改正の経緯を追えていない、古いままの要綱を見かけることは少なくありません。

V　生活保護申請却下・廃止等をめぐる紛争

裁判は、具体的な事実を認定し、その事実を前提に法規を当てはめて結論を出すものですが、ここでは事実認定[*1]にスポットを当ててみます。生活保護申請却下・廃止等をめぐる実際の裁判例を取り上げますので、一緒に考えてみましょう。

前提として、自治体行政では、「暴力団員」に対し、公営住宅の入居や生活保護受給を制限[*2]する法運用がなされています。

その根拠は生活保護法及びその運用基準としての平成18年3月30日「生活保護行政を適正に運営するための手引について」（社援保発第0330001号厚生労働省社会・援護局保護課長通知）にあるのではじめに確認しておきましょう。

まず、生活保護法の条文のうち、本事例検討のキーとなる1条・4条・26条を抜粋します。

○生活保護法（昭和25年5月4日号外法律第144号）

第1章　総則

（この法律の目的）

第1条　この法律は、日本国憲法第25条に規定する理念に基き、国が生活に困窮するすべての国民に対し、その困窮の程度に応じ、必要な保護を行い、その最低限度の生活を保障するとともに、その自立を助長することを目的とする。

＊1　司法研修所編『民事訴訟における事実認定』法曹会（2007年）は、事実認定の基礎として、①証明度、②民事訴訟における事実認定の特徴、③書証と人証、④動かし難い事実とストーリーの合理性、⑤経験則、⑥推定、⑦直接証拠による認定と間接証拠による認定などが整理されています。なお証明度に関する重要な最高裁判例として、ルンバール事件判決（最判昭50・10・24民集29巻9号1417頁）は一度読んでおく必要がありましょう。

＊2　暴力団員であること即サービス制限となるのかについては解釈上争いがあります。

（保護の補足性）

第4条　保護は、生活に困窮する者が、その利用し得る資産、能力その他あらゆるものを、その最低限度の生活の維持のために活用することを要件として行われる。

（2項・3項略）

第4章　保護の機関及び実施

（保護の停止及び廃止）

第26条　保護の実施機関は、被保護者が保護を必要としなくなつたときは、速やかに、保護の停止又は廃止を決定し、書面をもつて、これを被保護者に通知しなければならない。（略）

次に、手引には、I「そもそも暴力団員は集団的に又は常習的に暴力団活動（暴力団対策法2条1号に規定する暴力的不法行為等をいう）に従事することにより違法・不当な収入を得ている蓋然性が極めて高いことから、暴力団員については保護の要件の判断に当たり、本来は正当に就労できる能力を有すると認められることから、稼働能力の活用要件を満たさない」「資産・収入の活用要件を満たしていると判断することができない」「保護の要件を満たさないものとして、急迫状況にある場合を除き、申請を却下することとする」、Ⅱ「申請者等が申請時点においては暴力団員であったが、ａ暴力団からの脱退届及び離脱を確認できる書類（絶縁状、破門状等）、ｂ誓約書、ｃ自立更生計画書の提出を要請するなどにより、暴力団から離脱させた場合であって、現に生活に困窮していることが他の調査等から明らかであるときは、改めて厳格な資産調査等を行い、保護の適否を判断する」との記載があります。

事例5

この事案は、原告（被控訴人）Xが、宮崎市福祉事務所長（被告は宮崎市、処分庁は福祉事務所長であるが、便宜上以下ともに単に「Y」と略す）から、

①　Xが暴力団員であり生活保護法4条1項の補足性の要件（開始要件）をみたさないとして生活保護申請を却下する旨の処分を受けたこと、また

②　その後、Ｘが急迫状況にあるとしてなされた入院期間に限定しての急迫保護について、退院を理由に保護の必要がない状態であるとして生活保護を廃止する旨の処分を受けたことに対し、これら処分の違法性を根拠に処分の取消しを求めた事案[*3]である。

③　なお、Ｘは、上記Ⅱのａ脱退届、ｂ誓約書、ｃ自立更生計画書を提出したが、ａ離脱を確認できる書類としての絶縁状又は破門状は提出せず除籍通知書のみをＹに提出した。警察は未だ暴力団員として登録しており、この警察情報を確認したうえでＹは生活保護申請却下処分及び保護廃止処分をした。

（第１審：宮崎地判平23・10・３判タ1368号77頁／控訴審：福岡高判平24・４・27賃金と社会保障1569号43頁）

ここでは、上記書類提出に係る法解釈[*4]以外の「暴力団員」該当性におけるＸＹ間の主張（攻防）及び事実認定部分を抽出して比較してみましょう。

1　原告の立場と被告の立場の確認

原告（保護申請者）は、申請却下処分及び廃止処分の違法性の主張（暴力団員ではないという事実主張）をすることになります。

一方で、被告（自治体）は、申請却下処分及び廃止処分の適法性の主張（暴力団員であるとの事実主張）をすることになります。

2　実際の裁判動向をたどってみよう

1　第１審：宮崎地裁判決－暴力団員該当性（否定）

＊３　①②事件は併合。なお①では生活保護の義務付けの訴えも提起され、後に取下げ。

＊４　手引の「絶縁状、破門状等」の解釈として除籍通知者が含まれるかが論点となりますが、これを含めないとするのが警察の基本的な立場です。本事案でも絶縁状・破門状に限定する自治体実務運用がなされています。

(1)　被告（Ｙ自治体・警察）の主張

Ｙは、宮崎県警本部からの報告書を処分の正当性主張の根拠としています。すなわち、

①　原告ＸがＡ組長の公判期日を傍聴したこと

②　Ａ組組員等とともにＡ組組長の出所を出迎えたこと

③　通常暴力団が行うシラスウナギの密漁をしようとしていたこと

④　Ｂ組事務所にＸ名のゴム印とネームプレートがあったこと

これらの事実から、ＸがＢ会の暴力団員であると宮崎県警が認定していることを理由に、Ｘを暴力団員と認定しています。

(2)　裁判所の立場

これに対し、裁判所は、Ｘの主張をもとに、

①　傍聴していた旨の警察からの報告書の記載があるのみで傍聴態様等の具体的な記載はなく、ほかに公判期日傍聴を裏付ける客観的証拠はないこと

②　Ａ組組長の出所出迎えに参加したのは、自らが警察への情報提供者と判明することをおそれてのやむを得ない参加であったこと

③　伸縮式の網とバケツを用いてシラスウナギを捕獲しようとしていたものであり、船で地引網を用いる等の暴力団が行う組織的なシラスウナギの密漁とは態様を大きく異にすること、かつ、Ｂ会その他の暴力団員とともに行った行為でもないこと

④　ゴム印とネームプレートは脱退後も残されていたものとの可能性があり（以前の事務所解散時に持ち込まれた可能性が否定できず）、また、現に使用されていた形跡はないこと

これらの事実認定をして、暴力団員該当性を否定しました。

② 控訴審：福岡高裁判決－暴力団員該当性（肯定）

一方で、高裁は、地裁における認容判決を取り消しました。高裁での暴力団員該当性に関する前記①～④に該当する事実認定部分との対応関係を整理すると、

①　A組長ほか２名によるゴルフ場に対する器物損壊事件等の刑事公判が行われた（○月○日）際に、A組幹部とともに傍聴し、同組長にお辞儀をしているところを暴力団対策担当の警察官に現認されたこと

②　Xは、A組長の出所出迎えに、A組と同系列の暴力団組長らやA組員らとともに出席しその様子を暴力団対策担当の警察官に現認されたこと、警察はX以外の複数の者から出所出迎えの情報を入手しておりXはやむを得ない参加であると主張するが信用性に乏しいこと

③　Xが大淀川でシラスウナギを伸縮式の網とバケツを用いて密漁しようとした際（△月△日）にタモを持った共犯者とおぼしき人物も警察官に現認されていること、この点Xは生活に困って独りで大淀川に出たと述べるが、当時のXの病状に鑑みれば、当時の居所から大淀川の犯行現場まで約３kmもある距離を独りで歩けたとは考えにくく、共犯者の存在を強く推認することができること

④－ⅰ　警察がA事務所の捜索差押えを行った際に、相談役としてXの名札が掲げられ、組員名簿にもXの氏名や携帯番号が掲載されていたこと

④－ⅱ　警察がB事務所の捜索差押えを行った際にA組長の写真がB事務所内に掲げられておりA組とB組との密接な関連性が伺われたこと、X名のゴム印はB組幹部のゴム印と一緒に、X名のネームプレートは他の組員のものと一緒にそれぞれ保管されており、かかる保管状況からは、そのまま紛れ込んだにすぎないとのXの主張は採用できないこと

これらの事実認定をして、暴力団員該当性を肯定しています。

3　裁判を契機とした行政実務の改善・反映について

以上のように比較検討してみると、事実認定の難しさが認識できるとともに、事実を認定するためにはどのような証拠が必要となるのか（その評価も含めて）、イメージができるのではないでしょうか。

以前筆者は、講義や研修のときに、確定した事実が詳細に示されないと事案

の解決ができないという発言を聞いたことがあります。話をしてみると、判例百選や判例集などでは事案が確定していて所与のものとして示されているので、裁判では事実がすべて明らかになり、それをもとに法解釈をしてきたものと誤解しているようで、事実でわからない部分があるということが理解できないということでした。

裁判実務を担当してきた者としては、驚きをもってこの発言を聞いた記憶があります。

事案に向き合うときは、一枚一枚の文書や一人ひとりの証言から事案の全体像や物語を解明しようという地道な作業を積み重ねていきます。

特に紛争事案などでは、通常当初から全体像がわかることはないといえましょう。パズルを完成させるように現場に通い、関係者に話を聞き、個々具体の事実を積み上げることで、事案の全体が徐々にわかってきます。それでもパズルを完成させることは難しいのです。ある程度穴の開いたパズルを前提に法解釈がなされ、判決が下されているのです（もちろんそれはいい加減という意味ではありません）。そのことを理解したうえで、しかし、そのパズルを完成させるための地道な訴訟活動がなされていきます。

裏を返せば日々の行政実務の中で、紛争を予防するために、また裁判時に自らの業務遂行の正当性を主張するためにも、具体的な年月日の記録やメモを組織及び個人で詳細にとっておくことが、裁判でパズルのピースを提示することにつながる重要なことです。

また、一つの出来事・事物（証拠）を正反対の立場からみる訓練をしておくことが有用となりましょう。

Ⅵ　民間指定確認検査機関による建築確認をめぐる紛争

「官から民へ」又は「民との協働」という大きな流れの中、自治体行政では、従前自らが担っていた事務について、必ずしも直営でのサービス提供ではなく、民間委託や民営化、補助金支出等による間接的なサービス提供を展開する場面が増加し、「公の領域」における責任主体は多様化、多元化しています。

例えば、建築確認や公の施設の管理・運営において、現在では、指定確認検査機関や指定管理者などの制度が導入され、民間団体が行政処分等の行政権限を行使できるようになっています。

このような状況下での紛争事例と自治体行政の責任について、事例６・７を通して、事例（紛争）の時間的流れを追って考察してみましょう。

事例６

①　Ａ指定確認検査機関は、大規模分譲マンションである本件建築物計画が建築基準関係規定に適合するものであること等につき建築の確認をした。
②　本件建築物の周辺に居住するＸらは、本件建築物が建築されることによって生命、身体の安全等が害されるなどと主張して、本件確認の取消しを求める訴えを提起しようと考えている。

１　取消しを求める訴えの被告適格

この事例においては、これまでみてきたように①処分性、②原告適格、③狭義の訴えの利益という訴訟要件については現時点では充足すると考えておきましょう。問題となるのは、誰を被告として訴えを提起すべきか、という点であり、以下考えていきましょう。

1　行政事件訴訟法の規定

まず、行政事件訴訟法の規定を確認してみましょう。行政事件訴訟法は、11条で「被告適格等」について規定しています。

本事例では、行訴法11条１項又は２項が関係しますので、挙げておきます（条文の文言の一部を「……」で省略し、読みやすくしています）。

> **（被告適格等）**
> **第11条**　処分……をした行政庁……が……公共団体に所属する場合には、取消訴訟は、次の各号に掲げる訴えの区分に応じてそれぞれ当該各号に定める者を被告として提起しなければならない。
> 一　処分の取消しの訴え　当該処分をした行政庁の所属する……公共団体
> 二　（略）
> ２　処分……をした行政庁が……公共団体に所属しない場合には、取消訴訟は、当該行政庁を被告として提起しなければならない。
> （３項以下略）

2　公共団体に所属するか否か

それでは、本事例においては、行訴法11条１項を適用すべきでしょうか、それとも同２項を適用すべきなのでしょうか。被告を確定するには、指定確認検査機関が「公共団体に所属」するか否かが問題となります。

3　指定確認検査機関とは

指定確認検査機関は、いわゆる建築確認・検査の民間開放として、建築基準法改正（平成10年法律第100号）の際に導入された制度です。

建築主は、建築物を建築しようとする場合には、その計画が建築基準関係規定に適合するものであることについて建築主事の確認を受けなければなりません（建築基準法６条１項）。この建築基準関係規定に適合するか否かについて建築主事に与えられた確認権限を、民間に開放することで、建築主に多様なサービスを活用する途を開くとともに、自治体が違反是正等に集中できるようにし、建築規制の実効性を確保することを目的として、新たに導入されたのがこの制度です。

指定確認検査機関による建築確認の法的効果は、建築主事による建築確認とみなされます（建築基準法6条の2第1項・77条の18〜77条の21まで）。

4　結　論

前掲3のとおり、指定確認検査機関は、建築確認という行政処分を自らの権限で行う主体であり、そう考えるのであれば、「公共団体に所属しない場合」として行訴法11条2項を適用することになります。本事例においては、A指定確認検査機関を被告として訴えを提起することになりましょう。

続いて事例7では、同事例において、A指定確認検査機関を被告として訴えようとしているときに、建物が建ってしまった場合について確認していきます。

Ⅶ　民間指定確認検査機関による建築物完成後の紛争

事例６と同じ事例ですが、時系列が異なってきます。実際に建物が建ってしまったら、訴えはどうなるでしょうか。引き続き、考察してみましょう。

事例７

①　A指定確認検査機関は、大規模分譲マンションである本件建築物計画が建築基準関係規定に適合するものであること等につき建築の確認をした。 ②　本件建築物の周辺に居住するXらは、本件建築物が建築されることによって生命、身体の安全等が害されるなどと主張して、本件確認の取消しを求める訴えを提起した。 ③　しかし、その準備をしている間に、建物が建ってしまった。

本件建築物の建築工事が完了（完了検査が終了）した場合には、訴えの利益が失われます。すなわち、訴訟要件が欠けて却下になるというのが判例の立場[＊1]です。

その理屈は、建築確認とはそれを受けなければ当該工事をすることができないという法的効果を付与されているにすぎず、工事完了により処分の効果も完了し、当該処分を現実に取り消してもらう必要性がなくなると考えられるからです（狭義の訴えの利益・行訴法９条１項括弧書参照）。

1　原告の立場で考えてみよう

周辺住民Xらとしては、「建物が建ってしまったから、裁判はおしまい」という理屈には、なかなか納得することが出来ないと思います。

＊1　最判昭59・10・26民集38巻10号1169頁があります。

果たして、裁判を続けるにはどうしたらよいでしょうか。

取消訴訟はこのまま継続しても訴えの利益がないということで却下されることになります。

そこで、裁判を継続するためには、訴えを変更しなければなりません。

訴訟類型としては「はじめに」（p４）の〔**図表**〕をもう一度見てみてください。

可能性として考えられるのは、一つは、当事者訴訟のうちの実質的当事者訴訟（行訴法４条後段：公法上の法律関係に関する訴訟）であり、もう一つは、国家賠償法に基づく損害賠償請求訴訟ということになります。

この点、行政庁に対する取消訴訟から自治体に対する損害賠請求訴訟への訴えの変更を認めた最高裁の決定が出ていますので、取消訴訟の被告適格の規定（行訴法11条）及び訴えの変更に関する規定（行訴法21条）を確認しつつ、その最高裁決定の理屈をたどってみましょう。

1　取消しを求める訴えの被告適格の確認

取消訴訟の場合は、被告を行訴法11条の解釈により決定できました。

すなわち、①〔処分庁が自治体に所属する場合→被告は所属自治体〕であり、②〔処分庁が自治体に所属しない場合→被告は当該処分庁〕と定められていました。

それゆえ、当該処分庁が「公共団体に所属するか否か」が被告を決定する判断基準となります。そして、本事例の指定確認検査機関は、自治体から独立して建築確認という行政処分を行える権限を付与されていることからすれば、「公共団体に所属」しないとして、指定確認検査機関自体が被告とされました。

2　訴えを変更する場合の条文確認

ここで、訴えを損害賠償請求に変更する場合の条文規定として、行訴法21条がありますので、挙げておきます。

（国又は公共団体に対する請求への訴えの変更）

第21条　裁判所は、取消訴訟の目的たる請求を当該処分……に係る事務の帰属する……公共団体に対する損害賠償……請求に変更することが相当であると認めるときは、……原告の申立てにより、決定をもつて、訴えの変更を許すことができる。

すなわち、本件建築確認の取消請求を損害賠償請求に変更するには、「当該処分に係る事務の帰属する公共団体に対する損害賠償請求に変更することが相当である」かが検討されることになります。

原告としては、取消訴訟の場合の被告と異なり、損害賠償請求訴訟の場合の被告は自治体であるとの変更を申し立てることになりましょう。

2　裁判所の立場・被告適格

ここで、取消訴訟提起中に建築物が完成した事例について、自治体を被告とすることを認めた決定を紹介します。

前掲１②で紹介したように、条文としては、行訴法21条１項に規定する「当該処分……に係る事務の帰属する……公共団体に対する損害賠償……請求に変更することが相当である」と解釈できないかが問題となります。

最決平17・６・24裁判集民217号277頁〔訴えの変更許可決定に対する抗告棄却決定に対する許可抗告事件〕は、指定確認検査機関の確認に係る建築物について、確認をする権限を有する建築主事が置かれた自治体は、指定確認検査機関の当該確認につき、行訴法21条１項所定の「当該処分又は裁決に係る事務の帰属する国又は公共団体」に当たるとしました[*2]。

つまり、損害賠償請求の訴えの被告を自治体としました。その理屈は概ね次

＊２　自治体としては、指定確認検査機関の確認が違法である場合の責任は、指定確認検査機関が負うべきであるとの主張をすることになりましょう。しかし、本決定では、このような自治体側（横浜市）の主張を認めず、抗告を棄却しました。

のようになります。

すなわち、本決定は、建築主事が行う建築確認事務は、住民の生命、健康及び財産の保護等住民の福祉の増進を図る役割を広く担う自治体の責務であることに由来する自治体の自治事務（建築基準法４条、自治法２条８項）であり、建築主事の建築確認事務の帰属する行政主体は、自治体であると解しています。

そのうえで、指定確認検査機関と自治体との関係（一体的に捉えるか、独立性を持っていると捉えるか）については、建築基準法が特定行政庁に対して指定確認検査機関の建築確認を是正する権限を付与（建築基準法６条の２第３項・４項）していることからして、指定確認検査機関をその建築確認事務の帰属する独立の行政主体とは考えず、指定確認検査機関の建築確認事務の帰属する行政主体は自治体であると判断しています。

一言でまとめれば、本来の事務の帰属先を考えるという意味で、事務帰属基準論といえましょう。

3　結論（被告適格のまとめと応用[＊3]）

結論としては、現在の平成17年の最高裁の決定の理屈からすれば、建物が建ってしまった後には、損害賠償請求に訴えを変更することで裁判を継続することができ、その場合の被告は自治体に変更することが相当ということになります。

この点、この最高裁の決定については、官から独立した民間に建築確認権限を委ねようとの制度設計がなされた（独立性を強調し、自治体の傘の外との論）との制度設計の経緯に反するとの考え方があります。かかる制度設計の一方で、損害賠償責任は自治体にとらせようとする点（理屈上独立性を弱め、自治体の傘の中との論）で、理屈のうえでも背理であるとの評価があるところです。

＊３　当該決定及び最判平19・１・25民集61巻１号１頁について比較した判例評釈として、鈴木秀洋「国家賠償法における個人責任再考－国家賠償法１条の公務員の対外責任に関して」『ガバナンス研究No.７』明治大学公共政策大学院ガバナンス研究科（2010年）89頁以下参照。

しかし、最高裁の決定ですから、実務家のみなさんとしてはしっかりその理屈と結論は押さえておく必要がありましょう。

射程範囲については明言していませんが、自治法244条の２第３項により公の施設の管理を委託された指定管理者が違法に不許可を出したことにより第三者に損害を生じさせた場合など、同じ理屈で自治体に賠償責任が認められる可能性があります。

Ⅷ　民間施設内での暴行事件をめぐる紛争

事例6・7では、公の領域の事務や権限について、国や自治体のみが行使するのではなく、民間が行使した場合の法的責任主体について、建築確認の事例をもとに検討しました。

こうした民間との協働事案はどんどん広がっています。よい効果をもたらしているとの報告の一方で、紛争が生じた場合の責任関係についても考えておかねばなりません。

公の領域における官民の協働事業遂行の場合、多元的な責任主体が存在する場合の自治体の責任について、もう一事例検討してみましょう。

事例8

①　9歳の児童が社会福祉法人が設置運営する児童養護施設に入所
（県による児童福祉法27条1項3号所定の入所措置）

②　施設内で他の児童ら4名から約30分間にわたり暴行を受け、傷害（右不全麻痺、外傷性くも膜下出血等の傷害を負い、入院治療を受けたが、高次脳機能障害等の後遺症が残った）を負った。
（最判平19・1・25民集61巻1号1頁、判時1957号60頁）

このような民間施設内での傷害事件について自治体（県）が訴えられた場合に自治体は責任を負うのでしょうか。

1　原告の立場で考えてみよう

原告の立場からすれば、本件施設の職員は何をやっていたのか、その職員の責任を問いたい、そして施設の長にも責任があると考えるでしょう。また、おおもとの措置権限を有する県に対しても責任を問いたいと考えるでしょう。

2　被告自治体の立場で考えてみよう

これに対し、被告自治体の立場からすれば、具体的な権限は社会福祉法人に委譲しているのであり、民間の施設内での暴行事件の責任までは負う謂れはないと考えるでしょう。

3　裁判所の立場で考えてみよう

それでは、裁判所はどのような判決を下したのでしょうか。以下、［事例８］のもととなっている最判平19・１・25民集61巻１号１頁の事案について詳述します。

［1］　事案と裁判での請求内容・対象

この事案は、愛知県による児童福祉法27条１項３号所定の入所措置（以下「３号措置」という）に基づき、社会福祉法人の設置運営する児童養護施設に入所した児童（事件当時９歳）が、他の児童ら４名から約30分間にわたり暴行を受け、傷害（右不全麻痺、外傷性くも膜下出血等の傷害を負い、入院治療を受けたが、高次脳機能障害等の後遺症が残った）を負ったというものです。

原告は、職員の保護監督義務違反を理由として、愛知県及び当該社会福祉法人（積善会）に対して損害賠償責任を追及しました。

被告自治体に責任を負わせる理屈としては、以下のような構成となります。すなわち、施設内での児童らを養育監護する行為を「公権力の行使」、この施設長及び職員（職員等）が「公務員」に該当し、養育監護の際に保護義務を尽くさなかった「過失」があるとして、国賠法の要件をみたすとの主張です。

また、社会福祉法人も被告として、社会福祉法人は施設の職員等による不法行為につき民法715条に基づき使用者責任を負うと主張し、民法上の損害賠償も求めました。

2 判決の枠組み

(1) 入所児童の養育監護行為が被告県の公権力の行使に当たるとした点

本判決では、児童福祉法の規定及び趣旨について、まず、以下のような規定があることを挙げています。

① 国及び地方公共団体が、保護者とともに、児童を心身ともに健やかに育成する責任を負う旨を規定し（2条）、

② その責務を果たさせるため、都道府県に児童相談所の設置を義務付け（15条〔平成16年法律第153号による改正前〕）、

③ 保護者がないか又は保護者による適切な養育監護が期待できない児童（以下「要保護児童」という）については、都道府県は、児童相談所の長の報告を受けて児童養護施設に入所させるなどの措置をとるべきこと（27条1項3号）、

④ 保護者が児童を虐待しているなどの場合には、都道府県は、親権者又は後見人（以下あわせて「親権者等」という）の意に反する場合であっても、家庭裁判所の承認を得て児童養護施設に入所させるなどの措置をとることができること（28条）、

⑤ 都道府県が3号措置により児童を児童養護施設（国の設置する施設を除く）に入所させた場合、入所に要する費用のほか、入所後の養育につき児童福祉法45条に基づき厚生労働大臣が定める最低基準を維持するために要する費用は都道府県の支弁とし（50条7号）、

⑥ 都道府県知事は、本人又はその扶養義務者から、負担能力に応じて費用の全部又は一部を徴収することができること（56条2項）、

⑦ 児童養護施設の長は、親権者等のない入所児童に対して親権を行い、親権者等のある入所児童についても、監護、教育及び懲戒に関し、その児童の福祉のため必要な措置をとることができること（47条）

そして、これらの規定を踏まえて、「法は、保護者による児童の養育監護について、国又は地方公共団体が後見的な責任を負うことを前提に、要保護児童に対して都道府県が有する権限及び責務を具体的に規定する一方で、児

童養護施設の長が入所児童に対して監護、教育及び懲戒に関しその児童の福祉のため必要な措置を採ることを認めている」ことを指摘しています。

そのうえで、上記のような児童福祉法の規定及び趣旨に照らせば、「３号措置に基づき児童養護施設に入所した児童に対する関係では、入所後の施設における養育監護は本来都道府県が行うべき事務であり、このような児童の養育監護に当たる児童養護施設の長は、３号措置に伴い、本来都道府県が有する公的な権限を委譲されてこれを都道府県のために行使するものと解される」としています。

したがって、「都道府県による３号措置に基づき社会福祉法人の設置運営する児童養護施設に入所した児童に対する当該施設の職員等による養育監護行為は、都道府県の公権力の行使に当たる公務員の職務行為と解するのが相当である」と結論付けました。

⑵　社会福祉法人が使用者責任を負うかという点について

本判決は、先例として最判昭30・４・19民集９巻５号534頁、最判昭53・10・20民集32巻７号1367頁を挙げ、「国家賠償法１条１項は、国又は公共団体の公権力の行使に当たる公務員が、その職務を行うについて、故意又は過失によって違法に他人に損害を与えた場合には、国又は公共団体がその被害者に対して賠償の責めに任ずることとし、公務員個人は民事上の損害賠償責任を負わない」としています。

そのうえで、「この趣旨からすれば」として、「国又は公共団体以外の者の被用者が第三者に損害を加えた場合であっても、当該被用者の行為が国又は公共団体の公権力の行使に当たるとして国又は公共団体が被害者に対して同項に基づく損害賠償責任を負う場合には、被用者個人が民法709条に基づく損害賠償責任を負わないのみならず、使用者も同法715条に基づく損害賠償責任を負わない」と結論付けました。

⑶　まとめ

まず、判決は、児童に対して第一次的かつ直接的な養育監護義務を負うのは誰かという観点から法の趣旨を探り、要保護児童との関係では、国・公共団体が第一次的かつ直接的な責任を担う必要が生じ得ると考えるのが法の趣旨であるとしています。

そして、要保護児童の場合（都道府県が要保護児童につき３号措置をとって当該児童を民営施設に入所させた本件）には、入所後の施設で当該措置児童を養育監護することは、都道府県が行うべき事務（公務）であり、都道府県が当該施設の長に委託して措置児童の養育監護を行わせていると考えます（①公務委託の存在）。

さらに、委託を受けた児童養護施設の長は、入所児童に対して監護、教育及び懲戒に関して必要な措置をとることができること（②都道府県が有する公的権限の施設の長への委譲）を指摘しました。

これら①②の観点から、当該施設の長は都道府県のために公権力を行使していると評価したものといえます。

また、社会福祉法人の対外的責任免責の可否の点については、当該法理の射程範囲として、公務の委託を受けた者が自ら違法な職務行為を行った場合のみならず、被用者に行わせた（被用者が違法な職務行為を行った）場合にも当てはまるとしました。

そして、国・公共団体が損害賠償責任を負うとして、社会福祉法人を「公務員」と見立てて、損害賠償請求を否定しました。

４　この裁判を契機とした行政実務の改善・反映について

この平成19年判決と事例７の平成17年決定とをあわせ読んでみると、法的には、民間に委ねたから民間が責任を負うという理屈が通らないことがわかると思います。

確かに、事例７の指定確認検査機関（「行為者」）も、本件事案の社会福祉法人（「行為者」）も、ともに、公の領域において、サービスを担う主体でありながら、国家賠償法上の「公務員」とみなされることで、対外的個人責任免責の法理が適用され、被害者に対して直接の責任を負わないことになるとの結論はいかがなものか、との気持ちも、わからないではありません。

筆者の研究者としての見解は別の論文があります[*1]ので、そちらをお読みいただくとして、ここでは、民間との協働事業を遂行する場合には、協働事業であったとしても原告住民との関係においては自治体が全面的に責任を負う場合があることを認識し、民との間で標準化した定型の協定書を締結するだけでなく、事業遂行をシミュレーションし、個別注意事項を洗い出し、詳細な法的責任分担を定めた協定書を締結すべきことを提言しておきます。

＊１　鈴木秀洋「国家賠償法における個人責任再考－国家賠償法１条の公務員の対外責任に関して」『ガバナンス研究№７』明治大学公共政策大学院ガバナンス研究科（2010年）89～124頁

Ⅸ　児童虐待対応としての一時保護処分をめぐる紛争

ここでは、児童虐待を取り上げます。現在、児童虐待の相談件数は増加の一途です＊[1]。児童虐待死の事件報道のたびに行政は何をしていたのかとの批判が上げられ、法制度の改正も積み重ねられています（後述）。

しかし、子どもの権利を守るとの動きの一方で、法は家庭に入らずの法格言＊[2]もあるように、親権者による育児・教育・しつけの壁（民法822条の懲戒権等）は厚く、行政の介入に対する親権者（民法818条）からの激しい反発・抵抗があるのも現実です。

事実の一部分のみを切り取る形ですが、一時保護に関する紛争事案（損害賠償請求事件）を二つほど挙げてみます。

事例９

① 児童（A）のくる病発症に関し、両親（X_1・X_2）は、Aが食物アレルギーを持ち食事制限のため栄養が偏ったと主張。

② 児童の入院先病院（Y_1）は、X_1・X_2が適切に栄養を与えておらず、必要な治療等を受けさせていないとして、児童福祉法25条に基づく通告（要保護児童を発見した者は児童相談所等に通告しなければならないとの規定）を行った。

③ 通告を受けた児童相談所長（Y_2）は、くる病発症の事態及び診察・検査

＊１　厚生労働省によると、平成27年度中に全国の児童相談所が対応した児童虐待相談件数は、103,260件となり、過去最高を更新しています。

＊２　古代ローマの法格言で、家庭内の問題には法が関与せず自治的解決に委ねるべきとの考え方。民法の協議離婚制度や刑法の親族間の特例（窃盗、詐欺、横領等で夫婦や一定の親族には刑が免除）等に具体化されています。児童虐待防止法やＤＶ防止法は、この法格言と相克関係にあります。

に両親が同意しない事実を下に、同法33条により、Ａを一時保護し（児童相談所長は必要があると認めるときは児童に一時保護を加えることができるとの規定）、さらに一度保護解除をした後、再度一時保護決定をした[*3]。

（第１審：横浜地判平24・10・30判時2172号62頁／控訴審：東京高判平25・９・26判時2204号19頁）

事例10

①　児童養護施設での養育児童（Ｂ）は、里親認定・里親委託措置を受けた夫婦（X_3・X_4）の下で生活（児童養護施設入所措置解除・里親委託への措置変更決定）していた。

②　児童（Ｂ）が泣きながら児童相談所を訪れ、叩かれたり、家を追い出されたり、押し入れに閉じ込められる等の訴えを聞き、児童相談所長（Y_3）はＢの一時保護決定と里親委託解除決定を行った。

（静岡地浜松支判平19・８・27判タ1256号66頁）

１　原告の主張と裁判所の判断

いずれの事案も、様々な関係機関の行為や判断があり、多くの行政処分等が積み重なっていることがわかると思います。

その中で、一時保護措置という行政処分の違法性について着目してみると、原告は、被告が一時保護処分を行うについて、必要な調査義務や説明義務を尽くしていない等を理由に違法であるとの主張をします。

これらに対する裁判所の判断枠組みはどのようなものだったでしょうか。

事例９について、第１審判決では一時保護は、期間が限られるものの児童

＊３　なお、この事案は、一時保護後、児童相談所の職員がアレルギー源を含む食べ物を誤って食べさせ児童を死亡させたとの事実経過をたどります。第１審判決は、その因果関係を認めましたが、控訴審判決は因果関係を否定しました。

を保護者から強制的に引き離す行為であり、保護者の監護権等を強く制約するものであることから、現在の環境に置くことが子の権利尊重・自己実現にとって看過できないと判断されるときに行うべきものであり、合理的な根拠がない場合には違法になると判示しています。比較的厳格な要件を立てているようにも思えます。そして、この判断は控訴審判決でも引き継がれました。しかし、原告保護者らが主張した、他の手段等を経ていたのでは間に合わないような場合が必要であるという意味での「緊急性を要件とすべき」との主張については、斥けています。

事例10では、一時保護の必要性の判断は児童相談所長の合理的な裁量に委ねられており、その判断が著しく不合理であって裁量の逸脱又は濫用と認められる場合にのみ、違法（児童を保護するという性質上、事案に即した迅速かつ的確な判断が求められるから児童相談所長に相当程度の裁量権を肯定）と判示し、事例９よりは緩やかに一時保護を認める判断をしているように思えます。

両者の判断枠組みは若干異なりますが、両者とも一時保護自体は正当と判断されています。

2　裁判を契機とした行政実務の改善・反映について

児童福祉分野には、実は多くの行政処分規定があり、紛争事例の宝庫となっています。福祉分野においては、福祉職が多くの現場を担っており法的に順序立てた思考が大事などとは言っていられないとの現場感覚があります。しかし、どのような紛争事例があり、どのような判断がなされているのかについて、一度自らの業務遂行を点検してみることは大切です。

上記のような事例は、短期的には保護者と行政との紛争構図にみえるかもしれません。しかし、最終的に家族の再統合を目指そうとする場合、保護者に寄り添うことや、地域で支えていく視点が、実は重要になってきます。

一時保護のときも一時保護解除後に地域に戻るときにも、法的視点（憲法・児童の権利に関する条約・教育基本法・学校教育法・労働基準法・児童福祉法等）のほか、福祉的視点、保健・医療（小児・精神等）の視点、教育の視点、臨床心理の視点等総合的・複合的にケースに向き合っているのが実務現場の現実であり、かかる総合的な視点を児童虐待等にかかわる職員は身に着けねばならない点で大変です。

しかし、日々児童の安全・安心が脅かされているこうした現実があるにもかかわらず、世の中一般には、未だ特別な親が虐待を行っているにすぎないなどという偏見や当事者意識のない発言が目立ちます。

自治体最前線で相談業務を担当してきた身としては、決して例外的な事案ではないという現実を強調したいと思います。

虐待は、自らがたどってきた成長過程、夫婦間のちょっとした育て方についての意見の相違、働き方、経済的状況、引っ越しや転勤などによる地域での社会的に孤立した生活環境、不安・不眠のストレス等の要因がたまたまいくつか重なることで、誰もが簡単に追い込まれる身近な問題です。

このような認識を自治体職員は、正しく持ち、住民への相談対応を行うとともに、住民に広くアウトリーチしていく寄り添い型の相談対応を行っていくことが大切です。

3　立法法務としての対応～児童虐待防止対策の立法・改正経緯～

上記のような児童の一時保護案件は決して例外的なものではありません。日々みなさんの地域で現実に起こっているのです。

そして、かかる事案を解決するためには、個別の相談対応の充実や地域でのつながり等が重要であるとともに、立法（条例含む）による制度的対応が必要になってきます。

虐待死亡事例等が起きる度に、児童相談所は何をしていたのか、地域の自治体は何をしていたのか、警察は何をしていたのか、連携ができていなかったのではないか、という批判がなされ、対応は後手に回っているとの批判があります。しかし、後手との批判はあるにせよ目の前の課題に対して、どのように法制度を変えて子どもの命を救うのか、そのような考えの下で、行政権限を強化するなどの方向性を持った法改正がなされてきた歴史があります。

そこで、ここでは、児童福祉法・民法等による立法（政策法務）的対応（弊害・課題への対処）の経緯＊4をたどってみることにしましょう。

平成12年以前は児童福祉法による要保護児童対策として対応してきましたが、その後児童虐待が社会問題化するにつれて、次のように法整備を重ねてきました。

⑴　児童虐待防止法の制定（平成12年11月）

①　児童虐待の定義（身体的虐待、性的虐待、ネグレクト、心理的虐待）

②　住民の通告義務等を内容とする法律の制定

⑵　児童虐待防止法・児童福祉法の改正（平成16年10月以降順次施行）

①　児童虐待の定義見直し（同居人による虐待を放置すること等も対象）

②　通告義務の範囲拡大（虐待を受けたと思われる場合も対象）

③　市町村の役割明確化（相談対応を明確化し虐待通告先に追加）

④　要保護児童対策地域協議会の法定化（虐待防止ネットワーク促進）等の定め

⑶　児童虐待防止法・児童福祉法の改正（平成20年４月）

①　児童の安全確認等のための立入調査等の強化

②　保護者に対する面会・通信等の制限の強化

③　保護者に対する指導に従わない場合の措置の明確化等を内容

⑷　児童福祉法の改正（一部を除き平成21年４月）

①　乳児家庭全戸訪問事業、養育支援訪問事業等子育て支援事業の法定化及び努力義務化

②　要保護児童対策地域協議会の機能強化

③　里親制度の改正等家庭的養護の拡充等を内容とする様々なサービス増加

⑸　民法・児童福祉法等の改正（一部を除き平成24年４月施行）

＊4　厚労省HP／政策レポート／児童虐待関係の最新の法律改正について参照。

①　親権[＊5]停止制度（２年以内の限定親権制限）新設

②　親権の喪失等の請求権者の見直し（親権喪失等について（子の親族及び検察官に加え）子、未成年後見人[＊6]及び未成年後見監督人[＊7]に家裁への請求権付与／児童相談所長は（親権喪失に加え）親権停止・管理権喪失の審判及びこれらの審判の取消しについて家裁への請求権付与）

③　施設長等の権限と親権との関係規定（施設長等が児童の監護等に関しその福祉のために必要な措置をとる場合には親権者等はその措置を不当に妨げてはならないことなどを規定）

④　未成年後見制度等の見直し（法人又は複数の未成年後見人の許容／児童相談所長による親権代行の範囲拡大／里親等委託中及び一時保護中の児童に親権者等がいない場合にも代行するとの規定）

⑤　その他（子の監護及び教育がこの利益のためにされるべきことを明確化／懲戒に関する規定の見直し等）

(6)　児童福祉法等の改正（平成28年６月より順次施行）

①　児童福祉法の理念の明確化等

(i)　児童は、児童の権利に関する条約の精神に則り、適切な養育を受け、健やかな成長・発達や自立等を保障されること等の明確化

(ii)　国・地方公共団体は、保護者を支援するとともに、家庭と同様の環境における児童の養育を推進

(iii)　国・都道府県・市町村それぞれの役割・責務の明確化

＊5　未成年の子に対する親の権利義務の総称。子を監護教育する身上監護権（民法820条）と、子の財産を管理する財産管理権（民法824条）からなります。身上監護権の内容として、①居所指定権（民法821条）、②懲戒権（民法822条）、③職業許可権（民法823条）、④身分行為の代理権があります。財産管理権の内容として、法律行為の同意権があります。

＊6　未成年者に対して親権を行う者がいないとき、又は親権を行う者が管理権を有しない場合に法定代理人になる者をいいます。

＊7　未成年後見人の事務を監督する者。いつでも後見事務についての報告、財産目録の提出を求めたり、独自にその事務の処理状況や財産状況を調査することができ、また後見人が欠けた場合の家庭裁判所への選任の請求、利益相反行為がある場合の被後見人の代表などを行います。

⒤　親権者は、児童のしつけに際して、監護・教育に必要な範囲を超えて児童を懲戒してはならない旨を明記

②　児童虐待の発生予防

(i)　市町村は、妊娠期から子育て期までの切れ目ない支援を行う母子健康包括支援センター設置の努力義務を負う

(ii)　支援を要する妊婦等を把握した医療機関や学校等は、その旨を市町村に情報提供するとの努力義務

(iii)　国・地方公共団体は、母子保健施策が児童虐待の発生予防・早期発見に資することに留意すべきことの明確化

③　児童虐待発生時の迅速・的確な対応

(i)　市町村は、児童等に対する必要な支援を行うための拠点整備の努力義務を負う

(ii)　市町村が設置する要保護児童対策地域協議会の調整機関には専門職の配置

(iii)　政令で定める特別区は、児童相談所を設置する

⒤　都道府県の児童相談所における設置措置

(a)　児童心理司

(b)　医師又は保健師

(c)　指導・教育担当の児童福祉司

(d)　弁護士の配置又はこれに準ずる措置

(v)　児童相談所等から求められた場合に、医療機関や学校等は、被虐待児童等に関する資料等を提供できる

④　被虐待児童への自立支援

(i)　親子関係再構築支援について、施設、里親、市町村、児童相談所などの関係機関等が連携して行うべき旨の明確化

(ii)　都道府県（児童相談所）の業務として、里親の開拓から児童の自立支援までの一貫した里親支援の位置付け

(iii)　養子縁組里親を法定化及び都道府県（児童相談所）の業務としての養

子縁組に関する相談・支援の位置付け

(iv)　自立援助ホームについて、22歳の年度末までの間にある大学等就学中の者を対象に追加

(7)　児童福祉法・児童虐待防止法の改正（平成30年４月施行）

①　虐待を受けている児童等の保護者に対する指導への司法関与を強化（里親委託・施設入所の措置の承認の申立てがあった場合に、家庭裁判所が都道府県に対して保護者指導を勧告することができることとする等）

②　家庭裁判所による一時保護の審査の導入

③　接近禁止命令を行うことができる場合の拡大（一時保護や同意のもとでの施設入所等の措置の場合も対象）

(8)　児童福祉法等の改正（令和２年４月より順次施行）

①　児童の権利擁護

(i)　体罰の禁止（親権者、児童福祉施設の長等についても同様）

(ii)　都道府県（児童相談所）の業務として、児童の安全確保を明文化

(iii)　児童福祉審議会において児童等の意見を聴く場合の、児童の心身の状況、置かれている環境その他の状況への配慮

②　児童相談所の体制強化及び関係機関間の連携強化等

(i)　児童相談所の体制強化（一時保護等の介入的対応を行う職員と保護者支援を行う職員を分ける等）

(ii)　児童相談所の設置促進

(iii)　関係機関間の連携強化（要保護児童対策地域協議会から情報提供等の求めがあった場合に応ずることの努力義務など）

③　その他（児童福祉司の数に対する児童虐待相談対応件数が過重なものとならないよう見直すこと、児童相談所職員の処遇改善など）

このような改正を経て、残る課題はありますが、行政側の対応強化（それぞれの行政主体の役割の明確化）とともに親権にも踏み込み、児童虐待防止に向けた立法的対応は、着実に進んできています（政策法務的対応ともいえます）。

こうして行政調査権限等を強化されてきた児童虐待防止法は、他の強制調査

権限を有する法律と比較しても、自己完結型で強制の度合いが高いものになっています。

〔図表３－Ⅸ－１〕　行政手続に基づく令状のまとめ

項目 法律	任意調査	強制調査	資料提供	夜間執行	告発
国税通則法	131条	132条１，２項	４項	148条	155条等
関税法	119条	121条１，２項	４項	137条	145条等
地方税法	22条の３	22条の４第１，２項	４項	22条の20	22条の26
金融商品取引法	210条	211条１項	３項	212条	226条
独占禁止法	101条	102条１，２項	４項	104条	96条
出入国管理及び難民認定法	27条	31条１項	３項	35条	63条３項 ※入国審査官の告発義務
児童虐待防止法	８条の２	９条の３第１項	３項	９条の４	

＊出典：三好一幸『令状審査の理論と実務〔第２版〕』司法協会（2020年）172頁。さらに同書初版を参考にし、筆者一部修正追記。

４　法改正の経緯と行政実務への反映について

このⅨでは児童虐待事案を例に検討してきました。

行政の一時保護措置と親権の関係は常に緊張関係に立ちます。こうした関係性を改善するための法制度の変更は、具体的実務運営に多大な影響を与えます。例えば、仮に一時保護措置の場合に親の同意を要件とする制度設計をした場合の自治体虐待担当職員の動きはどうなるでしょうか。また、親の同意は不要かつ親権喪失・停止の申立要件を「市町村長が適当でないと認めたとき」などと簡便な要件に変更した場合はどうでしょう。想像してみてください。行政の一時保護率はかなり変わってくるでしょう。

法改正の歴史・経緯は、書面や文字だけで理解するのではなく、それを具体的に動かす人、担っている人の手続や動きがどのように変わってくるのだろうかと想像してみるとよいでしょう。

行政のあらゆる分野・場面において、このような法制度の改正という縦糸を理解することは、自治体実務の最前線にいるみなさんにとって非常に重要な視座を与えてくれることでしょう。なお、最後に〔**図表３－Ⅸ－１**〕として挙げた行政手続に基づく令状のまとめのような法令の比較をしてみることで、より制度理解は深まります。

Ｘ　申請拒否等をめぐる四つの紛争事例（福祉・公の施設）

ここでは、次に挙げる四つの事例を検討してみます。詳細な個々の事実の検討というよりもざっと事実の流れを頭に入れて、当事者になったつもりでその場面に身を置き、問題を打開する手段を考えてみましょう。

Ｘの立場になってみた場合、裁判所を利用してどのような紛争解決ができるか考えてみてください。

なお、以下においては、原告・申立人をＸ（X_1〜X_4）とし、被告・相手方である自治体等をＹ（Y_1〜Y_4）として表記することとします。また便宜上、処分行政庁もＹとして表示することとします。

事例11

①　X_1は、筋萎縮性側索硬化症（ＡＬＳ）のため、全身の筋肉が麻痺していて、身体の中で動かすことができるのは目と左足の小指だけであり人工呼吸器の装着が必要な状態である。

②　X_1は、年度分として、自治体Y_1に対し、重度訪問介護の支給量を１か月651時間以上とする障害者自立支援法（現在「障害者の日常生活及び社会生活を総合的に支援するための法律（障害者総合支援法）」）20条１項に基づく介護給付費の支給申請をした。

③　それに対し、Y_1（処分行政庁）は、支給量を１か月268時間（１日当たり８時間＋緊急分１か月20時間）とする減額支給決定をした。

④　X_1はこのままでは自己の生命・身体を守っていくことが難しいと考えている。

（和歌山地決平23・９・26判タ1372号92頁）

事例12

①　X_2は、清掃員をしていたが怪我による入院後、働けなくなり、生活保護（生活扶助、住宅扶助及び医療扶助）を受給していた。

②　しかし、生活保護受給中、年金担保貸付けを受ける、家賃を滞納する、金銭の借入れやその返済を行うなどをしたことが発覚し、自治体からの指導や指示の後、生活保護が廃止された。

③　X_2は、生活費に困窮し、Y_2に対し、再度生活保護申請をしたが、同申請は却下された。

④　X_2は、早期に再度の生活保護受給が得られなくては生活していけない状況に追い込まれている。

（第１審：那覇地決平21・12・22判タ1324号87頁／控訴審：福岡高決平22・３・19判タ1324号84頁）

事例13

①　X_3（在日朝鮮人の音楽舞踊家により創立され、民族舞踊等の公演を行っている団体の本件公演の実行委員会の代表者）は、自治体Y_3のホールにおいて公演を行うために、自治体Y_3が設置した自治法244条所定の公の施設である本件ホールの指定管理者であるY_3'（国又は公共団体に所属しない行政庁）に対し、本件ホールの使用許可申請を行った。

②　Y_3'は、本件ホールの使用を許可し本件公演が行われると右翼団体による抗議活動によって本件ホール及びその周辺が混乱すると判断し、自治体Y_3ホール条例に規定されている「ホールの管理上支障があるとき」に当たるとして使用不許可処分を行った。公演予定日は迫っている。

（岡山地決平19・10・15判時1994号26頁）

事例14

①　X_4の長女（本決定当時５歳４か月。以下「Ａ」という）は、喉頭軟化症等のため気管切開手術を受けた後、カニューレ（喉に開けた穴に常時装着して気管への空気の通り道を確保する器具）を装着しており、心身に障害のある就学前の児童を対象にした施設に通園していた。

②　X_4は、自治体Y_4が設置運営する普通保育園へのＡの入所申込みをしたが、Y_4（処分行政庁）は、二度にわたって不承諾処分をした。

③　X_4としては、Ａは、たん等の吸引が適切に行われれば普通保育園に通園することができるにもかかわらず、現に保育園に行けないという状態が続いていることについて、幼児期のＡの心身の発達において重大な不利益が生じていると考えている。

（東京地決平18・１・25判時1931号10頁）

1　上記事例の分析～共通項～

自治体の現場にいるみなさんにとっては、上記事例又は類似事案に直面したことがある人は少なくないと思います。このような事例の共通項はどこにあるのでしょう。

まず、Ｘにとって不利益と考えられる処分（上記各事例の傍線部分）がなされています。そして、それらの処分を取り消したとしても、それだけでは必ずしも自己の求める利益を実現することができない点も共通といえます。つまり、処分を取り消すとともに、自治体行政に一定の作為を求める必要があります。

さらに、問題は、裁判所における判決が確定するまでの間は、原告の権利・利益は保護されない状態が継続するということです。仮の形でもよいので、早期に救済を求める必要性が高いという点で、上記事例には共通項があるといえるでしょう。

この点、従前は上記のような事例に対し、Xとしては、基本的には処分の取消しの訴えという手段しか正面から規定された救済制度はありませんでした。

そこで、国民の救済範囲拡大の見地から、平成16年の行訴法改正において、上記のような事例へのより直截的な司法的救済制度が創設されました。平成16年行訴法改正の概要については、「第１部　行政法制度概略解説編／Ⅲ　行政事件訴訟」（p25〜27）を参照してください。

2　改正の趣旨を事例とともに確認しよう

1　義務付けの訴えを抗告訴訟に新設した趣旨（行訴法３条６項２号・申請型）

これまで、取消訴訟を中心とする従前の抗告訴訟類型のみでは、例えば、社会保障給付（事例11や事例12）、福祉施設への入所（事例14）などの申請を拒否された場合には、適切な救済が得られない場合がありました。

確かに、例えば年金等の申請を拒否された場合には、申請拒否処分の取消しを求める取消訴訟を提起することができ（行訴法３条２項）、取消訴訟で勝訴すれば、判決の効力として申請の拒否処分は取り消されます。

しかし、年金等の給付を受けるためには、申請を認める処分がなされることが必要であり、そのためには、拒否処分を取り消す判決だけでは足りず、改めて申請に対する行政庁の判断を待たなければなりません。

さらに、その場合、取消訴訟の判決で違法とされた拒否理由とは別の拒否理由に基づいて、再び拒否処分がされる可能性もあります（行訴法33条２項参照）。

また、申請に対して処分がされていない場合には不作為の違法確認の訴えを提起することはできます（行訴法３条５項）。しかし、不作為の違法確認の訴えの判決の効力では、行政庁が処分又は裁決をしないことが違法であるということが確認されるだけであり、申請を認める処分をすべきことが判決で確定するわけではありません。

そこで、抗告訴訟の新たな訴訟類型として、一定の要件の下で、行政庁が特定の処分（裁決）をすべき旨を命ずることを求める訴訟による救済方法が平成

16年行訴法改正において定められました。ここで挙げた事例とともに確認すると、平成16年改正の趣旨・意義がより理解できるのではないでしょうか。

２　仮の義務付け制度新設の趣旨

上記事例の分析で述べたように、まず、原告としては、取消しの訴え及び義務付けの訴えを提起することになりますが、それだけでは、緊急な対応が必要な事案への解決アプローチとしては不十分です。なぜなら、行政処分の効力、執行、手続は、取消しの訴え及び義務付けの訴えを提起することのみでは停止しないからです（執行不停止の原則。行訴法25条１項）。

そこで、判決が確定するまでの原告の権利利益を暫定的にでも保護するための仮の救済の制度が設計されたのです。

この点、従前から取消訴訟・無効等確認訴訟においては執行停止制度が設けられていました（行訴法25条２項・29条・38条３項）が、拒否処分について執行停止は認められず、仮の救済がなし得ない状態でした。

すなわち、詳述しますと、拒否処分について取消判決があれば、判決の拘束力が働き行政庁は判決の趣旨に従った措置をとることになります（行訴法33条２項）。しかし、執行停止の決定には行訴法33条２項の準用がないため（行訴法33条４項参照）、拒否処分について裁判所が執行停止の決定をしても行政庁は何かしらの措置をとることが義務付けられてはいないので、裁判所としては拒否処分についての執行停止の決定をしたとしても意味がなく、結局執行停止の申立ての利益がないということになります。

そこで、平成16年行訴法改正においては、国民の権利・利益を実効的に確保するため、前述のように義務付けの訴えの制度を設けるとともに、本案前の仮の救済制度として、本案判決を待っていたのでは生活の維持ができない等、償うことのできない損害を避けるため緊急の必要があるような場合に、その損害を事前に防ぐための制度設計として、仮の義務付けの制度が新設されました。

3　まとめ

上記事例におけるXらがとる手段としては、第一に、処分の取消しを求める（行訴法3条2項・8条以下）とともに、第二に、一定の処分の義務付けを求める本案の訴えを併合提起し（行訴法3条6項2号・37条の3）、さらに第三として仮の義務付けを求める申立て（行訴法37条の5）をすることになりましょう。

3「償うことのできない損害を避けるため緊急の必要」の要件について

では、Xら（原告・申立人）が、仮の義務付けの申立てを行う場合には、具体的にはどのような主張をする必要があるでしょうか。

仮の義務付け制度の要件を確認したうえで、申立人及び相手方双方の視点から具体的主張について検討してみましょう。

1　仮の義務付けの申立て制度について（行訴法3条6項・37条の5）

仮の義務付け制度は、①義務付けの訴え（行訴法3条6項）の提起があった場合に、②「その義務付けの訴えに係る処分……がされないことにより生ずる償うことのできない損害を避けるため緊急の必要があり」（必要性要件）、かつ、③「本案について理由があるとみえるとき」（本案要件）であって（行訴法37条の5第1項）、④「公共の福祉に重大な影響を及ぼすおそれ」がないとき（行訴法37条の5第3項）に、裁判所が行政庁に対して仮に処分をすべき旨を命じるものです。

2「償うことのできない損害を避けるため緊急の必要」の要件について

(1)　解釈基準

この点、この要件の文理からは、事後的な損害賠償が可能な場合はすべて含まれないとも理解できそうです。しかし、そもそも仮の義務付けの制度が、処分等がなされるのを待っている間に生じてしまう国民の不利益を回避するために設けられたとの趣旨からすれば、この文言をそのように限定的に理解すべきではないでしょう。

他方で、仮の義務付けは、本案判決と同じ結果を一応認めてしまうという重大な効力を有するので、それに見合う必要性を要求すべきということも考えなくてはいけません。すなわち、執行停止の場合の「重大な損害」よりも限定的に解すべきことになります。

このような両趣旨の調整の観点から解釈されることになります。

では裁判所は、この要件についてはどのように解釈するのでしょうか。

具体的には、概ね、①本案判決を待つ間に生じてしまう損害が事後的に完全に回復することが難しい場合や、②その時点で極めて甚大な被害が生じるような場合、③社会通念に照らして金銭賠償のみによることが著しく不相当である場合等であり、そのような損害の発生が切迫しており、社会通念上、これを避けなければならない緊急の必要性が存在するような場合であると解釈しています。

この解釈は極めて限定的で、実際に認められる場合はほとんどないのではないかと思われるかもしれません。研究者からは解釈が厳格にすぎるとの批判もあるところです。

しかし、裁判例としては、生活や事業活動の基盤に深刻な影響を及ぼすおそれがあるかどうかなど個々の事案に応じ様々な事情を考慮したうえで、この要件該当性を肯定する例が出てきています。

(2)　申立人及び相手方の攻防と裁判所の判断

実際の紛争事例において、この要件に関して、双方の事実主張を（多少わかりやすくアレンジしつつ）検討してみましょう。

(i)　重度訪問介護の支給量につき申請量は認めず減額支給決定をした 事例11 の場合

「介護者には常時介護サービスが必要な状態であるとの事実認定及び公的給付のほかは親族やボランティア的ヘルパーで補っている」との事実認定を前提にした場合、申立人は、親族の年齢や健康状態からはこの現状を継続することが困難であること、ボランティア的なヘルパー派遣を事実上依頼しているがこれも継続が困難であること等の主張をします。

これに対し相手方は、現実に親族や他の介護サービスで補えているとの事実主張をします。

結論として裁判所は、申立人の妻の年齢や健康状態等を考慮して、一日○○時間分の公的給付（職業付添人による介護サービス）がなければ、申立人の生命、身体等に対する重大な危険が発生する蓋然性が高い、すなわち、○○時間の公的給付を与えないことによる申立人の被る損害は、金銭賠償のみによって甘受させることが社会通念上著しく不合理な程度に達しており、かつ、そのような損害の発生が切迫しており、社会通念上これを避けなければならない緊急の必要性が存在すると認めています。

(ii)　公の施設の使用申請（公演）に対する不許可処分事例である事例13の場合

申立人は、①他の適当な会場がないことから予定する本件公演を開催できず、これによって生じる申立人の集会の自由（憲法21条1項）の侵害、②ホール使用目的を達成できない精神的損害、③すでに行った準備が無に帰すことにより生じる財産的損害等を主張します。

相手方は、不許可処分をしてから他の会場を探す時間的余裕はあること、現実に申立人が本件不許可処分後に本件公演の準備をしているなどの事実主張をします。

結論として裁判所は、上記損害（3点）を考慮し、特に集会の自由の侵害及び精神的損害について、賠償額算定の困難性、慰謝料額が低額である蓋然性の指摘、人権侵害に対する金銭賠償による損害回復が妥当であるかの疑問、こうした指摘をしたうえで、これらの損害は金銭賠償のみによって甘受させることが社会通念上著しく不相当と評価できるとして、「償うことのできない損害」に当たるとしています。また、申立人が本件不許可処分後に本件公演の準備をしているとの点については、本案訴訟が本件公演予定日のおよそ1か月前の時点で第1回口頭弁論も開かれていない等の状況から、本件公演までに本案訴訟の判決が確定することはあり得ないとして、償うことのできない損害を避けるため「緊急の必要」があるとしています。

(iii)　保育園への入所申込み不承諾事例である事例14の場合

「申込み児童の年齢は当時5歳4か月であり、現在肢体不自由児通園施設（療育時間は原則1日4時間30分程度）に通っている」との事実認定を前提にした場合、申立人は、幼児期に保育園で保育を受けることの重要性を主張するとともに児童の年齢が5歳に達している現在、本案訴訟の判決の確定を待っていては、児童が保育園に入園して保育を受ける機会を喪失する可能性が高いことを主張します。

相手方は、現に他の施設に通園できているので損害はないとの事実主張をします。

結論として裁判所は、子どもにとって、幼児期においてどのような環境において生活を送るかは重要な事柄であり、児童が保育園に入園して保育を受ける機会を喪失するという損害は、その性質上、原状回復ないし金銭賠償によるてん補が不能な損害であるというべきであり、また、親権者は、子どもを監護及び教育する権利を有し、義務を負っているから、同損害は、申立人の損害でもあるということができるとしています。

さらに、児童は、現に保育園に入園することができない状況に置かれているのであるから（肢体不自由児通園施設と保育園は同視できないとしています）、損害の発生が切迫しており、社会通念上、これを避けなければならない緊急の必要性も肯定することができるとしています。

4 「本案について理由があるとみえるとき」の要件について

1　要件の比較〜執行停止との違い〜

この点、まず、同じく仮の救済を認める制度である執行停止において、同様の要件が定められているので、比較して説明しておきます。

執行停止の場合は、「本案について理由がないとみえるときは、することができない。」（行訴法25条4項）と消極的な要件とされているのに対し、仮の義務付けにおける「本案について理由があるとみえるとき」との要件は、「行政庁が処分をすべき旨を命ずることができる」と積極的な要件とされており、規定ぶりが異なります。

このことは、訴訟法的には仮の義務付けの場合は、申立人側に疎明責任があるという意味で、執行停止の場合よりも実質的には申立人側により厳しい要件を課していることになります。

いずれも暫定的な仮の救済制度ですが、仮の義務付けの場合は本案が認められるのと同一の結果を一応認めてしまうという点で、より強力な効果を付与する制度となっており、そのための要件をより厳格にしたとの説明ができましょう。

2　本案要件の具体的意味内容

では、「本案について理由があるとみえるとき」という要件は、どの程度厳格に判断されるのでしょうか。

一般論としては、本案で勝訴させる程度の要件と同じ程度までの厳格な審理が必要とされているわけではないとされます。

義務付けの訴えの本案要件（行訴法37条の2第5項・37条の3第5項）が「行政庁がその処分をすべきであることがその処分の根拠となる法令の規定から明らかであると認められ又は行政庁がその処分をしないことがその裁量権の範囲を超え若しくはその濫用となると認められるとき」と定められていることからすれば、この本案要件に該当すると主張する事実が、法律上、義務付けの判決をする理由となる事情に該当すると一応認められ、かつ、その主張事実が一応認められることをいうと解釈されます。

簡単に言い換えますと、本案について理由があると一応認められる場合であることが必要であり、かつ、それで足りるということになります。

3　事例における本案要件の判断

実際の紛争事例において、この要件に関する部分について裁判例を挙げて解説をしておきます。

(1)　重度訪問介護の支給量につき申請は認めず減額支給決定をした事例11の場合

「介護者には常時介護サービスが必要な状態であるとの事実認定及び公的給付のほかは親族やボランティア的ヘルパーで補っている」との事実認定を前提にした場合（和歌山地決平23・9・26判タ1372号92頁）、処分行政庁に与えられた裁量権を逸脱濫用した違法な処分であるか否かについては、処分行政庁がなした申立人の健康状態及びその妻の介護状態の評価に対し、裁判所は、処分行政庁が妻の介護を過度に評価し、一方では申立人及びその妻の心身の状況等の考慮すべき要素を十分に考慮していないことが社会通念に照らし著しく妥当性を欠いたものというべきであること、また、さらに申立人の希望する支給量、障害程度区分、申立人の身体状況等、申立人の介護の状況等、介護保険法による介護給付等に鑑みれば、処分行政庁が申立人申請の介護給付費支給決定をしないことは裁量権の逸脱濫用に当たり、本案要件を充足するとしています。

(2)　生活保護の廃止及び再度の申請を却下した事例12の場合

この事案においては、生活保護法4条1項資産活用の要件の解釈（及びその具体化としての厚生労働省社会・援護局保護課長通知「生活保護行政を適正に運営するための手引について」）による判断がなされています*1。

---

*1　手引中の基準は、生活保護法4条1項の具体化基準であるべきですが、同法2条や24条1項と同手引（基準）との整合性についての疑義や議論もあるところです。詳細は、ここでは割愛します。

＜参考＞　もちろん項目のみで判断すべきではなく、個別具体の事実関係によることは注意が必要ですが、参考として、平成16年の行訴法改正により仮の義務付け制度が新設された後、これを認容した事例として本設例参照事例で挙げたほかにも、いくつか挙げておきます。

〔認容事例〕　身体障害のある児童等について一般の保育園等への入園の承諾等を仮に義務付

具体的には、①急迫状況にあるか（申立人が必要な生活費、家賃及び医療費等に著しく不足する困窮状態にあったと認められる等の事実）、②生活保護受給前に年金担保貸付を利用したことについて社会通念上真にやむを得ない状況にあったかどうか（本件廃止処分から約２か月が経過した頃に本件年金担保貸付の申込みをしていること等からすれば、申立人が本件年金担保貸付を受けたのは生活費や家賃等に困窮したためと優に推認できるのであり、本件廃止処分後にされた再度の生活保護申請も却下され、生活保護が開始される目処が立っていなかったこと等の事実）が検討され、処分行政庁が本件却下処分をしたことには、裁量権の逸脱があったものと一応認められるとしました。

(3)　公の施設の使用申請（公演）に対する不許可処分をした事例13の場合

具体的には、本件条例所定の「ホールの管理上支障があるとき」に該当するか否かの判断によります。

相手方（自治体側）は、申立人の計画する本件公演によって混乱が生じるとしましたが、裁判所は、想定される混乱は申立人の計画する公演によって生じ

けた事例（徳島地決平17・６・７判例自治270号48頁）、特別支援学校・養護学校に就学させる旨の学校指定通知を仮に義務付けた等の事例（第１審：大阪地決平19・８・10賃金と社会保障1451号38頁／控訴審：大阪高決平20・３・28裁判所ＨＰ・平19（行ス）25号、大阪地決平20・７・18判例自治316号37頁）、就学すべき中学校の指定を仮に義務付けた事例（奈良地決平21・６・26判例自治328号21頁）、タクシー運賃認可を仮に義務付けた事例（名古屋地決平22・11・８判タ1358号94頁、福岡高決平22・７・20裁判所ＨＰ・平22（行ス）６号）、と畜場法14条に規定する「獣畜のとさつ又は解体の検査」の仮の義務付けを認めた事例（東京地決平24・10・23判時2184号23頁）等があります。

〔否定事例〕　また、否定された事例としては、住民登録の仮の義務付けの申立てを却下した事例（大阪地決平19・８・10裁判所ＨＰ・平19（行ク）47号）、仮滞在許可（入管法61条の２の４第１項）の仮の義務付けの申立てを却下した事例（東京地決平18・10・20裁判所ＨＰ・平18（行ク）257号）、在留特別許可（入管法50条１項）の仮の義務付けの申立てを却下した事例（名古屋地決平19・９・28裁判所ＨＰ・平19（行ク）19号）、市議会の解散請求の手続の仮の義務付けの申立てを却下した事例（名古屋地決平22・11・19判タ1363号83頁）、特別支援学校に就学させるべき旨の指定通知をなすべきとの仮の義務付けの申立てを却下した事例（大阪高決平20・３・27判例自治320号18頁）等が存します。

本設例事例についてもそうですが、一度個別の事実に当たっておきましょう。

るものではなく、申立人が本件公演を平穏に行おうとするのにこれに反対する者によって引き起こされるものであること、本件不許可処分により申立人の集会の自由、表現の自由が不当に制限されるおそれのあることを指摘し、最判平８・３・15民集50巻３号549頁〔上尾市福祉会館使用不許可国家賠償事件〕で示された規範に沿って、「ホールの管理上支障があるとき」といえるのは警察の適切な警備等によってもなお混乱を防止することができない等の特別な事情が客観的な事実に照らして具体的に明らかに予測される場合であるとし、本件ホールの所在するビルの構造（本件ホールが開放度の高い複合施設の中にあること）及び本決定時点で予想し得る反対派右翼団体の抗議活動の程度を検討し、警察の適切な警備等によって混乱を防止することができると判断し、「ホールの管理上支障があるとき」に本件は当たらないのであるから、本件不許可処分は違法であり、本件申立ては「本案について理由があるとみえるとき」に当たると判断しました。

⑷　保育園への入所申込みを不承諾とした事例14の場合

「申込み児童の年齢は当時５歳４か月（A）であり、現在肢体不自由児通園施設（療育時間は原則１日４時間30分程度）に通っている」との事実認定を前提にした場合について考えます。

本件が「本案について理由があるとみえるとき」（行訴法37条の５第１項）に該当するかは、すなわち、処分行政庁がAの普通保育園への入園を承諾しなかったことが、児童福祉法24条１項ただし書（平成20年法律第85号改正前）にいう「やむを得ない事由」の有無の判断において裁量権の逸脱又は濫用があるものとして違法であり、相手方に対してこの承諾を義務付けるべきであるといえるか否かによります。

この点、本決定は、Aは、たん等の吸引と誤えんの点について格別の配慮を要するが、吸引措置に伴う危険性の程度や、当該保育園には看護師の配置があること、Aが本件各不処分当時４歳半になっていたこと、当初は身体障害者手帳１級であったが成長に伴い精神・身体面で順調な改善があったこと等に照らすと、Aは、本件各不承諾処分の当時には、既に普通保育園に通う児童と、身体的、精神的状態及び発達の点で同視することができるものであって、普通保育園での保育が可能であると認めるべきであるとしました。それゆえ、処分行政庁が「やむを得ない事由」があると判断したことは、裁量の範囲を超え又はその濫用となるものというべきであると判断し、「本案について理由があるとみえるとき」という要件がみたされると判断しました。

5　裁判を契機とした行政実務の改善・反映について

これまで、申請拒否等をめぐる四つの紛争事例（福祉・公の施設）について、事例比較しながら要件とあてはめについて詳細に検討してきました。

これらの事例は、従前、いわゆる行政の第一判断権の尊重という理屈で尊重されてきた行政の広い裁量判断に対し、司法が行政判断に踏み込むという点で住民の権利・利益の向上の観点からの制度変更を行ったものといえましょう。

しかし、この改正によって義務付けの制度や仮の義務付けの制度ができたからといって、毎日の生活がかかっている中で、裁判を起こしてまで権利を獲得することがどれだけ大変なことか、行政側としては、申請する住民に思いを馳せる必要がありましょう。

いま一度、住民側の申出を断る場合に、形式的に要件をみたしていないというだけでなく、一歩踏み込んでそもそも本当に断る理由に正当性があるのか、その実質的理由について法律・憲法といった上位法に遡り、十分組織で検討しておく必要がありましょう。この四つの事例の検討が示唆を与えるものと思います。

Ⅺ　個人の幸福追求権をめぐる憲法上の人権に係る紛争

本書は、書籍のタイトルとして「自治体職員のための」と掲げていますが、それは自治体職員の法務能力向上が住民の権利・利益を向上させることにつながるからです。

みなさんは、実務最前線の紛争の中で進むべき方向性に逡巡する場合が多々あると思います。その場合にどの道を歩むことが究極的に住民の権利・利益の向上につながるのか、原理・原則に立ち戻って考えてみること、そしてその原理・原則に立ち戻る訓練を行うこと、そのための題材として、本書では、判例・裁判例をもとに検討してきました。

ここでいう原理・原則とは、法の支配の原理、法律による行政の原理、信義則、権利濫用禁止の原則、比例原則、平等原則、透明性の原則、説明責任の原則、といった憲法・行政法の一般原理・原則だけでなく、私たちが仕事をしていくうえでの拠り所や指針となるものを含めて広く考えています。

そうした私たちの仕事の拠り所や指針を示してくれている箇所が判決文にはあります。その箇所に注意を向けて判決文を読んでみる、又はその個所を抜き出してメモしておくなどしてみると、仕事に活かすことができます。

ここではそのような箇所を少し紹介してみましょう。

事例15

①本決定当時５歳４か月のＡ（申立人はＡの保護者）は、喉頭軟化症等のため気管切開手術を受けた後、カニューレ（喉に開けた穴に常時装着して気管への空気の通り道を確保する器具）を装着しており、心身に障害のある就学前の児童を対象にした施設に通園していた。

②申立人は、相手方である市が設置運営する普通保育園へのＡの入園申込み

をしたが、処分行政庁である市福祉事務所長は、二度にわたって不承諾処分をした。

（東京地決平18・1・25判時1931号10頁）

1　保育園の役割の重要性

前に取り上げた仮の義務付け申立事件（東京地決平18・1・25判時1931号10頁）の決定文を再度みてみましょう。

この決定の中で、裁判所は、次のように判示しています。

「保育園に入園して保育を受ける機会を喪失する」ことについて、「子供にとって、幼児期は、その健康かつ安全な生活のために必要な習慣を身につけたり、自主的、自律的な精神をはぐくんだり、集団生活を経験することによって社会生活をしていく上での素養を身につけたりするなどの重要な時期であるということができるから、子供にとって、幼児期においてどのような環境においてどのような生活を送るかはその子供の心身の成長、発達のために重要な事柄である。したがって」自治体がＡの保育園入園を許可する処分をしないことで、Ａが「保育を受ける機会を喪失するという損害は、その性質上、原状回復ないし金銭賠償による填補が不能な損害であるというべきである。」と述べています[*1]。

この点、保育園は義務教育でなく任意であるのだから入園の可否については広い裁量が行政側にあるとの見解が主張されることがあります。また親の保育に欠ける児童を福祉的観点から入園させる施設であり教育機関である幼稚園と差別化したうえで必ずしも児童の育ちにとって不可欠の機関とは言い難いとの見解が主張されることがあります（いずれも十分な反論ができますが、ここでは割

＊1　決定は、「そして、親権者は、子供を監護及び教育する権利を有し、義務を負っている（民法820条）。したがって、幼児期において子供をどのような環境においてどのような生活を送らせるかは、親権者の権利、義務にも影響するところであるから、上記損害は、申立人の損害でもあるということができる。」と続きます。

愛します)。

しかし、この決定では、保育園で生活できないことがその子にとって原状回復ないし金銭賠償によるてん補が不能な損害すなわち償うことのできない損害となるとの認定をしており、裁判所が、子どもの発達段階を踏まえた保育園の役割・重要性についての言及をしています。

筆者は、研修でこの決定を紹介することがありますが、保育士及び保育に関わる職員らから、「自分たちの仕事が裁判所でも認めてもらえていることに元気が出た」「日常の保育でちょっとした迷いが出たときの指針となります」などの感想をよくもらいます。

子どもにとって保育園での生活が重要であることは、保育士にとっては教科書的に当たり前のこととして習ったものであり、かつ、職員経験として実感していることです。しかし、そのことが判決に書かれ、それを読むことで、自らの仕事の基本に立ち戻ることができるようです。

同様のことは保育に限りません。自らの業務に関連のある判決文を読んでみると業務遂行上の拠り所や指針が見つかることと思います。

事例16

①福井県の住民らが人格権（ないし環境権）に基づき、関西電力株式会社に対し、安全性の保証なく大飯原発三、四号機（福井県おおい町）を再稼働させたとして、関西電力に運転差止めを求めた。

②現在定期検査中の二基を「運転してはならない」と命じ、再稼働を認めない判決を言い渡した。

（福井地判平26・5・21判時2228号72頁〔大飯原発三、四号機運転差止請求事件判決〕）

2　個々人の究極の権利・利益

また、近時の裁判例として、大飯原発三、四号機運転差止請求事件判決（福井地判平26・5・21判時2228号72頁）があります。

この判決の中で、裁判所は「はじめに」として次のように述べています。

「ひとたび深刻な事故が起これば多くの人の生命、身体やその生活基盤に重大な被害を及ぼす事業に関わる組織には、その被害の大きさ、程度に応じた安全性と高度の信頼性が求められて然るべきである。このことは、当然の社会的要請であるとともに、生存を基礎とする人格権が公法、私法を問わず、すべての法分野において、最高の価値を持つとされている以上、本件訴訟においてもよって立つべき解釈上の指針である。

個人の生命、身体、精神及び生活に関する利益は、各人の人格に本質的なものであって、その総体が人格権であるということができる。人格権は憲法上の権利であり（13条・25条）、また人の生命を基礎とするものであるがゆえに、我が国の法制下においてはこれを超える価値を他に見出すことはできない。したがって、この人格権とりわけ生命を守り生活を維持するという人格権の根幹部分に対する具体的侵害のおそれがあるときは、……人格権そのものに基づいて侵害行為の差止めを請求できることになる。人格権は各個人に由来するものであるが、その侵害形態が多数人の人格権を同時に侵害する性質を有するとき、その差止めの要請が強く働くのは理の当然である。」

自治体は、「住民の福祉の増進を図ることを基本」（自治法１条の２）としており、私たちは、この目的実現のために日々仕事をしています。この目的の中核にあるものを突き詰めて考えれば、個々人の幸福追求権（憲法13条）にたどりつきます。

その意味でこの判決は、私たちが仕事をしていくうえでの根本的な拠り所・指針を与えてくれるものといえましょう。

事例17

①　同性愛者の団体が公共施設であるＹ自治体の青年の家の利用申込みを行った。
②　自治体の教育委員会は同性愛者の団体の利用申込みを不承認とした。
③　利用申込者は処分が違法であるとして損害賠償請求を行った。
④　裁判所は処分が違法であるとして、損害賠償請求を一部認容した。
（東京高裁判平９・９・16判タ986号206頁）

3　公務員として職務上通常尽くすべき注意義務

この判決文には、次のようなフレーズがあります。抜粋します。

「平成２年当時は、一般国民も行政当局も、同性愛ないし同性愛者については無関心であて、正確な知識もなかったものと考えられる。しかし、一般国民はともかくとして、都教育員会を含む行政当局としては、その職務を行うについて、少数者である同性愛者をも視野に入れた、肌理の細やかな配慮が必要であり、同性愛者の権利、利益を十分に擁護することが要請されているものというべきであって、無関心であったり、知識がないということは公権力の行使に当たる者として許されないことである。このことは、現在ではもちろん、平成二年当時においても同様である」と述べ、「都教育員会にも、その職務を行うにつき過失があったというべきである」と結論付けています。

みなさんは、この判決文をどのように受け止めますか。判決文から血の通った温かみを感じませんか。

これまで、国賠事案において違法・過失の有無が問われるときの判断基準として、公務員として「職務上通常尽くすべき注意義務」について学んできました。

私たちの社会には、偏見や差別は厳として存在しています。それにより、安全・安心な暮らしを脅かされ、日々安全・安心とは程遠いところで生活している人たちがいます。そのような人々が身の回りにいることに思いを馳せ、公務員として偏見や差別をなくしていく責任を痛感する判決ではないでしょうか。

一人ひとりが安全・安心に生きていける社会とはどういう社会なのか、憲法で保障する一人ひとりの幸福追求権を具体的にはどのようにしたら実現できるのか、その職責を担うみなさんの責任は重いものがあります。しかし、このことは現状を改善してよりよい社会を担っていく楽しみもあるということなのではないでしょうか。

4　裁判を契機とした行政実務の改善・反映について

ここでは、あくまで例示として、決定文や判決文を取り上げてみました。

様々な判決等をみてみると、前述のように私たちが仕事をしていくうえでの原理・原則（拠り所や指針を含む）を提示してくれる箇所・フレーズがたくさんあります。

裁判では、原告（申立人）・被告（相手方）双方がそれぞれ主張・立証を行います。裁判所としては判決を下すに当たり、原理・原則に立ち戻り、その原理・原則を示し、条文解釈や条文の趣旨の説明を行い、そのうえで事案へのあてはめを行います。

その意味で、前述のように原理・原則が結論を導く根拠として示されるのです。こうした観点で判決をみてみると新たな読み方ができるし、発見があると思います。全部を読むことが難しければ、是非そのような箇所だけでも探して読んでみましょう。

Ⅻ　DV・児童虐待対応のケースワークと個人情報をめぐる紛争

これまで、住民の権利・利益の向上、原理原則からの思考を強調してきました。このことはいくら強調しても強調しすぎることはありません。

しかし、現場で仕事をしていると、難しい場面に日々遭遇します。

多様な利害関係が絡み合う現実の社会においては、住民の権利・利益同士が衝突する場面や原理・原則同士の相克場面に遭遇し、一義的な結論を導き出すことが難しい場面が少なくありません。

ここでは、制度状況を概観しながらDV・児童虐待をめぐる事案について考えてみましょう。

事例18

親子３人世帯（父Ａ・母Ｂ・子Ｃ）で、ＡからＢへの暴力等が断続的になされており、Ｂが、自治体窓口に相談に来た。

1　統計データ

まず、関連する統計データを押さえておきましょう。配偶者からの暴力等の相談件数は年々増加しています。令和３年１月12日内閣府男女共同参画局「配偶者暴力相談支援センターにおける相談件数等（令和元年度分）」によれば、配偶者暴力相談支援センターにおける相談件数は、令和元年度には119,276件に上り、警察における配偶者からの暴力事案等の相談等件数は、令和元年82,207件となっています。また、「男女間における暴力に関する調査報告書」（平成30年３月内閣府男女共同参画局[＊1]）によれば、配偶者からの被害経験という観点か

＊1　http://www.gender.go.jp/policy/no_violence/e-vaw/chousa/h29_boryoku_cyousa.html

らは、女性の約３人に１人、男性の約５人に１人は配偶者から被害を受けたことがあり、女性の約７人に１人は何度も受けています。そして、被害を受けたことのある人の約９人に１人、そのうち女性の約７人に１人は命の危険を感じた経験を有しています。交際相手からの被害経験という観点からは、交際相手と同居経験がある女性の約５人に１人、男性の約９人に１人は被害を受けたことがあり、被害を受けた女性の約５人に１人、男性の約８人に１人は命の危険を感じた経験を有しています。

果たして、みなさんは、こうしたデータを知っていましたか。

こうした現状に対して、自治体はどのように向き合っているのでしょうか。

2　婦人相談員制度等

これまでは、売春防止法（昭和31年法律第118号）を根拠として、自治体では主に婦人相談員（35条）を配置しての相談対応等を行ってきました[＊2]が（都道府県では婦人相談所が必置（34条））、配偶者からの暴力の防止及び被害者の保護等に関する法律（平成13年法律第31号）の制定により、配偶者からの暴力を防止するとともに被害者の自立を支援することを含めてその適切な保護を図る責務が自治体に課されており、現在自治体の新たな対応体制[＊3]を含めた積極的な支援と介入が望まれるようになっています。

本事案において、妻・母Ｂからの相談が、自治体の婦人相談員が配属されている女性相談担当に持ち込まれれば、逃げる方法の摸索や離婚を含めた法律制度・手続の説明や精神的経済的支援等を含めた相談に応じるとともに、他機関との連携や母子保護のための病院や警察その他様々な窓口などへの同行などの

＊２　自治体によって様々であり、婦人相談員は生活保護等を担当する福祉セクションに置かれ、それとは別に男女平等（共同）担当や女性担当等のセクションを設け、男女平等（共同）の施策遂行とともに女性に関する相談等を受ける窓口を設ける所が多いようです。

＊３　現在配偶者暴力相談支援センターの機能設置が進められています（配偶者からの暴力の防止及び被害者の保護等に関する法律３条１項・２項）。

支援をしていくことになります。

3　児童相談所や子ども家庭総合支援拠点制度

1　連携すべき自治体の機関

もう一つこの事例に関わる自治体の窓口があります。主に都道府県の児童相談所や市区町村の子ども担当部署（児童福祉法10条の２に定める子ども家庭総合支援拠点。名称としては子ども家庭支援センターなど）です。

「全て児童は、児童の権利に関する条例の精神にのつとり、適切に養育されること、その生活を保障されること、愛され、保護されること、その心身の健やかな成長及び発達並びにその自立が図られることその他の福祉を等しく保障される権利を有する」との理念を明確化した児童福祉法（昭和22年法律第164号）[＊4]では、都道府県に児童相談所の設置を義務付け（12条）るとともに、基礎自治体の責務・業務についても定めています。そして、通常市区町村では子ども担当部署（子ども家庭支援センターなど）を設置し、児童に係る総合相談を受けるとともに、地域での見守りや児童の一時保護に向けての関係機関の調整、一時保護解除後の地域での支え等を行っています（多くの場合同法25条の２が規定する要保護児童対策地域協議会の調整機関ともなっています）。さらに児童福祉法に加えて、児童虐待の防止等に関する法律（平成12年法律第82号）も制定されており、「法は家庭に入らず」の法格言は修正され、児童を心身ともに健やかに育成する責任を果たすように（児童福祉法２条３項参照）、積極的に自治体が支援・介入していくことが求められています。

本事例においては、妻・母Ｂが、婦人相談部署のみで相談をしたとしても、子Ｃがいるので、相談を受けた担当員は子ども担当部署と連携して対応する必要があります。

＊４　平成28年に児童福祉法等の一部を改正する法律により、第１条が改正され、児童の権利について明確化する文言が入れられました。10条の２に市区町村子ども家庭総合支援拠点の整備が定められました。

なぜならば、妻が夫から暴力を受けている状況というのは、子どもからすれば虐待環境下に置かれているということになるからです。説明を加えます。

2　子どもの安全・安心を守るための視点

まず、児童虐待防止法には児童虐待の4類型が定められています。本事案との関係で当てはめるのであれば、同法2条4号には、「児童に対する著しい暴言又は著しく拒絶的な対応、児童が同居する家庭における配偶者に対する暴力(配偶者（婚姻の届出をしていないが、事実上婚姻関係と同様の事情にある者を含む。）の身体に対する不法な攻撃であって生命又は身体に危害を及ぼすもの及びこれに準ずる心身に有害な影響を及ぼす言動をいう。）その他の児童に著しい心理的外傷を与える言動を行うこと。」と定められています。この同法2条4号に該当します。すなわち、配偶者間の暴力環境下に置かれること、配偶者間の暴力行為を目撃することが児童からみれば「心理的虐待」に該当するのです。

相談をしてきた女性・妻をどう守るかという視点とはまた別の視点として、その児童をどう救い、そして支えていくのかという視点が必要となります。この子どもの安全・安心を守り抜くのが、児童相談所及び市区町村の子ども担当部署の職員にとっての最優先事項であるとともに、常に立ち返る原理・原則からの思考ということになります。

本事例において、この自治体の子ども家庭支援センター[＊5]などは、児童福祉法が定める要保護児童対策地域協議会の調整機関ともなっており、子どもの安全・安心の観点から、上記婦人相談員と一緒になって連携して、この家庭にかかわることになります。具体的には、子ども及び母親を支えるべく、心理、医療、経済、法律、情報等、様々な知見を組み合わせて支えていくことが求められます。ここで、対応の選択肢の一つとして、子どもの一時保護も視野に入れることになるでしょう。この「子どもの一時保護」という対応について、次項で検討します。

＊5　主に東京都内の子どもと親の総合相談を担う機関（児童虐待対応を含む）として設置され、この名称が使われています。

4　制度を踏まえた行政実務のあり方

上記では、連携という言葉を使いました。連携という言葉はよく使われますが、個別具体の連携は必ずしもスムーズにできるものばかりではありません。

例えば、理念面において、女性相談と子ども相談とでは、住民の権利・利益の向上という抽象的理念は共通するものの、その職務（所掌）遂行上の具体の原理・原則行動指針等が異なり、時に抵触し合い、難しい調整が必要となる場面が少なからず生じるのです。

個別事案によって異なりますが、例えば、女性相談を受けた婦人相談員が妻・母Ｂの精神的安定を重視し、母子一体の保護の方針を主張・決定するのに対し、子ども相談担当としては、妻・母Ｂが夫・父Ａからの暴力の被害者であるとしても、その状態下で児童Ｃが生活していることは児童の発達において好ましくない（子どもの安全・安心を守れない母親であったり、母親のネグレクト状態だったりなど）と判断し、夫・父Ａから妻・母Ｂを分離するだけでなく、妻・母Ｂと児童Ｃを分離する方針を主張・決定するなど、両機関の原理・原則、行動指針等が大きくぶつかり合う場面はどの自治体でも少なからずみられることなのです。子ども相談部門では、いうなれば当初から子どもを中心とした行動指針により親との対峙が求められる所掌事務を負っているといえるのです。

もちろん、どちらかのみが正しく、又は優先されるべきという問題ではないですし、100の家庭があれば100の皆違ったファクターを考慮せざるを得ません。実際には両機関の原理・原則からの見立てを主張しつつも調整をして、例えば、時系列的に初期は女性相談担当がメインで当事者にかかわり、相当期間後に子ども相談担当が介入するなどの時期的な調整をします。また、支える対象を母親には婦人相談員（場合によっては婦人相談所）が、子どもには子ども家庭支援センター（場合によって児童相談所）が、という形で、担当を分けて同時に連携して動いたりします。こうして、様々な方策を考え議論し、当事者に向き合うことになります（一時保護は様々な支援の中の一つの選択肢でしかありませんし、それは文字どおり「一時」的な解決、出発点でしかありません）。

筆者も日々この緊張感の中で他機関との調整をしながら、判断・決定し、動く、また状況が変われば方針を変更し、再度新たな判断・決定をし、動くとの行政実務を繰り返してきました。

みなさんの日常業務も同じだと思います。より根源的な原理・原則に遡って考えること、しかしそれだけでは解決せず、具体の原理・原則がぶつかり合うことも珍しいことではないことを念頭に置き、その場合に原理・原則同士の関係、現実の目の前の具体の場面での適用範囲について再度考え直し、修正する必要が生じます。その場合に必要な視点は、常に、目の前の具体の住民であり、主人公である当事者がより安全に・安心して生活できるように、主人公のための短期・長期の見立て・設計図を持つことであり、具体的支援等を含めての様々な角度からの議論・調整を行っていくことが必要となりましょう。

5 上記の延長・派生としての個人情報開示制度等への対応

多くの自治体の相談部門においては、その相談記録の情報開示・個人情報開示が求められる場面が多々あるかと思います。上記のように、組織・職務上、所掌上の原理・原則、行動指針が異なってくれば、同じ自治体内の組織であっても、相談記録のとり方を含めた個人情報の捉え方など、仮に同じ相談者からの相談ではあっても向き合い方や情報の聴取等について異なった取扱い[*6]が

＊6 離婚に向けて夫婦の子に対する親権争いを有利に進めるために父・母双方が自らの言い分を記録していると思われる自治体の相談記録内容の情報開示を請求する例が多々あります。一概にいえませんが、婦人相談員は母側のみの相談を受けてその記録を作成しており母側からの個人情報開示請求には応じる傾向にあるようです。一方、子ども家庭支援センターは、子どもの権利擁護を主眼とした聞取り・見立て・評価をしていること、必ずしも親側に立っておらず、親からの相談を受けても子どもの視点から親との分離を考える場面は少なくないこと、さらにその後も地域で親との関係を保ちつつ見守りを続けるという機関であること、こうした組織・職務上の原理・原則等を考慮するならば、子どもの相談記録を開示することによりその後の職務遂行が困難になるなど失われる利益は大きく、婦人相談員の記録とは異なった開示の取扱いが肯定されてよいものと考えられます。

なされることがあります。

この点、福祉相談・ケースワーク実務をよく知らない法務担当などがアドバイスすることでかえって相談・ケースワーク業務が混乱をきたすことがあると聞きます。例えば情報公開や個人情報開示対策として、記録は常に簡潔に短く客観的情報のみにすべきであるというアドバイス・教示がなされるようです。

しかし、相談・ケースワーク部門は個人で仕事をしているわけではありません。またその記録をつけておしまいではなく、その記録をもとにカンファレンスなどを行っていく場合に、その時の相談者の様子や雰囲気、やりとりしていての感じ方、感覚（匂いなども含む）なども踏まえて、幅広く、かつ、詳細に（その人の主観的なものも含めて）記録にとどめておくことが、そのチーム内での情報共有や後の方針決定のためには有益です。相談記録を客観的に、短く、そしてすべて開示すべきというお達しがきた場合には、現場としての声を法務担当に伝え、調整することが必要となりましょう（児童虐待担当部署においては、相談者である親の利害と子どもの利害が対立している場面がむしろ日常であり、記録開示の方針の形式的徹底は業務に支障が生じかねません）。

むろん、情報開示や個人情報開示制度は、いうまでもなく国民主権・知る権利そして個人の情報コントロール権の観点から最優先されるべきものです。原理・原則がぶつかり合った場合には、いま一度自らの所掌業務の進め方について、より上位からの思考とその具体的あてはめについてよく考えてみてください。そして、チームでよく話し合って調整点を見つけてみてください。

XIII　水泳事故をめぐる二つの紛争事例

これまでも多くの事故があり、その度に国・自治体から注意喚起の通知が出され、また基準改定や対策のマニュアル等（例えば小中学校での通常の体育授業における飛込み禁止など[*1]）が作成されておりますが、「人柱行政」と揶揄される状況は必ずしも改善されているとは言い難いように思われます。

プール自体のハード面での欠陥が原因と考えられる事故もあれば、教員の監視や指導等のソフト面での不十分さが原因と考えられる事故もあります。

では、このような事故については、どの法文のどの文言が根拠とされ争われるのでしょうか。ここでは、年齢・事故形態等が異なる二つの事例を挙げてみます。

事例19

①　公立小学校に在籍の１年生Ａ（身長113.5㎝。泳ぐ能力は、プールの流れに乗って動いたり、足の届く場所で息を止めて水中に沈んだりすることはできたが、水に浮かんで息継ぎをしたり、泳法に従って泳いだりすることはできないという程度）は、夏休み中に学校内のプール学習に参加。

②　当日は低学年児童対象の午後１時から午後２時までの午後の部のプール学習[*2]に参加。準備体操、鬼ごっこの後、自由遊泳の時間（午後１時40分頃から）となった。

＊１　東京都教育委員会は2016年11月24日に、都立の高校や中等教育学校などを対象として、学校の水泳の授業でプールへの飛込み指導を原則禁じる方針を決めています。都立墨田工業高校で７月、飛び込んだ男子生徒が首を骨折する重傷を負ったことを受けての措置であり、2017年度からとなります（体育の授業や校内大会では水中からのスタートとし、文化祭でシンクロナイズド・スイミングを披露するなどの場合も飛込みや回転などは禁止する。一方、水泳部の活動では、顧問の教員や外部指導員らが安全確保を指導する条件で飛込みを認める）。

③　当初担当教員の1人は、当該児童Aを持ち上げたり、水につけたりして、一緒に遊んでいたが、その後他の児童らと追いかけっこをしている間に、当該児童Aが溺れているのを発見（午後1時45分頃溺れ、翌5時18分頃死亡）。

事例20

①　公立高校に在籍の一年生B[*3]（身長179cm、体重92kg）は、6月28日の水泳の授業中にスタート台から逆飛込みスタート[*4]をした際、プールの底に頭部を衝突させ、頸椎粉砕骨折、頸髄損傷の傷害を負い、同年7月9日死亡。

②　ふざけたり、助走して飛び込むなどということはなく、スタート台に両足を乗せて両手を足下で構え、手本通りの踏切りをしたが、通常よりやや高く飛び上がり、頭を下向きにし、深く潜り込むような姿勢でスタート台前方2mないし5mの地点に入水したもの。

1　原告の立場で考えてみよう

上記のような事案において、みなさんが原告（被害者）側に立つ場合、何を根拠にどのような訴えを提起しますか。

まず、国賠法2条1項の規定があります。再度挙げておきます。

＊2　69名参加し、1年生25人、2年生19人、3年生22人、育成学級児童3人。担当教員3名体制。通常は、最深部で約90cm・最浅部で約60cmの水深となるよう水が入れられていますが、本件事故当時はそれよりも水嵩があり、本件プールは、最深部で約110cm・最浅部でも約78cmの水深がありました。

＊3　小学校1年生から2年生までの1年2か月の間、スイミングスクールで週1回のレッスンを受けた経験があり、スイミング終了時の技量は顔を水につけたまま単独で10m泳げる程度でした。

＊4　両手先を伸ばし、体ごと斜めに水に入る動作の飛込みをいいます。

同条項は、「道路、河川その他の公の営造物の設置又は管理に瑕疵があつたために他人に損害を生じたときは、国又は公共団体は、これを賠償する責に任ずる。」と定めています。「第1部　行政法制度概略解説編／Ⅳ　国家賠償請求」(p43) で解説しましたが、もう一度基本的知識の確認をしておきましょう。

1　国賠法2条の論点概略

(1)「公の営造物」とは、国又は公共団体が公用又は公共の用に供している有体物をいいます。

本事案においては、自治体設置のプールは公の営造物といえます。

(2)「設置又は管理の瑕疵」とは、民法717条に定める設置・保存の瑕疵と同義であり、営造物が通常有すべき安全性を欠いていることをいいます[*5]。そして、瑕疵の存否・判断基準は、「当該営造物の構造、用法、場所的環境及び利用状況等諸般の事情を総合考慮して具体的個別的に判断すべきものである」とされます[*6]。

本事案では、自治体設置のプールに瑕疵があったといえるのか、上記基準の解釈とあてはめが争われることになります。

2　国賠法1条との関係

国賠法1条との関係はどう考えるべきでしょうか。「第1部　行政法制度概略解説編／Ⅳ　国家賠償請求」(p37) で説明しましたが、この二つの事例の場合にも、例えば水深の問題であったり、飛込み台その他プール自体の欠陥のほかに教員の注意義務違反があるような場合には、国賠法2条のほかに同1条の責任を追及することも可能と考えるべきでしょう。

1条該当性を主張するか、2条該当性を主張するかは原告の選択に委ねられます。1条であれば、公務員の違法又は過失の内容としての注意義務違反が賠償請求権の成立要件となり、2条であれば、営造物の設置管理の瑕疵の内容と

＊5　最判昭45・8・20民集24巻9号1268頁〔高知落石事件〕参照。

＊6　最判昭53・7・4民集32巻5号809頁、判時904号52頁参照。

しての損害可能性の存在が賠償請求権の成立の要件となります。

③　学校に設置される施設等の「瑕疵」

では、そもそも、学校に設置される施設等の瑕疵については、どのように考えるべきでしょうか。

基本的に学校設置の施設は、児童・生徒にとって安全なものでなければならず、その安全性は、単に施設に物理的欠陥があるか否かのみならず、それを使用する児童・生徒の年齢、運動能力、判断能力、学校側の安全指導、場所的環境等をも総合して判断すべきものとされています[*7]。プールについても基本的には同様に考えられます。

2　事例ごとに考えてみよう

①　事例19～公立小学１年生プール授業中の溺死事例[*8]～

以上を前提に、事例19における被害者（原告）側・自治体（被告）側それぞれの主張についてみてみましょう。

⑴　国賠法２条～「瑕疵」の点を中心に～

(i)　原告の主張

原告側からの具体的主張は主に２点あります。一つは、水深の不適切さを瑕疵とする主張です。もう一つは、コースロープを設置していないことをもって瑕疵とする主張です。

具体的には、水深の不適切さについては、本件事故当時、本件プールの水深は、最も深い場所で110cm、最も浅い場所で78cmであり、低学年の体育の授業のときよりも全体的に約20cm深い状態になっており（この水深は、低学年の児童が、本件プールの授業で初めて体験する深さであり、最も深い場所は、泳げない被害児の身長と同程度の深さ）、低学年児童対象のプール学習の水深としては

＊７　伊藤進・織田博子『実務判例　解説学校事故』三省堂（1992年）589頁参照。

＊８　京都地判平26・３・11判時2231号84頁参照。

不適切であったとの主張です。

また、コースロープの不設置に関しては、夏季プール学習では、被害児を含む泳げない低学年児童が多数参加しており、本件プールの設置管理としては、泳げない児童が誤って深い場所に行かないよう、例えば境界水面にコースロープを張り渡すなどの危険防止措置を講じておくべきであったのであり、それにもかかわらず、本件プールには、泳げない児童が深い場所に行くことを防止するための危険防止措置が何ら講じられていなかったのであり、通常有すべき安全性が欠如していたとの主張です。

これらの点をもって、本件プールは、小学校低学年の児童を遊泳させる施設として通常有すべき安全性を欠く状態であったから、その管理に瑕疵があったというべきであり、本件プールの管理者である被告自治体は、国賠法２条１項に基づき、本件事故によって生じた損害を賠償する責任を負うとの主張がされています。

(ii)　被告の主張

これに対し、被告側は、簡単にいえば、本件事故当時の本件プールの水深についても、また危険防止措置を講じなかったことについても、課題があることは認めつつも本件プールの管理に瑕疵があったとまではいえないと反論しています。

(iii)　裁判所の立場

かかる主張に対して裁判所は、通常は、低学年児童のプール学習の際は、すべての児童がプールに立って顔を水面から出せる程度の深さである水深最深部は、約90㎝（最浅部約60㎝）とされており、本件プール学習時の最大水深は、大半の小学１年生にとって、プールの半分以上が肩より深いという110㎝であり（最小水深は78㎝）、一部（西側３分の１程度）の範囲を除き、小学１年生の大半の児童にとって呼吸のしづらい状況にあったと認定しています。

しかし、このようなプールで小学１年生の水泳指導を行うことそれ自体が違法であるというのは、行きすぎであり、通常有すべき安全性を欠いているとまでは認めていません。

裁判所の論理を丁寧に追ってみると、確かに、プールに物理的欠陥があるか否かのみならず、それを使用する児童・生徒の年齢、運動能力、学校側の対応等をも考慮して判断しているようではありますが、この状態での水泳指導はあるべき状態ではないが、安全性が欠如しているとまではいえないという総合判断をしています。

これは、瑕疵の判断としてはプール本体の客観的物理的側面を重視した判断であるといえましょう。

なお判旨は、あるべき状態についても述べており、その部分を押さえておくと、「踏み台を敷き詰めて一部のコースを浅くし、その範囲をコースロープで区切って児童が外に出ないよう注意喚起をすれば、低学年児童に対しても安全な水泳指導が可能となるのであって」と述べています。

⑵　国賠法１条の点～裁判所の判断～

裁判所は、上記のとおり国賠法２条の「瑕疵」は認めませんでしたが、国賠法１条の教師の行為（不作為）の問題（「過失によつて違法に他人に損害を加えたとき」の要件）として捉えています。

すなわち、（上記通常有すべき安全性の有無の基準と重複する面がありますが）教師が工夫してコースロープを区切りに用いたり、常時１人の教員が境界標識代わりにプールに立って区切りから出る児童を見張るなどし、かつ、小学１年生にとっても危険ではなかった西側３分の１の範囲から出ないよう小学１年生に周知徹底すればよかったと指摘しています。

さらに、自由遊泳となると、小学１年生から３年生まで69名の児童が入り乱れて本件プールのあらゆる場所に足を踏み入れることになるから、上記のような区分措置をとる必要性が高まり、それにもかかわらず、本件プール学習の自由遊泳の際に、小学１年生の遊泳範囲を限定する措置がとられることなく、69名の児童が本件プール全域に入り乱れる状況の下、自由遊泳が開始されたこと、最深部水深が110㎝の状況で、上記のような区分措置もとらないまま、69名の児童を自由遊泳させるというのであれば、ここで最も重要となるのは、教師（担当３教員が配置されていた）全員が、それぞれ異なる角度から本件プール全体を見渡せる位置をとり、すべての児童の動静に満遍なく気を配り、動きに異変のある児童を見落とすことがないよう監視することが、注意義務の内容として要求されていたとされています（低学年児童が立っても顔を水面から出せないプールは、児童の生命に及ぼす危険度が高いから、要求される監視義務も相応に厳しいものになる）。

そのほかにも、教師の注意義務違反該当事実として、担当３教員は、巨大なビート板を16枚も本件プールに浮かべているが、このようなビート板は、下部に潜り込む児童を監視者の視野から隠すもので、非常に危険であり、このような監視が困難な状況を自ら作出したこと、また、担当３教員のうち、２名は本件プールに入って特定の児童と遊んでおり、１名は水道につないだホースでプールサイドを掃除したり、本件プール内の児童に水をかけており、３名とも本件プール内の動静監視をしていないこと、以上担当３教員の上記のような監視状況は、油断にみちたものであったと述べています。

本件では、担当３教員の監視義務の懈怠は明らかであり、もし、巨大なビート板で監視困難な状況を作出せず、かつ、担当３教員の３名ともが本件プール内の動静注視を怠っていなければ、本件事故が発生することはなかったものと認められるとして、被告自治体の国賠法１条に基づく賠償責任を肯定しています。

2　事例20～公立高校１年生プール授業中の飛込死亡事例[＊9]～

続いて、事例20における被害者（原告）側・自治体（被告）側それぞれの主張について参考にまとめてみます。

(1)　国賠法２条～「瑕疵」の点を中心に～

(i)　原告の主張

原告側は、高校生を対象とし、スタート台からの逆飛込みを通常の使用方

＊9　東京地判平15・7・30判時1834号44頁参照。

法として予定した学校プールは、少なくとも1.6m程度の水深を必要とし、1.2mないし1.3mという水深では、通常有すべき安全性を備えているとはいえず、本件プール*10の設置に瑕疵があると主張しています。

具体的根拠としては、まず、①財団法人日本水泳連盟のプール公認規則、②財団法人日本体育施設協会・学校プール調査研究委員会「建設・管理・指導・事故対策－学校水泳プールのすべて」、③文部省「水泳プールの建設と管理の手引き」等を挙げています。そのうえで、確かに形式的には、「水泳プールの建設と管理の手引き」において定める基準や日本水泳連盟の定めた基準をみたしてはいるが、調査研究委員会が提言した基準には水深が不足しており、設置自体に瑕疵があるというべきであること、また、近時の高校生は身体の発育が著しいことからすれば（被害生徒のように身長が180㎝、体重が100㎏近い体格を有する生徒の存在を当然に想定すべき）、本件プールは、高校生の体格の向上やスタート台から逆飛込みをしたときの到達深度が飛び込む者の体格・技量・泳法により異なることを考慮した（ミスが生じても水底に衝突させることのない）構造・環境となっておらず、設置に瑕疵があるというべきであると主張しています（さらに本件プールの管理の瑕疵として本件プールの減水による危険性の増加を指摘）。

(ii)　被告の主張

これに対し被告側は、基本的には上記必要な基準はみたしており、瑕疵はないと主張しています。

(iii)　裁判所の立場

裁判所としては、本件プールは、事故当時のプール公認規則（平成13年年改定前のもの）の定める水深は、小中学校用プール以外で１m以上かつ端壁

＊10　本件プールの満水時の水深は、南端（スタート台側）で1.2m、南端壁から３mの地点で約1.27m、４mの地点で約1.3m、５mの地点で約1.32m、中央最深部で1.5m、北端（ターン側）で1.2mである。本件プールに設置されたスタート台の満水時水面からの高さは35㎝（南端壁のデッキ部分の高さ15㎝とスタート台の高さ20㎝（スタート台は着脱式のもので上面が前方に傾斜しており、ここでの高さは、スタート台の前部における高さである）との合計）である。

前方５ｍまでの水深が1.2m未満であるときはスタート台を設置してはならないとの基準、「学校水泳プールのすべて」で示された水深は高校・大学用で1.2mないし1.7m程度とし、スタート台を取り付ける場合には、スタート台の水面からの高さが水深の３分の１以上にならないようにすべきであるとのガイドラインをいずれもみたすものであったと認定しています。

原告側が1.6mの水深は必要であるとの主張に対しては、飛び込んだ際の到達水深がどの程度に及ぶかは、飛び上がる高さ、飛込方法、飛び込む者の体格・技量、飛び込んだ状況（指導者による指導・監督がなされている状況であるか否か、使用したプールの水深）等に大きく左右されるものと考えられることに照らすと、そのような断定はできないとしました。

また、飛込事故を防止するという観点からは水深は深ければ深いほど安全ということになるが、一方、溺死事故を防止するという観点からは水深は浅ければ浅いほど安全といえ、水泳技術の未熟な生徒をも対象とし、技能に相当幅のある者を同時に指導することが予定されている学校用プールでは、飛込事故の防止という観点とともに溺死事故の防止という観点からも安全な水深が検討されなければならないことからすると、飛込事故の防止を、プールの構造だけで図るというのは現実的ではなく、その防止は安全な指導がされることと併せて図られるべきものであると述べ、国賠法２条の瑕疵の存在は否定しました。

(2)　国賠法１条の点～裁判所の判断～

しかし、裁判所は、本件担当教師には、安全な飛込方法を説明し、段階的に指導して事故の発生を防止し、生ずるおそれのある危険から生徒を保護すべき義務に違反した注意義務違反としての過失があるとして、自治体の国賠法１条１項に基づく責任を認めています。

具体的には、まず、学校の水泳授業において逆飛込みスタートを取り上げるについて、担当教師には、生徒らに対し、逆飛込みには深く水に入ってプール底に頭部を衝突させ、場合によっては頸椎・頸髄損傷をきたす危険性があることを事前に十分説明し、安全な飛込方法を説明するとともに、上記のような危険性のある動作を具体的に説明して禁止し、安全な飛込方法を各生徒の能力に応じて段階的に指導して事故の発生を防止し、生ずるおそれのある危険から生徒を保護すべき義務があると述べています。

そのうえで、本件授業の担当教師は、本件事故発生当時、本件プールは無人の状態において満水時より水位が約４㎝ないし５㎝下がっていたのであり(推認)、満水時より飛込みによるプール底への頭部の衝突の危険性が増していたにもかかわらず、生徒らに対し、走り飛込みや宙返りなどの危険な飛込みをしないこと、飛込みを行う際は、前後の安全に十分に配慮し、前の生徒がスタートしたら必ず５ｍ以上の間隔を空けることとの注意を与えたのみで、逆飛込みには、深く水に入ってプール底に頭部を衝突させ、頸椎・頸髄損傷をきたす危険性があることについては何ら説明せず（なお、当該高校１年男子の体育科授業計画では、飛込みスタートの危険性や各生徒の能力に応じた段階的指導は２学期に行うこととされていた)、また、飛込方法についても、生徒らを集めて、飛込みの手本であるとして、初級者向け、中級者向け、上級者向けの３通りの飛込方法を自ら飛び込んで示し、各自の能力に応じてこの中のどの形で飛び込んでもよい、飛込みのできない生徒は自分の能力に応じてスタートすればよいと指示するのみで、深く水に入りすぎる危険性のある動作を具体的に説明して禁止するなどの措置はとらず、かえって、上級者向けのスタート方法として、入水角度が大きく深く水に入りすぎる危険性の高いパイクスタートに近い飛込方法を示していたのであるから、当該担当教師には、上記保護義務を怠った過失があるといわざるを得ないと認定しています。

そして、本件事故は、担当教師の上記過失により、被害生徒が逆飛込みの危険性や深く水に入りすぎる危険性のある動作を回避することを十分認識しないまま逆飛込みスタートをしたため、パイクスタートに近い飛込方法をする結果となり発生したものと認められるとし、国賠法１条による責任を肯定しています。

3 裁判を契機とした行政実務の改善・反映について

以上、事例19及び事例20を検討してみると、国賠法２条の適用場面・判断対象事実と同１条の適用場面・判断対象事実が実際はかなり重なり合っていることがわかると思います。

論理的には、国賠法２条の瑕疵は、物理的瑕疵のみを客観的に判断し、義務違反的側面は同１条の行為者の注意義務違反とすることが同２条と同１条の適用関係を明確にできます。現にこの上記２事例の裁判所の判断についてはそのようにも説明評価できるのですが、必ずしも判例の主流はそのような判断はしておらず、国賠法２条においても義務違反的要素を加味して判断しています[*11]。

実務上は、行為者の行為責任をとえる場合には国賠法２条の瑕疵概念（判断）を広げなくても同１条の問題として責任を問い、逆に同１条による行為（者）の責任追及が難しい場合には同２条の瑕疵概念（判断）を実質的に広げることで（義務違反的要素をも一つの要素として通常有すべき安全性の欠如の判断に組み込み総合判断する形で）被害者救済を図り、妥当な結論に導いているようにも思えます[*12]。

水泳事故等においては、被害者救済及び損害のてん補の観点から、結論としては自治体が責任を負うことが妥当であると考えられているように思います。ハード面のチェックに加え、いかに事故を防ぐための人的体制をとっているか、事前教育をしているかなどのソフト面での注意が重要となってきます。

＊11 なお、論理的には無過失責任であることと回避可能性判断を行うことは矛盾しませんが、実際は、無過失責任であるにもかかわらず回避可能性判断を行うことは、証拠の評価等において過失の有無を問題としているのではないかとの疑問もあるところです。

＊12 もちろん損害の公平な分担という観点からの過失相殺の検討はされます。

XIV　公園の標識倒壊による人身事故をめぐる紛争

国賠法２条の設置又は管理の瑕疵に関する事例について、さらにもう一つ検討してみましょう。単純化すると次のような事例となります。

事例21

① 住民Ｘは自治体Y_1が設置管理する公園に子どもを連れて散歩に来た。
② 公園では小学生乙らが遊んでいた。
③ 小学生乙が公園の標識に手をかけたところ標識が倒れ、その付近でしゃがんでいたＸの後頭部に傷害を負わせた。
（東京地判平20・７・11判時2037号66頁[*1]）

１　事案の詳細を確認しよう

検討の前提となるので、はじめに本件事案の詳細を説明しておきます。

本件は、特定年月日（月曜日）の午後５時ごろに、被告自治体Ｙが設置・管理する公園（面積787㎡）内で起きた事故を原因とする訴訟事案です。

原告Ｘは、公園利用者です。被告は、公園の設置・管理者である自治体並びに公園を利用していた当時12歳10か月の小学校６年生Z_1及びZ_1の保護者（Z_2・Z_3、公園利用はしていない）の計４名です。

事故当日、原告は、同公園に子どもとともに遊びに来ていました。そして午後５時ごろ、子どもの手を洗うために水飲み場付近でしゃがんでいました。

＊１　鈴木秀洋「地方公共団体が設置管理する公園において小学生が公園内の標識に手をかけたところ標識が倒れ、その場にいた利用者の後頭部に障害を負わせた場合の地方公共団体の国家賠償法上の責任を認めた判決」『自治研究』89巻10号 第一法規（2013年）99～112頁

そのころ、同公園で同級生と遊んでいた被告Z_1が、水飲み場にいた原告の背後に立ち、「とびだすな‼　Ｙ」と書かれた標識（以下「本件標識[＊2]」という）に手をかけたところ、足場が固定されておらず不安定であった本件標識が倒れ、原告の後頭部及び背部に当たったという事案です。

この点、被告自治体Ｙの職員は、事故当日の午前中に、本件標識が手をかけるとすぐに傾くような不安定な状態にあることを確認し、本件標識を寝かせておいたと主張しました。それにもかかわらず、本件事故の時間帯には、本件標識は元の場所に立てられていたということから、数時間のうちに何者かが元の位置に戻したものと推認されました。

また、被告自治体Ｙの職員は、本件標識が不安定な状態にあることを認識し、本件事故当日の午後には補修を行う予定で準備をしていたところ、他の現場の補修を優先せざるを得ず、本件標識の補修が後回しになった旨を主張しました。

なお、本件事故の翌日には、本件標識は動かないようにチェーンで掲示板に固定して、本件標識が抜かれた穴については穴埋めも行っています。

2　原告の立場で考えてみよう

みなさんが原告の立場であれば、誰に対し、どのような主張をしますか。

実際の事案では、原告Ｘは、本件事故は、被告Z_1が不安定な状態にあった標識を倒し、これが原告Ｘの後頭部及び背部に当たったことから頸部捻挫、背部挫傷、外傷後ストレス障害（ＰＴＳＤ）の傷害を負ったとして、被告Ｙに対しては国賠法２条１項に基づき、また被告Z_1に対しては民法709条に基づき、被告Z_2及びZ_3に対しては民法709条（被告Z_1に責任能力が認められない場合には民法714条）に基づき、それぞれ原告Ｘが被った損害及び事故発生日から支払

＊2　地中に埋められるコンクリート部分を含めて全体で、長さは220cm、重量は約31.1kgであり、標識が書かれている板部分はプラスチック製で約2.0kg、柱部分は重量約7.4kg、コンクリート部分は重量約21.7kgでした。

済みまで民法所定の年５分の割合による遅延損害金の支払を求めました。

3　被告自治体の立場で考えてみよう

上記請求に対し、みなさんが被告自治体の立場であれば、どのような主張をするでしょうか。

被告自治体としては、事故当日の午前中に、本件標識が手をかけるとすぐに傾くような不安定な状態にあることを確認し、本件標識を寝かせておいたのであり、その後数時間のうちに何者かが元の位置に戻したと考えられるようなことにまで責任を負う謂れはないこと、すなわち公園の標識の設置管理に瑕疵はないと主張することになりましょう。

実際の訴訟においても、被告自治体は、事故当日の「午後１時30分頃に被告Ｙの職員らが確認した時には本件標識は別の場所で寝かせられた状態であったにもかかわらず、午後５時頃には、標識は元立っていた位置に立てられていた」のであり、わずか３時間ほどの間に事故原因事実が作出されていることを指摘しています。

この主張は、従前の代表的な判例、例えば最判昭50・７・25民集29巻６号1136頁（いわゆる87時間放置事故判決。「道路の安全性を著しく欠如する状態であった」として道路管理の瑕疵を認めた事案）及び最判昭50・６・26民集29巻６号851頁（いわゆる赤色灯標柱事故判決。事故発生の直前に先行他車によって惹起されたものであり、その直後で道路管理者がこれを原状に復し、道路の安全保持することが不可能であったとして道路管理の瑕疵を否定した事案）の射程を意識した主張といえます。

また、本件標識が一度別の場所で寝かせられた状態にされたにもかかわらず、元に立っていた位置に再び立てられたことについては、その事故原因事実は被告Ｙが「講じた危険回避措置が第三者の手によって覆されるという、異常ともいうべき介在事情を経て発生したもの」との主張をしています。この主張は、異常な介在事情が生じたこと、回避可能性の不存在の抗弁の主張といえます。

4　裁判所の立場で考えてみよう

それでは、実際に裁判所はどのような判断をしたのでしょうか。

本件について裁判所は、請求一部認容判決を行っています。その内訳は、原告の被告自治体Ｙに対する請求は288万4624円の限度で認容、その余の請求は棄却されました。訴訟費用の10分の３を被告Ｙが負担し、その余は原告の負担というものです。

請求一部認容の具体的内容について、みていきましょう。

1　設置又は管理の瑕疵の有無

まず、設置又は管理の瑕疵の有無について、「本件標識の管理に瑕疵があったというべき」であり、被告自治体Ｙは、本件事故によって原告に生じた損害について、国賠法２条１項に基づく賠償責任を負うとされました。実際の判決文を読んでみましょう。抜粋します。

「国家賠償法２条１項の規定する営造物の設置又は管理の瑕疵とは、営造物が通常有すべき安全性を欠いていることをいうところ、公園や公道に設置されている標識は、通常、基礎部分が地中に埋められており、よほど強い力がかからない限り傾くことはないのに対し、前記一㈠アに認定のとおり、本件標識は基礎部分が埋められておらず、手をかけるとすぐに傾くような不安定な状態であったのであるから、標識が通常有すべき安全性を欠いている状態であったということができる。

ところで、本件事故当日の午前中に、被告Ｙの職員は、本件標識が手をかけるとすぐに傾くような不安定な状態にあることを確認し、本件標識を寝かせておいたにもかかわらず、本件事故当時には、本件標識は元の場所に立てられていたというのであるから、数時間のうちに何者かが元の位置に戻したものと推認することができる。そこで、管理者の営造物管理に瑕疵がなかったか否かを検討すると、被告Ｙは、本件標識が不安定な状態にあることを認識し、本件事故当日の午後には補修を行う予定で準備をしていたところ、他の現場の補修を優先したことから、本件標識の補修が後回しになったというのであり、また、本件事故の翌日には本件標識を動かないようにチェーンで掲示板に固定して、本件標識が抜かれた穴については穴埋めも行っているのであるから、他の現場の補修を優先するとしても、このような応急の措置により利用者に危険が及ばないようにすることが可能であったと認められる。そうすると、営造物の安全性に欠如があることを認識した後、時間的に管理者において遅滞なく一定の措置を講じて営造物を安全良好な状態に保つことが不可能であったとはいえないから、本件標識の管理に瑕疵があったというべきであり、被告Ｙは、本件事故により原告に生じた損害について国家賠償法２条１項に基づく賠償責任を負うというべきである。」

２　民法709条に基づく被告Ｚらの責任

なお、民法709条に基づく被告Ｚらの責任については、不法行為の責任を負うということはできないとされました。

まず、被告Z_1（小学６年生）の過失（民法709条）については、「被告Z_1が、平成15年３月25日午後５時ころ同公園で同級生と遊んでおり、本件標識に手をかけたところ、本件標識が倒れて原告の後頭部及び背部に衝突したこと」について、「公園に設置された通常の標識が手を触れただけで傾いたり倒れたりすることはなく、被告Z_1において本件標識に手をかけただけで当該標識が倒れることを予見することが可能であったとは認められない。したがって、被告Z_1の行為に故意又は過失は認められず、被告Z_1が不法行為の責任を負うということはできない」と述べ、原告の主張事実（本件標識を揺らして遊んでいた）については、「原告は被告Z_1が本件標識を揺らして遊んでいたと主張するが、これを認めるに足りる証拠はない」としています。

次に、被告Z_2及びZ_3（被告Z_1の保護者）の責任については、「被告Z_2及びZ_3においても、被告Z_1が本件標識に手をかけただけで当該標識が倒れることを予見することが可能であったとは認められないから、被告Z_2及びZ_3の行為に故意又は過失は認められず、同被告らが民法709条に基づく不法行為の責任を負うということはできない。仮に、被告Z_1が責任無能力者に該当するとしても、被告Z_2及びZ_3において本件事故を予見することが可能であったとは認められないから、同被告らの監督に過失がなかったというべきであり、同被告らが民法714条に基づく不法行為の責任を負うということもできない」と述べています。

5　判決の分析・検討

ここでは、設置又は管理の瑕疵に係る規範と具体的あてはめについて分析・検討してみましょう。

1　設置又は管理の瑕疵に係る規範について

この点、判示は「国家賠償法２条１項の規定する営造物の設置又は管理の瑕疵とは、営造物が通常有すべき安全性を欠いていることをいう」とし、瑕疵の有無（通常有すべき安全性の有無の判断手法・判断基準）についても「当該営造物の構造、用法、場所的環境及び利用状況等諸般の事情を総合考慮して具体的個別的に判断」すべきとの基準に沿った判断をしているといえましょう。

しかし、「公園や公道に設置されている標識」類型には、「通常、基礎部分が地中に埋められており、よほど強い力がかからない限り傾くことはない」状態をもって、通常有すべき安全性を備えているとの規範を定立しており、具体的あてはめも「本件標識は基礎部分が埋められておらず、手をかけるとすぐに傾くような不安定な状態であったのであるから、標識が通常有すべき安全性を欠いている状態であったということができる」としています。

2　本件法的規範部分の検討について

この公園の標識に関する規範部分は、いささか大括りすぎる判断といえるのではないでしょうか。

例えばこの点、道路については、「道路標識設置基準」（昭和53年３月22日、都街発第13号、道企発第14号）があり、順次改正されています＊3。

参考となる規定を紹介すると、例えば、「第４章　道路標識の設計、施工」の箇所に「４－２　材料」として、「⑴　標示板の基板及び支柱」については、「標示板の基板及び支柱に使用される材料については、強度、じん性、耐久性等の材質が確かなものでなければならない。また、厚さやそり等の形状・寸法等の品質が確かでなければならない」との定めがあります。

また「４－３　構造」については、「⑴　構造の原則」として、「道路標識の構造は、当該道路標識の構造形式及び付近の状況を勘案し、自重、風荷重その他の当該道路標識に作用する荷重及びこれらの荷重の組み合わせに対して、十分安全なものでなければならない」との定めがあり、「⑵　構造設計上の配慮事項」として、「標示板の基板を支柱等に取り付けるにあたっては、歩道の通行者等の第三者に対する人的被害のおそれ等、付近の状況を勘案し、必要に応じて道路標識の構造の設計において、取付け部の一部の損傷が原因となって基板が落下しないよう措置しなければならない」と定めたうえで、「⑶　耐久性の検討」として、「道路標識の部材設計にあたっては、腐食や疲労等の経年的な劣化を考慮しなければならない」としています。

「４－４　施工」については、道路標識の施工にあたっては、少なくとも①設計で定めた条件が満足されること、②付近の他構造物の使用性や安全性に影響を及ぼさないこと、③交通に影響しないこと、④付近の通行者等の安全が確保されること、以上４点を考慮しなければならない旨を定めています。

さらに、「第５章　道路標識の維持管理」において、「５－１　概説」として「道路標識は、設置後においてその効用が損なわれることがないよう維持管理を十分に行い、常に良好な状態に保たれるよう配慮しなければならない」としたうえで、「５－２　点検及び補修」について、「道路標識は、個々の標識が相互に有機的なつながりを持ち、一貫した道路交通上の指示を与えるものである

＊３　平成27年３月31日都市局長、道路局長より地方整備局長等に通知、平成27年４月１日からの設計に適用されている基準の内容を引用します。
http://www.mlit.go.jp/common/001085090.pdf

から、適宜巡回点検を行う必要がある。また台風等の災害の直後にも点検を行うことが望ましい。点検により異常を認めた場合は速やかに補修しなければならない。建築限界を侵している場合は特に速やかに補修しなければならない。」と定めています。

これに対して、公園標識の安全基準については同様の定めはありません。また、一概に標識といっても、例えば近づいていって文字等を確認するための標識と、遠目からでも一見して注意喚起すべき標識等、様々なものがあり、一律に標識の安全基準が立てられるものではないでしょう。

ただし、道路に比して基準が不明確なまま、様々な標識が立てられているのが現実であることに鑑みれば、個別具体的な判断基準を立てる必要がありましょう。立法的課題ともいえるのではないでしょうか。

上記のように分析・検討してみると、本件事案に対する判示としては、少なくとも「本件のような公園の標識に係る安全基準について、道路標識と同様に考える」というような、橋渡しの理屈を示す必要があるのではないかと思われます。自治体で基準を作っておく必要もありましょう。

③　本件具体的事実認定（あてはめ）部分について

次に、この判決があてはめの前提とする確定した事実関係について、分析・検討してみます。

判旨は、通常有すべき安全性を欠くとの判断に至る事実認定を「前記一㈠ア に認定のとおり」としていますが、この前記一㈠アの部分を詳しくみてみると、被告Ｙの事故経緯・報告書である被告乙号証二及び三を引用しており、そこには以下の①〜④の事実が挙げられています。要約引用しますと、

① 本件事故前日夕方（被告Ｙの公園連絡員が）に本件標識が傾いていることに気付いた（午後５時を過ぎていたため被告Ｙへは翌朝連絡）。その際基礎コンクリートの周りの土が掘られている形跡があった。

② 事故当日午前９時30分ころ、公園連絡員が被告自治体に標識が倒れているとの連絡をした。

③　事故当日午前10時ころ、被告Ｙ整備係職員が本件公園に向かう。

当該職員は、本件公園に到着後、本件標識が手をかけるとすぐに傾くような不安定な状態にあることを確認し、本件標識を道路側のフェンスと掲示板の間まで運んで寝かせ、穴にはカラーコーンを置いたうえ、整備係現場職員３名に対し、本件公園に来るように指示した。

④　事故当日午前10時30分ころ、被告Ｙ整備係現場職員らは本件公園に到着し、午後から補修を行う予定で午前中に材料手配等を行ったが、整備係長から、本件公園よりＦ公園の補修を優先するように指示を受けたことから、当日の補修をしなかった。

このような事実認定を前提としています。

事実を分析的にみれば、例えば、上記事実認定①は、土が掘られて不安定な状態にあったとの事実（認識せず放置していたこと）、次に、事実認定③は標識を抜いて別の場所に寝かせておいたという行為（作為）事実（この行為を不完全な暫定措置行為（作為）と評価すること）、さらに④の事実は③の状態で放置したことをもって、それぞれ「通常有すべき安全性を欠く」との結論を導きやすい事実といえます。

一方で、第三者の介在事情が推認されるとの認定や、③事実の不安定状態を解消するために標識を抜いて別の場所に運んだ行為は、通常有すべき安全性の回復等に寄与する行為といえるのではないかとも考えることができます。

それゆえ、上記①から④までを大括りにした事実認定は通常有すべき安全性のあてはめの評価として粗い印象を受けます。

また、上記判示の後段部分、すなわち、自治体側の抗弁に係る判示部分については、「そうすると、営造物の安全性に欠如があることを認識した後、時間的に管理者において遅滞なく一定の措置を講じて営造物を安全良好な状態に保つことが不可能であったとはいえないから、本件標識の管理に瑕疵があった」として、時間的制約に係る抗弁主張と、異常な介在事情・回避可能性の不存在の抗弁[*4]を、いずれも排斥しています。

その理屈は、判旨の論理を追う限り、第三者の存在を認めつつも応急措置はとれたであろうこと（学説によれば結果・損害回避可能性があるということ）を理由としています。

この点、その応急措置が可能かの判断としては、事故翌日に被告自治体Ｙが行った本件標識に対する対応を基準としています。すなわち、①本件標識を動かないようにチェーンで掲示板に固定し、かつ、②本件標識が抜かれた穴については穴埋めを行ったのであるから、同等のことを事前に行っていれば、本件事故は起きなかったといえ、不可避の事故とはいえないとする理屈です。

しかし、本件判決が後日の被告自治体Ｙの対処方法を基準として、そこから遡って行為時の通常有すべき安全性を確定する手法については疑問が残ります。

このような瑕疵認定は、裁判例においてよく行われる手法ですが、かかる手法を瑕疵認定の第一義的かつ重要なファクターとすることについては、再発防止のため事後的処置を迅速に、かつ最善の処置を行うほど、裁判においては瑕疵が認定されやすくなり、人的・財政的・時間的に無理を強い、結果として責任につながる怖れを生じさせるという問題点があります。

一方で、迅速な対応をせず放置するような場合等には、あるべき対応基準を設定し難く、瑕疵認定が簡単にはなされ得ないという、行政実務への好ましくない示唆を与える危険が生じ得ると思われます。

行政側の事後対応・対処方法を第一義的なファクターとしているかのような理屈付けではなく、あくまでも行為時に求められる客観的なあるべき行為規

＊4　これら被告自治体の主張は、宇賀克也『国家補償法』有斐閣（1997年）258頁において、「不可抗力といわれる問題も、予見可能性の欠如や結果可能性の欠如により瑕疵がないとして処理しうることとなると思われる」と整理される論点であり、また、阿部泰隆『行政法解釈学Ⅱ』有斐閣（2009年）528頁「人的な管理体制の不備、不可抗力との関連」という項目において、「不可抗力としても説明可能であるが、瑕疵はあるが時間的に不可抗力だというのではなく、安全性の欠如が設置管理作用の不完全によるとは言えないとか、損害の回避可能性がない（道路管理者の管理行為が及ばない）から瑕疵がないとも理解される」と整理されるものです。不可抗力を独自の意義を持つ法概念として理屈を組み立てるのではなく、もともと管理の範囲外と整理することもできるとの理論枠組みの提示といえます。

範・基準を示して、その行為規範・基準に照らして回避可能性があったかどうかに言及する判旨を組み立てるべきものと考えます。

6　裁判を契機とした行政実務の改善・反映について

これまで、実際の事案について、原告の立場・被告の立場・そして裁判所の立場で検討し、さらに詳細な判決分析・検討を判例・学説も踏まえて行ってきました。少し難しかったでしょうか。

この事案では、仮に、被告Ｚ１らが故意に本件標識を揺らして本件事故を起こしていたのであれば、被告自治体Ｙが責任を負う謂われはないし、いわゆる第三者による異常な介在事情のファクターこそが本件事故原因であると思えるかもしれません。

当該自治体の小学校の担任としては、このような事故の報告を受け、さらに当該自治体の教育委員会から依頼を受けるなどして、当該児童から事情聴取を行うことになるかもしれません。

しかし、その場合にはどのような事情聴取をどの程度行うのか、真相がわからないからこそ、当該児童の心理面のフォローも考えたうえで行わねばなりません。

その意味で、Ｚ１が当該自治体の小学校に通う児童であったこと（当該小学校のクラス担任とＺ１ら児童及び保護者との関係や、事件日翌日が小学校の卒業式であったこと）等の事情は、真相を徹底的に探求し確定すること又は瑕疵事実を積極的に争うことに対して、消極的なベクトルとして働きがちとなることは、教育的側面を重視した場合にはやむを得ないともいえるかもしれません。

では、本件事件当日の朝から夕方に至るまでに、被告自治体Ｙの公園担当職員は何をし得たのでしょうか。

行政内部の役割分担及び現実の工事手順からすれば、公園工事を現実に行うことができるのは一般職員ではなく、専門の現業職員等がコンクリート等資材置き場から材料を運んで行うのであり、被告自治体Ｙ職員が翌日に行ったチェーン等の措置は、現場に直ちに向かった事務職員がその場で行うのは不可能なことであり、別の専門的な現業職員等の確保と物資の手配が必要だとの主張もわからなくはありません。

それに加えて、当日の公園担当は他に緊急の工事の必要があったこと（各公園で花見の準備工事時期と重なっていた等）からすれば、3時間の内に本件事故現場に向うことは困難であると主張していました。

これらの事情からすれば、瑕疵が認められることは、不可能を強いる判断であるとの言い分もありましょう。

さらに、同時期に設置された同様の標識で、倒壊事故や傾き報告は過去一度もなかったということからすれば、この公園においては誰かのいたずらがあったとしか考えられない、ということも、言い分としてはあるでしょう。

しかし、このような行政内の理屈はあるにせよ、この判決から学ぶとするならば、①過去の公園・道路事故等の判例の射程を検討すると、瑕疵を否定する理屈にはなり難いということを理解し、日々安全点検を繰り返す、②不備を見つけて自らが対処できないときは、他部署の応援を頼むなりして事故を防ぐための優先順位をつけた対応する、ということになるのではないでしょうか。

筆者自身も行政に身を置いた人間として、釈然としない部分が残る気持ちもわからないではないですが、国家賠償法という制度は、被害者救済の観点から行政が責任を負う場合に比重を重くしている、そういう制度設計なのだと理解しておく、そして、対応していくことも大切です。

XV　政策法務と条例制定をめぐる紛争

事例22

① ある自治体では、観光による地域の活性化を総合計画に書き込んだ。
② 総合計画に基づき、地域全体で協議会を開き、職員と住民がともに具体的な施策作りをした。
③ 協議会では、観光客を呼び込むためには、新たな都市計画や道路・公園等の公の施設の整備が必要とされ、新たな総合的観光まちづくり条例を制定することを決定。
④ 課題として、別荘所有者たちのマナー等が問題とされた。夏のみ避暑に来て、水道を大量に使い、地域の住民が夏場の水道使用が困難になる事態も生じているとの話が出た。
⑤ そこで、協議会では、政策法務の観点から制定する総合観光まちづくり条例の中に、別荘所有者と地元住民との間の水道料金（別荘所有者に高額の水道料金）の差を設ける水道料金条例も一内容に加えることを決めた。
⑥ 上記協議会の結論を受けて、次の議会での条例制定を行うこととした（おおよそ水道料金の基本料金を地元住民1400円・別荘所有者5000円／3.57倍）。
⑦ 別荘所有者からの訴訟提起のおそれもあり、現在法務担当者会議の最中である。
⑧ 法務担当Ａは、別荘所有者のための道路等の環境整備のお金もかかっており、観光まちづくりの観点からは、この条例によって別荘所有者に相応の負担を求めることが公平であると強気である。一方、法務担当Ｂは平成18年に類似の最高裁判例があり、条例が違法であるとの判決を下したことを例に挙げて、金額の差を設けることは一切できないと主張している。

あなたがこの自治体の法務担当課長だったとしたら、どのような判断をしますか。

本事例のように、政策法務の観点から自治体で新たな条例制定を行う場合に、法務担当としては、法律との整合性や、紛争となった過去の類似事案などを調べて、その判例の射程範囲等を検討することになりましょう。

1　想定される原告・被告の主張

原告（別荘所有者）の立場を想定すると、憲法14条の平等原則違反・自治法244条３項の公の施設における平等取扱原則違反を主張することになりましょう。

これに対し、被告（自治体）の主張としては、まず別荘所有者は住民ではないから住民と同じに扱うことは想定していないこと、金額の差は合理的範囲内のものであること、以上から憲法14条及び自治法244条には反しないという主張構成になるでしょう。

2　想定される裁判所の判断

類似事案として、最判平18・７・14民集60巻６号2369頁〔高根町簡易水道事業給水条例事件〕（以下「平成18年判決」という）を紹介し、検討することとします。

1　事　案

本件は、山梨県の旧高根町（現北杜市・避暑地として有名な清里があり、多くの別荘地がある）において、別荘の水道料金を別荘以外の水道料金に比して高額に定めた条例の効力等が争われた事案です。

原告（控訴人・被上告人）らは、高根町以外の住所地に住民登録を有するが高根町内に別荘を所有し高根町との間で給水契約を締結している者で、一方被告（被控訴人・上告人）は、高根町です。

そもそも、条例の処分性が問題となりますが、この点については、第３部事例3（p110）を参照しましょう（平成14年判決〔否定〕・平成21年判決〔肯定〕との比較が重要です）。

本事例において、別荘給水契約者である原告ら（控訴人・被上告人）は、本件改正条例による改正後の本件条例の水道料金の定めは別荘給水契約者を不当に差別するものであると主張し、旧高根町を被告として、行訴法3条4項の無効等確認の訴えとして上記水道料金の定めが無効であることの確認を求める（「はじめに」の〔図〕紛争・訴訟類型の法体系的位置付け（p4）参照）とともに、本件改正条例による改定後の基本料金と改定前の基本料金との差額分の水道料金の債務不存在確認等を求めて本訴を提起しました。

1審判決は原告らの請求をすべて斥けました。

これに対し高裁判決は、水道事業の供給規程に係る条例の制定行為は抗告訴訟の対象となる行政処分に当たるとし、本件改正条例による改正後の本件条例の水道料金の定めの無効確認を求める控訴人ら（原告）の訴えを適法な訴えであるとしたうえ、本件改正条例による改定後の別荘給水契約者に係る基本料金の定めは憲法14条1項等に違反するものであるとして、控訴人ら（原告）の請求をほぼ全面的に認容しました。

高裁判決に対し旧高根町が上告及び上告受理の申立てをし、その後の町村合併により、北杜市が同町の訴訟上の地位を承継し、本件平成18年判決に至りました[*1]。

平成18年判決は、条例の処分性の点については否定しました。条例内容と憲法14条及び自治法244条3項との関係については、次に説明します。

＊1　訴訟上詳細な説明を加えると、被上告人ら（原告・控訴人）が上告審において、条例の無効確認を求める訴えが抗告訴訟として不適法であるとしても当事者訴訟として適法である旨を新たに主張したが、抗告訴訟としての無効確認の訴えと当事者訴訟としての無効確認の訴えは別個の訴えであるところ、被上告人らは条例の無効確認訴訟を抗告訴訟として提起していたものであり、当事者訴訟として提起していたものではないとして、被上告人らの主張は斥けられました。しかし、改定前の基本料金との差額分について未払水道料金の債務不存在確認請求及び支払済みの水道料金相当額の不当利得返還請求並びに未払水道料金がある者に対する給水停止の禁止を求める請求については認容されています。

2　結　論

この判決の結論は、別荘に係る給水契約者（同町の住民基本台帳に記録されていない）の基本料金を別荘以外の給水契約者の基本料金の3.57倍（住民1400円・別荘所有者5000円）に改定した点＊2において、本件改定部分は公の施設の利用について合理的な理由なく差別的取扱いをするものであり、自治法244条3項に違反して無効であるとしました＊3。

3　検討〜押さえるべき点〜

(1)「公の施設」

自治体経営の簡易水道事業の施設は、自治法244条1項の「公の施設」に当たります。

(2)「住民」と差別的取扱い〜憲法14条・自治法244条3項〜

公の施設の利用に関し、自治法244条3項（自治体は住民が公の施設を利用することについて不当な差別的取扱いをしてはならない旨の規定）が明文で禁止しているのは、住民すなわち、当該自治体区域内に住所を有する者（同法10条1項）に対する不当な差別的取扱いです。

＊2　水道料金の増額改定の結果、水道メーターの口径が13mmの場合を例にすると、別荘給水契約者については1か月の基本料金が3000円から5000円に増額されたのに対し、別荘以外の給水契約者については基本料金が1300円から1400円に増額されたにとどまるなど、両者の基本料金に大きな格差が生じました。

＊3　論理を多少詳細に説明すると、本判決は、別荘給水契約者に対し年間を通じて平均して相応な水道料金を負担させるために、別荘給水契約者の基本料金を別荘以外の給水契約者の基本料金よりも高額に設定すること自体は、水道事業者の裁量として許されないものではないとしました。しかし、給水契約者の水道使用量に大きな格差があるにもかかわらず、別荘以外の給水契約者（ホテル等の大規模施設に係る給水契約者を含む）の1件当たりの年間水道料金の平均額と別荘給水契約者の1件当たりの年間水道料金の負担額がほぼ同一水準になるようにするという旧高根町が採用した水道料金の設定方法は、別荘給水契約者と別荘以外の給水契約者との間の基本料金の大きな格差を正当化するに足りる合理性を有するものではないと判断しました。原告訴訟代理人関哲夫弁護士は、像とネズミの平均体重を出すようなやり方だと不合理性を指摘しています。

しかし、公の施設を利用する者の中には、当該自治体の住民ではないが、その区域内に事務所、事業所、家屋敷等を有し、その自治体に対し地方税を納付する義務を負う者（地方税法24条１項２号・４号、294条１項２号・４号、343条１項等参照）など住民に準ずる地位にある者が存在することが当然に想定されます。

そして、自治法244条３項が憲法14条１項において保障された法の下の平等の原則を公の施設の利用関係につき具体的に規定したものであることを考えれば、このような住民に準ずる地位にある者による公の施設の利用関係について、自治法244条３項の規律が及ばないと解するのは相当でないでしょう。

公の施設には様々な性質のものがあり、また、住民に準ずる地位にある者といってもその者と当該自治体との結び付きの程度は一様ではありません。

それゆえ、公の施設の利用について住民と住民に準ずる地位にある者とを常に同様に取り扱わなければならないということはできませんが、当該公の施設の性質やこれらの者と当該自治体との結び付きの程度等に照らし、合理的な理由なく差別的取扱いをすることは、同項に違反すると考えられます[*4]。

⑶　本判決の評価

本判決は、住民に準ずる地位にある者による公の施設の利用につき、自治法244条３項の規律が及ぶことを最高裁として初めて明らかにしたものとして、実務上重要な意義を有する判決とされています[*5]。

＊４古田裁判官は補足意見として「地方公共団体の区域内に生活の本拠を有する者ではなくても、そこに固定した生活等の拠点を有し、継続的な活動を予定している者であって、そのことの故に当該地方公共団体における租税等を負担すべき立場にあるようなものも、地方自治法244条３項にいう『住民』に含まれるものと考えられる。」と述べています。

＊５　『最高裁判所判例解説民事篇　平成18年度（下）』法曹会（2009年）804頁以下〔増田稔執筆部分〕。関哲夫『弁護士関哲夫行政事件全仕事―理論と現実』ぎょうせい（2007年）。鈴木秀洋「山梨県旧高根町水道料金改定条例無効判決と政策法務」『自治体職員が論じる自治判例』公職研（2013年）191～199頁。

3　裁判を契機とした行政実務の改善・反映について

上記のとおり、自治体で現在検討している水道料金に差異を設けること自体が違憲・違法とされることはありませんが、最高裁の判決では、その差異の程度が3.57倍となっている事例について、違憲・違法であるとし、その根拠として、住民でなくても、住民に準ずる立場にある者には自治法244条３項の法理が及ぶ、としています。

本事例において、あなたがこの自治体の法務担当課長だったとしたら、金額の差異を正当化するための当該自治体の立法事実をもう一度集めて、検証して、きめ細かな算出式・根拠を示す必要がある旨の法務意見を添えて、一度立ち止まることを原課に求めることになりましょう。

また、平成18年判決の証拠を含む裁判資料の詳細な読み込みと検討が必要となりましょう。そのうえで、原部署とともにエビデンスに基づく合理的着地点を見出す制度設計ができるかが（yesだけ、noだけでなく）、法務担当の力の見せどころということになります。

XVI　保育所等に対する規制権限の不行使をめぐる紛争

事例23

① 保護者Ｘは、認可外保育室Ｂ（５階建て）に子どもＡを預けた。

② これまで複数の保護者等から、Ｂ施設で虐待が行われているとの通報が複数回あった。

③ 自治体Ｙ（中核市）はＢ施設に立入調査に入るが、事前にその旨をＢ施設に伝えた。

④ 立入調査は30分程度で終了。通報や消防からの情報で３階のみならず４階部分も保育事業に使用している蓋然性が高いことを指摘されていたにもかかわらず、４・５階は点検しなかった（当該階に縛られた子どもが移動させられていた）。

⑤ 本件子どもＡの死亡（脱水症等）が確認された。

（宇都宮地判令２・６・３裁判所HP・保育施設における乳児虐待死事件）

この事案は、令和２年６月３日宇都宮地裁判決を題材にしたものです。

行政の作為については比較的見えやすいのですが、法的に規制権限を有している行政が、その規制すべき権限を行使していない場合、その不行使が違法であると主張して立証を求めることは、原告にとって非常に酷な場合が多々あります。特に、外部から知り得ない保育状況の場合は典型的です。保育所に子どもを預けて仕事に出かけるとき、その子どもが命を落とすことをどれくらいの人が想定しているでしょうか。本来保育所は、子どもの安全を守り、育む場所であるはずです。預けた子どもの死に直面した保護者の悲しみは計り知れません。こうした保護者の思いを、行政や司法はどのように汲むことができるのでしょうか。

1　原告の立場で考えてみよう

原告としては、自治体に対して「被告自治体の長が認可外保育施設に対する規制権限等の適正な行使を怠った」などとして国賠法1条1項に基づく損害賠償の支払を求めることになります。

本件における自治体の規制権限について、具体的な条文を探してみると、児童福祉法59条に規定があります。

○児童福祉法（昭和22年12月12日法律第164号）

〔立入調査〕

第59条　都道府県知事は、児童の福祉のため必要があると認めるときは、第6条の3第9項から第12項まで若しくは第36条から第44条まで（第39条の2を除く。）に規定する業務を目的とする施設であつて第35条第3項の届出若しくは認定こども園法第16条の届出をしていないもの又は第34条の15第2項若しくは第35条第4項の認可若しくは認定こども園法第17条第1項の認可を受けていないもの（略）については、その施設の設置者若しくは管理者に対し、必要と認める事項の報告を求め、又は当該職員をして、その事務所若しくは施設に立ち入り、その施設の設備若しくは運営について必要な調査若しくは質問をさせることができる。この場合においては、その身分を証明する証票を携帯させなければならない。

（2項略）

③　都道府県知事は、児童の福祉のため必要があると認めるときは、第1項に規定する施設の設置者に対し、その施設の設備又は運営の改善その他の勧告をすることができる。

④　都道府県知事は、前項の勧告を受けた施設の設置者がその勧告に従わなかつたときは、その旨を公表することができる。

⑤　都道府県知事は、第1項に規定する施設について、児童の福祉のため必要があると認めるときは、都道府県児童福祉審議会の意見を聴き、その事

業の停止又は施設の閉鎖を命ずることができる。
⑥　都道府県知事は、児童の生命又は身体の安全を確保するため緊急を要する場合で、あらかじめ都道府県児童福祉審議会の意見を聴くいとまがないときは、当該手続を経ないで前項の命令をすることができる。
⑦　都道府県知事は、第３項の勧告又は第５項の命令をした場合には、その旨を当該施設の所在地の市町村長に通知するものとする。

この59条１項等を根拠に、「自治体は、付与された指導監督権限の行使を著しく怠ったものであり、この規制権限の不行使は自治体の長に付与された裁量を著しく逸脱・濫用するものとして「違法」「過失」がある」との主張をすることになるでしょう。

事例に当てはめてみると、

①　立入調査に当たり、事前に施設側に通告を行ってから調査に入っていること

②　複数者からの虐待情報が事前にあったにもかかわらず、30分程度のもので、かつ、保育室全体を調査していない（４・５階を見ていない）こと

このような点を指摘したうえで、こうした調査は、「職務上通常尽くすべき注意義務」を尽くしたものとはいえず、違法・過失ある指導監督権限の行使であると主張することになりましょう。

2　被告自治体の立場で考えてみよう

被告自治体としてはどのような主張が考えられるのでしょうか。

筆者としては、本件事案に対しては、自治体が力を入れるべきことは、裁判で自らの適切さを訴えることではないと考えますが、被告自治体は、原告の指摘する上記①②に対応して、概ね次のような主張を行っています。

ⓐ　児童福祉法59条の立入調査権の規定は、「できる」規定であるので、事前通告が違法・不当ということはない。同条の立入調査の方法が具体的に法律等に定まっているわけではない。

ⓑ　複数者、複数回の虐待通告があったとしても、そのけがが必ずしも保育者による保育所での出来事かを確かめることは困難（子ども自らの過失や第三者の加害行為の場合）であるし、また虐待通告であっても、本件保育室を快く思っていない者からの誹謗中傷か否かの確認もできなかった。

そのうえで、立入調査時に、縛られた子どもが４・５階にいることを予測することは不可能であり、仮に予測できたとしても本件児童の死亡という結果まで予測することはできなかったとの主張を行いました。

3　裁判所の判断を確認してみよう

それでは、裁判所としてはどのような判断をしたのでしょうか。

裁判所としては、被告市市長の規制権限等不行使に基づく国家賠償法上の責任に関しては、自治体の損害賠償責任を認容しています。

判決の理屈を、関係条文とともに一緒にたどってみましょう。

1　指導監督権限の行使の在り方（不作為も含む）

この点、被告自治体は「できる」規定との反論をしていますが、裁判所は、規制権限の不行使が国家賠償法上の「違法」と評価すべき点について従前の判例法理と同じ立場を強調しています。

そして、その違法評価基準としては、公務員が負担する「職務上の注意義務に違反すること」、いわゆる職務行為基準説（最判昭60・11・21民集39巻７号1512頁）を採用したうえで、関係諸法令に照らして検討を行っています。

2　関係諸法令の確認

(1)　児童福祉法

本判決では、児童福祉法２条、３条、59条１項本文（立入調査権等）、同３項（設備・運営改善その他勧告）、４項（公表）、５項、６項（児童福祉審議会の手続を経ずに事業の停止・施設の閉鎖命令）等が法的根拠として挙げられています。

⑵　通達・指針等（平成13年通達等[*1]）

法を具体化したものとして、通達・指針等（平成13年通達等）の定めも挙げられています。

通達・指針等について付言すると、劣悪な認可外保育施設を排除するための指導基準として昭和56年通達[*2]が定められましたが、依然として劣悪な保育環境下での乳幼児の死亡事例が続き、いわゆる平成13年通達及び平成13年指針等を策定し、行政による介入が強化されました。

⑶　違法か否かの判断基準

判断基準としては、従前からの規制権限不行使に係る最高裁判例の基準[*3]として「その権限を定めた法令の趣旨、目的や、その権限の性質等に照らし、具体的事情の下において、その不行使が許容される限度を逸脱して著しく合理性を欠くと認められるとき」は、「違法」と評価されるとの判例法理を引用しています。

さらに、この判例法理にいう「不行使が許容される限度を逸脱して著しく合理性を欠く」か否かは、一般的に、①危険の切迫、②予見可能性、③補充性、④期待可能性、⑤回避可能性などを重要な要素として、これらを総合考慮して判断すべきとの基準を立てて判断を行っています。

＊1　厚生労働省雇用均等・児童家庭局長通知「認可外保育施設に対する指導監督の実施について」（平成13年３月29日雇児発第177号・各都道府県知事、各指定都市市長及び各中核都市市長あて。以下「平成13年通達」という）が発せられ、そのより効果的な指導監督を図る観点等から、「認可外保育施設指導監督の指針」（以下「平成13年指針」という）及び「認可外保育施設設置監督基準」（以下「平成13年基準」という）が策定されました。以下、平成13年指針と平成13年基準とを一括して「平成13年指針等」といい、平成13年通達と平成13年指針等を一括して「平成13年通達等」といいます。

＊2　厚生省児童家庭局長通知「認可外保育施設に対する指導監督の実施について」（昭和56年７月２日児発第566号・各都道府県知事・各指定都市市長あて）

＊3　最判平元・11・24民集43巻10号1169頁、最判平７・６・23民集49巻６号1600頁、最判平16・10・15民集58巻７号1802頁等。

③　裁判所の判断＊4・認定事実

裁判所は、職務行為基準説＊5を引用し、「違法」認定基準として、「被告市市長は、認可外保育施設に対する指導監督権限を行使するに当たって、法及びその関連法令の趣旨・目的を踏まえ、平成13年通達等に則り当該施設に対する調査・指導監督権限を行使すべき職務上の注意義務を負っていたものというべきであるから、かかる義務を尽くすことなく漫然と当該調査・指導監督権限を行使したと認め得るような事情がある場合には、国賠法１条１項の適用上『違法』と評価されるべきものと解される」としました。

具体的には、通報（①利用している保護者（母親・医師）から、「託児していた２歳の子が爪を全て剥がして帰宅し、同託児室からは十分な説明を受けていない」こと、②「同託児室の職員の知人と称する匿名者から」、「実際に虐待的な保育状況を目の当たりにした者でなければ語り得ないほどの具体性と現実性を備えた内容の通報」＊6）の

＊4　本事例検討においては原告の主位的請求である法59条５項６項に基づく事業停止命令権ないし施設閉鎖命令権を行使すべきであったのにこれを怠ったのが「違法」であるとの主張についての検討を省略しています。

＊5　最判平５・３・11民集47巻４号2863頁、最判平11・１・21裁判集民191号127頁、最判平19・11・１民集61巻８号2733頁等。

＊6　①　年に１度立入調査を行っているようだが､予告なく立入調査をすることはできないか。
②　子どもは、30〜40人保育されているが、先生の数は１〜２人。
③　市に報告している職員は、実際には働いていない。名前だけ借りている。
④　人が足りないので、子どもを毛布でぐるぐる巻いて、紐で縛って動けないようにしている。
⑤　今は、暑いのでワイシャツを着せ、袖の部分で体を縛っている。食事も飲み物も与えない。
⑥　オムツを取り替えない。
⑦　子供の腰に紐をつけ、動きを制限している。
⑧　給食代、飲み物代を徴収しているが、提供されていない。
⑨　連絡帳は朝のうちに記入。内容は虚偽。
⑩　月に１度見学日があるが、その時は人を雇う。
⑪　病児室有とうたっていながら、健康な子どもと一緒に保育されている。
⑫　以上のようなことが、恒常的に行われているが、立入調査は日程の予告があり、体裁はいくらでも整えられる。だから、予告なしで、施設の状況を確認してほしい。トイズでは人手が足りないので子どもを毛布でぐるぐる巻いて紐で縛って動けないようにしているなどといった情報提供とともに、予告無しに立入調査をして、施設の状況確認をして欲しい。

内容が施設内で「虐待的な保育業務が行われていることを相当程度の可能性をもって示唆するものと考えられ」、被告市市長（被告市の保育課）は、保育施設の「保育状況等に関する疑義や虐待的託児業務の有無を明らかにするため、」児童福祉法及び平成13年指針等に基づき、同託児室の設置者又は保育従事者等に対し、「随時、〈１〉「特別の報告」を徴求し、保育従事者等からの事情聴取を行うとともに、〈２〉「特別の立入調査」[*7]を実施するなどして、平成13年基準違反の事実の有無を調査、確認すべき職務上の注意義務（略）を負っていたものと解するのが相当である」としました。

この点、自治体は職務上の注意義務を尽くしておらず「権限を著しく逸脱するもの」とされ、損害賠償責任が認められました。

ここで、裁判所認定事実の一部を紹介します。

・通報に対して市が行ったのは電話での事情聴取と口頭での簡単な指導のみであったこと。

・事前通告なしの立入調査を敢行し、少なくとも保育従事者、保育中の託児数とその年齢構成、同託児室内の保育場所、託児に対する健康・安全管理の方法等の実情を調査することが求められていたが、特別報告の徴求や保育従事者等からの事情聴取に値するものは一切実施していないこと。

・市が行ったのは事前に立入調査の実施を知らせた上で、かつ、30分程度の立入りを行っている程度であること。

・（消防署からの事前の情報提供により）ビルの４階及び５階の使用状況についても確認することが必要不可欠であったにもかかわらず、１階から３階部分のみを調査[*8]するにとどめたこと。

本書で紹介したのは、事実認定の一部ですが、違法判断の基準とあてはめの

＊7　下線は筆者による。「特別の立入調査」は、事前通告せずに行うもの。

＊8　現況届ではビルの１階から５階が保育園として届けられていること。一方で消防の立入時には、消防に対し、施設職員が「３・４階は自宅だと言い張っているとの連絡あり。明らかに、室内の物を検査のために片づけた形跡があり、保育室ではないかと思われるとのこと」との記録文書があること。こうした矛盾点を立入調査で確かめることは、立入調査する保育部局職員の通常の職務といえる。

点で、参考になると思います。

4　この裁判を契機とした行政実務の改善・反映について

この判決の基準及びあてはめは具体的かつ緻密かつ厳格です。このことは何を意味しているのでしょうか。子どもの命を守るために児童福祉法が定めた行政調査等のイロハすら履行していない、本件のような実務に対して、原告が当たり前のことを求めて裁判を提起したとしても、現実には未だ行政や司法がその責任を認めるためのハードルが高いということです（本事例でも主位的請求は棄却されています）。

果たして、この判決を自治体はどのように受け止めたのでしょうか。本件においては、判決が指摘する法の趣旨から導かれる当然ともいえる指摘を、現場及び組織改善のツールとするのではなく、直ちに再び控訴して争うという姿勢が示されました。

みなさんには、自治体の法務危機管理・コンプライアンスの視点から、安全・安心な保育環境を守るために行政は何をすべきなのか、この事例を通じてもう一度考えてみてほしいと思います。

保育所で子どもの命が守られない、そしてその保育所の監督ができていないとしたら、保育行政は何のためにあるのでしょうか。

なお、本裁判事例に関する詳しい分析は、判例評釈を執筆していますので、そちらもご覧ください[*9]。

＊9　鈴木秀洋「行政による保育所への規制権限不行使の法的責任の視座」（ウェブマガジン『議員NAVI』2020年11月10日）http://www.dh-giin.com/article/20201110/22970/（最終閲覧2021年2月）

XVII　東日本大震災における学校防災をめぐる紛争

事例24

①　東日本大震災（平成23年３月11日）後の津波により、児童74名及び教職員10名が死亡した

②　死亡した児童のうち23名の父母らが小学校の教員等に児童の死亡について過失があるなどと主張して市及び県に対し、国賠法１条１項・３条１項等に基づく損害賠償を求めた。

（仙台地判平28・10・26判時2387号81頁・仙台高判平30・４・26判時2387号31頁・最判令元・10・10 D１-Law判例体系28274639・大川小津波訴訟判決）

１　地裁判決と高裁判決の比較

この事案においては、地裁判決及び高裁判決のいずれも原告遺族側の勝訴（**最高裁判決は高裁判決で確定**）となりましたが、裁判所が認めた構成が異なりますので、その点の解説をしておきます。一緒に考えてみましょう。

なお、被告市は小学校を設置運営していた地方公共団体であり、被告県は小学校の教員の給与等に係る費用を負担していた地方公共団体です。

1　第１審判決（要旨）

仙台地裁判決は、本件地震発生当日の教員等による児童らの避難誘導に過失があったと認め、被告らに対し、国賠法１条１項、３条１項に基づき損害賠償を命じました。

2　控訴審判決（要旨・最高裁で確定）

仙台高裁判決は、市教育委員会＊[1]及び小学校校長等＊[2]は、危機管理マニュ

アルに、想定地震による発生津波浸水から児童を安全に避難させるのに適した第三次避難場所[*3]を定め（〔図表３－XVII－１〕参照）、かつ避難経路及び避難方法を記載するなどしてこれを改訂すべき義務[*4]を負っていたものであり、その義務は2010（平成22）年４月30日の時点で個々の在籍児童及びその保護者に対する具体的な職務上の義務を構成するに至っていたところ、これを過失によって懈怠[*5]したものであって、国賠法１条１項の違法の評価を免れない[*6]としました。

〔図表３－XVII－１〕　有効な第三次避難場所と定めるべきとされた「バットの森」

＊出典：「河北新報」＜大川小津波訴訟＞高裁判決で避難場所に指摘「バットの森」歩けば20分で到達可能（2018年４月30日）

3　関係法令の確認と裁判所の判断

本判決では、災害時の学校での安全確保が問われています。以下の関係法令

＊１　市教育委員会…石巻市教育委員会。以下「市教委」という。

＊２　小学校校長等…大川小校長、教頭、教務主任。以下「校長等」という。

＊３　①子ども・保護者が植樹祭で行った場所、②（車可能）林道整備・20m超えた場所に緩やかな斜面広がる場所あり、③正門から700m、④１年生でも約20分で到着、⑤住民協議し避難方針説得の時間十分あり、⑥小屋等設備対応十分時間あり。

＊４　当該小学校が津波浸水域に含まれていなかったとしても、県防災会議の報告によれば同報告が想定する地震により同小学校が津波の被害を受ける危険性があったことの予見は可能であった。

をしっかり確認してください。

○学校保健安全法（昭和33年４月10日法律第56号）
　第26条（学校安全に関する学校の設置者の責務）
　第27条（学校安全計画の策定等）
　第28条（学校環境の安全の確保）
　第29条（危険等発生時対処要領の作成等）

上記規定について、仙台高裁は、次のように述べて校長等の法的義務を導いています。

⑴　学校保健安全法26条〜29条が保護する法的利益

自治体設置の学校は、①児童生徒に対する教育を組織的かつ計画的に行う場所である公共施設としての学校の安全が確保されること、及び②これに対する児童生徒の保護者の信頼の二つの法的利益が保護されていること、これら、①②は、公教育制度を円滑に運営するための根源的利益である。したがって、この**根源的利益**保護のために行使されるべき権限は、適切かつ合理的である必要があり、特に児童生徒の安全管理の領域では広汎な裁量はない。

⑵　校長等の同法26条〜29条の作為義務の具体的規範性

市教委と学校とが相互に共有する学校の実情に基づき具体的に定まる（学校の実情は、教育委員会及び当該学校自身がそれぞれ収集・蓄積した情報の有機的交換により、相互共有する客観的な情報となり、校長等の作為義務の内容となる）。

⑶　制度的保障と職務上の規範的拘束力

保護者は、学校に児童を通わせることを法律上強制されており（罰則あり）、このことは児童生徒の安全確保の制度的保障が前提である。同法26条〜29条の定める校長等の作為義務は制度的保障の一貫として成立し、保護者との関係で

＊５　市教育委員会は当該マニュアルの内容について指導・助言しなかったこと、当該小学校の校長等は同校の危機管理マニュアルを改訂しなかったことにつき、いずれも学校保健安全法29条１項に基づく安全確保義務の懈怠。

＊６　この義務違反がなければ被災児童23名が本件地震後の津波によって死亡する結果を回避することができた。

規範的拘束力を有し、職務上の法的義務として作為義務の内容となる。

2　高裁判決における争点の枠組み

1　争点枠組み(1)［学校組織上の注意義務違反に係る責任原因］

まず、市教委・校長等が**平時において事前に**、児童の生命、身体の安全を守る職務上果たすべき義務を懈怠したことを過失と捉える判断枠組みが争点となりました。

① 市教委・校長等は、平時において事前に、児童の生命・身体の安全を保護すべき義務を負っていたか。その義務の性質について。
② 市教委・校長等は、平時において事前に、上記義務を懈怠したといえるか。
③ 市教委・校長等が上記義務を履行していれば本件結果を回避することができたか。

2　争点枠組み(2)［本件津波からの避難誘導義務違反に係る責任原因］

次に、教頭を始めとする教員らが、本件地震発生後の具体的危険の予見可能性を前提にした結果回避義務を懈怠したことを過失と捉える判断枠組みが争点[*7]となりました。

① 本件地震後、教頭を始めとする教員らは、津波による児童らの生命身体の具体的危険を予見すべき注意義務を負っていたといえるか。
② 本件地震後、教頭を始めとする教員らは、児童らを安全な高所へ避難誘導すべき義務があったといえるか。

3　争点枠組み(3)［事後的不法行為に係る責任原因］

そして、市教委・校長ら、市長・県知事らに本件結果発生後の言動に係る注

＊7　高裁判決では、上記争点枠組み(1)学校組織上の注意義務違反に係る責任原因を認め、これと選択的な責任原因であると解される争点枠組み(2)については判断する必要がないとしました。

意義務違反事実の有無が争点＊8となりました。

① 津波から逃れた教諭・本件地震当日不在であった校長等の捜索義務違反及び救命救助義務違反

教諭は、津波に被災した際、児童が津波に呑み込まれていくのを現認していたが、（児童の津波被災が教員の過失により招来された事態である以上、）津波の第一波が引いた直後に、児童の救助を行うべき義務に基づき裏山から下りて児童を助け上げたり、避難中の地域住民に呼び掛けて助力を得るなどの方法により、救助のためのあらゆる行動をとらなければならなかったが、これを怠った。また、校長及び市教育委員会関係者も、本件地震の翌日早朝以降（船で小学校周辺に向かい）、児童の捜索と救助に当たるべき義務を負っていたが、これを怠り、児童の捜索救助活動をしなかった。

② 市教育委員会による調査、資料収集、資料保存、真実解明、報告の各義務及び原告らの心情に対する配慮義務の違反

市教育委員会の指導主事は、本件地震後の校庭の様子に関する児童からの事情聴取に当たり、録音を行わなかった上聞き取り内容を書き取ったメモを廃棄した。また、津波から逃れた教諭は、保護者説明会で当初は、裏山に逃げなかった理由として木が倒れていたことを挙げていたが、後には説明を変えており当初の説明は虚偽であったと考えられる。さらに、市教育委員会は、本件地震の約１か月後まで保護者説明会を開かず、平成24年１月までに３回の説明会を開催したのみで、２回目の説明会以降は当該教諭に遺族らの前で説明をさせずに真実の証言を避けさせ、説明会に当たっても不十分な情報公開や説明に終始して真実を隠し続けた。これらの被告市等の行為は、真相究明を困難にし、遺族の心情を著しく傷つける違法行為（原告らに対する不法行為）。

③ 市長は、本件震災後の小学校保護者に対する説明会の席上、児童の被災に関して、自然災害による宿命だなどと遺族の心情への配慮を欠く発言を行い、原告らに計り知れない苦痛を与えた。この発言のみならず、被告市が、死亡児童らの火葬を可能にするよう施設の確保を手配する取り計らいを怠ったことや、市教育長が原告らの一部への弔問をしなかったこと（原告らの心情に対する配慮義務の違反として不法行為）。

＊8　この点についても、上記争点枠組み⑴学校組織上の注意義務違反に係る責任原因が認められたため判断されていません。

3　自治体の主張とそれに対する判決の分析

主に争点枠組み(1)のうち、主要な被告自治体の主張を抽出し、それに対する裁判所の判断について検討してみましょう。

1　今回の震災及び津波の予見が困難であることについて

① 平成16年報告・平成23年報告における津波浸水予測には含まれていなかったとしても、この予測があくまでも概略の想定結果であり、大川小の実際の立地条件（広大な水域面積を有する北上川の観潮区域と約200メートルの距離を隔てて隣り合っており、隔てるものは北上川右岸堤防の存在のみ）に照らした詳細な検討が必要であったこと。

② 本件想定地震により、堤防の天端沈下や堤防破堤による大川小浸水危険を示唆する知見があり、これらを総合的に詳細な検討を行えば、大川小が本件想定地震により発生する津波被害を受ける危険性があったというべきであり、2010（平成22）年4月30日時点で校長等が予見することは十分可能であったこと。

③ 校長等が予見すべき対象は、本件地震後に現に到来した本件津波ではなく、本件想定地震により発生する津波であること。

予見可能か否かは、東日本大震災（の津波）ではなく、平成16年3月に宮城県防災会議地震対策等専門部会が作成した平成16年報告において発生が想定されていた地震です。

自治体側は、自治体議会や住民に対する説明において、東日本大震災による津波は想定外にもかかわらず責任を問われるのはおかしい旨の判決批判をしていますが、自治体が誤った法解釈を発信し誤導してはなりません。

2　過失認定に関して（高裁判決が組織的過失を認定した点）

この点、過失認定に係る行政組織的な位置付けを〔**図表3－XVII－2**〕のように概観するとわかりやすいでしょう（同様の表を都道府県についても作成し、県の防災対策についての責任を具体的に検証することも必要です）。

〔図表３－XVII－２〕　自治体防災対応組織関係図

市町村			
Ⅰ	市町村部局	①防災・危機管理部局 ②福祉部局、保健部局等	
Ⅱ	教育部局	③教育委員会	
		④各学校	④－１：学校長 ④－２：教頭（副校長）・生活指導・担任の教員ら

一審判決は、教育部局（Ⅱ）の中の各学校（④）の個別の教員ら（④－２（当日校長休み））の過失を認定しました（津波襲来の約７分前に高台避難を呼びかける広報車が通り、教員らは遅くともその時点では大津波襲来を予見できたのに、標高の高い裏山への避難を怠ったとして、地震後の教職員らの「判断ミス」を過失と認定）。

それに対し、高裁判決は教育部局（Ⅱ）の教育委員会（③）と各学校（④）との事前防災体制における不備（**安全確保義務違反**）をもって過失と認定したのです（両者の関係性に注目し、筆者は「**動態的連携関係の注意義務違反**」と名付けています）。

緊急時の現場における判断ミスを問うのではなく、その判断ミスを導いた事前・平時の行政の取組みを問う本判決は、行政実務の実態に適った判決といえます。

行政においては、個々人の担当者の恣意的な行政運営ではなく、「法律による行政の原理」の下、様々な行政計画、ガイドライン、マニュアル等を策定し、それに基づいた職務執行がなされます。こうした根拠となる計画等が果たして真に緊急時に使えるものとなっているのか、具体性や実効性を持ち得る内容かが、検証されなければなりません。

被告側は、「津波ハザードマップは学校や市教委が独自に信頼性を検討することは求められていない」とか、「大川小の津波避難場所指定を校長と教頭が誤りと判断し、指定を外すよう市教委に申し出ることは当時の知見ではできなかった」等を上告理由として挙げていましたが、こうした発言は、計画部署と現場との連携のなさ、乖離をよく表すものです。

これまで、企画・計画策定・調整部署等は、ほとんど責任の直接の名宛人とはされてきませんでした。その意味で、これらの部署と現場部署との間の職務遂行上の動態的な流れを捉え、自治体の組織間の責任割合に言及し、あるべき方向性に仕向ける判決といえます。自治体のこれらの部署は、これまでの認識を改める必要があります。

ただし、本判決は、教育委員会の組織過失を認定した点で画期的ですが、実際に防災・危機管理部署部局（Ⅰ①）を担っていた経験からすると、〔**図表3－XVII－2**〕のⅠとⅡの連携ミスという評価、すなわち、防災・危機管理部署部局（Ⅰ①）の働きかけが、教育委員会・学校（Ⅱ）に強力に行われてこなかったという評価も重畳的にあってしかるべきです。

実状としては総論的な防災・危機管理対策をⅠ①の部局が行い、具体策は、Ⅰ②福祉部局、保健部局、Ⅱ③教育部局にそれぞれ委ねるという委任形式をとる場合が多いのですが、どこまでの包括的な委任が許されるべきなのか、防災・危機管理一部局が全体の司令塔として平時の具体的職務内容・遂行基準を示しているのかについても今後議論が詰められる必要があります。司令塔が果たすべき平時の責任は重いといえます。

3　「校長らに高度な専門家並みの知識を求めるのは無理がある」との行政側主張について

高裁判決に対しては、「校長らに高度な専門家並みの知識を求めるのは無理がある」との市長発言がなされています。

しかし、この市長の発言には疑問を呈さざるを得ません。そもそも、学校保健安全法等により校長らには具体的な法的義務が課されており、教員（プロ）としての職務上の注意義務が求められるのはむしろ当然です。

また、そもそもなぜ、この判示がなされているのかといえば、裁判の原則として弁論主義の建前があり、自治体側が次のような主張を行っているからです。すなわち、本件震災前の時点では地域住民には津波の認識の内容・程度は低く、この地域住民の認識を勘案して防災対策の適否を勘案すべきとの自治体側の主張があり、それに対して、裁判所が「公教育を円滑に運営するための本件安全確保義務を遺漏なく履行するために必要とされる知識及び経験」は、「地域住民が有していた平均的な知識及び経験よりも遙かに高いレベルのものでなければならないところ」と、地域住民の知識・経験レベル等と比較した上で、高いレベルが求められていると判示されているのです。

その意味では、この判示は当然のことを述べているにすぎません。地域住民との比較の対象を捨象し、「高いレベル」という文言のみを切り取って批判を発信すること、すなわち、当該判決は、学校現場の校長らに対して災害等に関する専門的知識を常備することを求めるとの判決であり学校現場に不可能を強いる、というような誤った判決の評価を自治体側が発信することは、行政の公正・説明責任の原則にも反し、住民を誤導する広報活動であり、行政としては改められるべき広報姿勢といえます。

④「学校の現場に過大な責任を課す判決」であるとの主張について

行政側は「学校の現場に過大な責任を課す判決」であると高裁判決を批判しました。加えて学校現場は忙しいのにこれ以上負担を課すべきでないとの発言もなされました。

しかし、これらの自治体トップの発言については、法的な責任の所在は自治体にあるとの説明を行わず、学校現場の職員が国家賠償法上の責任を負うことになるかのような誤解を住民に与えます。それゆえ「教師の責任を問うことは教師の遺族がかわいそうである」などの世論までもが登場する原因となっています。

しかし、そもそも、国賠法１条１項は、民法709条と異なり基本的に公務員個人に責任を負わせる法構造にはなっておらず（主に萎縮効を根拠としています）、公務員の過失が認められた場合に、自治体・国が責任を負う仕組みになっています。すなわち、国家賠償法の責任主体すなわち名宛人は自治体・国であり、責任を問われているのは、自治体・国の防災体制・防災対応全体なのです（地裁判決で教員らの過失認定がなされましたが、同じく責任主体は自治体です）。

そうであるとするならば、自治体トップの石巻市長及び宮城県知事の事前防災の取組みの不十分さが裁判で問われたと評価するのが素直な受け止めのはずです。にもかかわらず、現場が大変になる、という理屈は、住民の命を預かり、自治体の防災指揮を執るトップが発言すべき内容ではないといえます。

人の命は何よりも優先されるべき自治体行政の最優先課題です。自治体全体の予算の配分・人員配置権限を有しているのは知事・市長であり、例えば教育委員会の人員体制や個別の学校の人員体制を厚くすることは、知事・市長自身が自らなし得ることなのです。その意味でこうした一連の発言は、亡くなった子どもたちや遺族側の心情への配慮が欠けた発言と言わざるを得ません。実際に裁判を起こした遺族に対して脅迫事件なども起きているのです。

筆者が考える自治体トップの発言は、「自治体の事前防災体制の不備が認定されました。まずは亡くなった子どもたち、教職員らにお詫びをします。個々の公務員ではなく自治体のトップの責任が問われた判決であると厳粛に受け止め、直ちに防災体制の再構築・運用改善を徹底します。遺族の方々とも十分話し合っていきたいので、防災対策についてどんどんと意見をいただきたいです。子どもたちの無念さに思いを馳せ、二度と行政の不備によって命を落とすことがないよう事前防災体制整備・事前防災教育をみんなで創っていきましょう。」というものです。こうしたメッセージを発信すべきでしょう。

そして、命を最優先する授業カリキュラムの組み方を考えるのであれば、例えば社会や体育の授業等又は「いのちの授業」や課外学習の時間等の一部を、避難場所まで歩く授業内容にするなどの工夫は可能です。仮に教科科目の進行を多少遅らせたとしても、命を守るための防災・危機管理を身に着けさせること以上に大切な授業はないからです。通学指定処分をして当該学校に通わせることを個々の親に義務付けているのですから、子どもの命を守るための授業や環境整備を行うことは、現場の教員に特別の負担を課すものではなく、むしろ本務中の本務といえます。

5　学校保健安全法が抽象的規範にすぎないとの反論に対して

法規範性については前述解説しています（1③）。平成７年の阪神・淡路大震災の発生や平成13年の大阪教育大学附属池田小学校での児童・教員殺傷事件の発生等を受けて、規定が強化されてきた改正経緯があり、具体的法規範性は肯定されています。また、仮に抽象的規範性を有するにすぎないとの解釈の立場をとったとしても、本件の場合には、平成22年２月８日発出の「学校における災害対策体制の整備について」と題する依頼文書により、同４月30日までに教育計画の届出が各学校長に義務付けられたことにより、学校保健安全法29条１項が定める危機管理マニュアルの作成・改訂が具体的に義務付けられ、校長を拘束する規範性を帯びるものとなっていたことは明らかです（具体的規範性への転換）。

⑥　県と市が利益相反関係にあることについて

本件訴訟過程では、上告の判断等含めて、県と市が歩調を合わせてきましたが、県と市が敗訴した後の賠償の負担では、全額を市が負担することとなりました（先例に従ったとの説明）。

しかし、本来市と県とは別の所掌事務及び役割を担っているのであり、また国賠法３条２項は、「前項の場合において、損害を賠償した者は、内部関係でその損害を賠償する責任ある者に対して求償権を有する」と規定しており、利害が対立するはずです。

学校設置者である市が果たす役割、県費負担教職員の人事・財政面を負担する県が果たす役割、それぞれの役割と防災体制・防災教育上の責任の分担について具体的に議論を重ね、その過程を住民に説明する作業が欠落していたように思えます。

4　この裁判を契機とした行政実務の改善・反映について

遺族は、裁判を争う関係に立っても「主権者」である住民です。地裁判決と高裁判決が出て、両者の法解釈に違いがあるからといって、最高裁で法理論を示してもらうという県と市の姿勢は法的には誤ったメーセージを国民・住民に与えます。紛争に対して、当事者である行政には対応解決能力はないこと（主体的判断権の放棄）、三審制を墨守すること（最高裁判断まで対応放置）というメッセージを発信することになるからです。

本件訴訟においては、地裁判決からも、高裁判決からも、行政は、防災体制を改善すべきとの具体的提言を多くもらっています。

当該高裁判決（最高裁で確定）が指摘・示唆した事項・メッセージについて、改善に向けた取組みを加速化することが、命を失った子どもたち、教職員らに対し、残された私達がなすべきことといえます。

具体的には、①小学校の座学の授業として、時系列をたどりどこで命を守るための判断と行動に変更できたかを検証してみる。②教職員向けの研修として、担任・教頭・校長それぞれのポジションで（又は校長等がいない場合の指揮命令系統等の確認含む）子どもたちを第二次・第三次避難場所まで避難させるシミュレーションを行ってみる。③防災マニュアルの不備を発見するための防災部局と教育部局との合同連動訓練を行ってみる。④判決が指摘した高度な注意義務の実現のために、関係法令の学びを深める、学校周辺の地理的環境を教職員みんなで点検してみる（本件の裏山や三角地帯やバットの森に該当するようなより適切な場所を事前にいくつも探しておく。筆者の調査では、自治体の職員や教員が当該勤務地の地理に実は詳しくないということが現実には少なくありません）。ここに挙げたのは、一例にすぎませんが、こうした災害前の組織的対応が求められます。

判決は、①［個人から組織へ］、②［事後から事前へ］という防災対策の大きな転換を示唆しました。いわばこの判決は、各地に花を咲かせるひまわりの種であり知見の宝庫です。全国各地にこの種が運ばれ、自治体防災対策は大きく動いていくはずです。動かしていかねばなりません。

そして、知識・協議・訓練を重ねることは命を守る確率を高めることになるのです。

XVIII　部活における体罰死の遺族による裁判

事例25-１

① 県立高校の２年生であるAは、剣道部部活動の練習中熱中症又は熱射病を発症した。

② この高校の教員で剣道部の顧問を務めるB及び副顧問を務めるCは、上記の事態にもかかわらず、直ちに練習を中止し、医療施設に搬送し、あるいは冷却措置を実施するなどの処置をとらなかった。

③ その後、Aが搬入された市立病院の担当医Dは、熱中症又は熱射病に対する適切な医療行為を尽くさず、Aは死亡した。

（大分地判平25・３・21判時2197号89頁）

この事案は、県立高校剣道部の生徒が同校剣道場での練習中に熱射病（重度の熱中症）を発症し死亡した実際に起きた事件です。熱中症に至る教員の体罰についても問題となりました。

本件については、遺族である保護者が部活の生徒に聞き取りをして作成した「時系列」（裁判所にも提出されたもの）がありますので〔図表３－XVIII－１〕を参照してください。

〔図表３－XVIII－１〕時系列

※この時系列は部員の証言のみで作成したものです。

時間	部活の状況	顧問・副顧問		剣太の状況	部員の状況
9:00頃 9:40頃 10:00頃	↓ すり足 ↓ 休　憩 （コップ2杯程度の水分を摂る）				次の練習にひびかないように少なめに 水分を摂取する 「後でもう一度くらい休憩があると思っていた」
10:25頃	〈練習開始〉 ・大技の面打ち				
	・切り返し（通常の2倍）				（部員1名）・気分が悪くなる
	・打ち込み	・剣太に対し 「俺が言ったポイントが全くできていない」 ・剣太のみ5〜6回やり直しさせる ・一度終わるごとに注意する ・「気迫がない！」「声が出ていない！」 「そんぐらいでバテるな！」と怒鳴り 自分が座っていたパイプ椅子を両手で持ち上げ、投げつける。（剣太の手前に落ちた） ・剣太の傍に行き面を持ち上げ首をむき出しにした状態で叩く	→	・面を持ち上げられたため、面がずれてしまう つけ直そうと座ると顧問から 「そうやって休憩しようとしよるんやろうが！」 と足か手で突き飛ばされ、壁にぶち当たる	※面を持ち上げて叩く行為は初めて見た
	・基立ち（3人）				（部員1名）・外のトイレに嘔吐しに行く ↑体育館に戻ると顧問が腰の辺りを 竹刀で3発くらい叩く （部員1名）・打ち込んだ後倒れ、なかなか 起き上がれない。顧問より面の上から 3発ほどげんこつで殴られる
	・基立ち（2人） （一人20回くらい）	「お前キャプテンやろうが！フラフラするな！ しっかりやれ！」と言う	←	・歩きがゆっくりになり、フラつく、呼吸が荒い	※残された部員もかなりキツそうだった
		※剣太の合否を他の部員全員に挙手で決めさせる	←	「俺、頑張るけん！みんな手挙げてな！」 と大声で言う	←挙手制にされた事で剣太の合格に手を 挙げた1年生に「どこがいいんだ！」と 責めるため、最後は誰も手を挙げなくなる
	※合格すれば抜ける事ができる	**「まだできるやろうが！」と言う**	←	**「もう無理です・・・」と言う**	
	〈剣太を含め3人が残される〉 1人は1回目、もう1人は2回目で 合格する			・フラつき壁にぶち当たったり、ひざまずいたり 座ったりを繰り返す（みんなで起こす） ・打ち込んだ後、動かなくなる ・違う方向を向いたまま動かずみんなで引っ張り 向きを変えるが動かない。打たなくなる。	※剣太の様子がおかしくなる・・・
		「芝居やろうが！キツイふりをすんな！」と言う	←	・竹刀を払われ落とすが拾おうとせず、持って いるかのような仕草をする	
		「基立ちが声を出しているのに、なぜお前が声を 出さない！」とフラつく剣太を歩いてきた勢いで 強く蹴る	→	体が「くの字」に曲がる程だったが、何とか 踏みとどまり2〜3歩行った所で倒れる。 その後、もがきうずくまる	
			←	・面と胴を外そうとする・・・が外れなかった。	
		「何しよるんか！」と言う	→	顧問の「何しよるんか！」の言葉に対し	
		「演技すんな！」と言う	←	**「本能です！」と答える。**	
				・前に倒れる（手を前につく事もしなかった） ↑目を開けない。声をかけても返事をしない。 （水をかけられ）→意識が戻る ・自分で面を取る ・太ももを両手で叩く仕草をする	←面の上から水をかける（2回）
		「立て！」と言う	←	顧問の言葉だけに反応し立ち上がる ・フラフラと玄関の方へ歩きだす 壁に頭をぶつけ倒れる	※胴紐を持って剣太を起こしたりする
		「お前そんな演技せんでいいぞ」 「演技やろうが！」と突き飛ばす	←	端に行き座り込む	
		「何をしている！」と左ヒザで剣太の胴を押さえ 左手で胸ぐらをつかみ、右手は肩の上まで振り上げ、 歯をくいしばり 「目を開けろ！聞こえちょるんか！ 俺は熱中症の人間を何人も見ている！ そういうのは熱中症じゃねぇ！ 演技じゃろうが！」と言いながら ・ケガの出血が飛び散る勢いで・・・（部員の表現） ・首が飛ぶくらい強く・・・（部員の表現） 10発程度、往復ビンタをした。	←	・フラつき、早歩きくらいのスピードで 壁があるのが見えないかのように壁にぶつかり 「あ――！」と大きな叫び声をあげながら その場に崩れ落ちるように座り込んだ。 その後、もう一度「あ――！」とさっきより 少し小さな声で叫び、上半身を後ろに倒して 仰向けに倒れた	←部員たちにより壁に寄りかからせる
			→	**何も反応しなくなる・・・** ↑　目は見開き、白目をむいていた・・・ 死んでいるような目だった・・・（部員）	・面を外し剣太の傍へ行く 水分を摂らせ、扇風機を当てたり アイシングを行う
		・部員に「面を取れ」と指示する ・剣太の弟を呼び、前で話をしていた。 ※顧問・・・（剣太の処置はしていない） ※副顧問・・・（防具を外したりする）		水分を摂らせてもらうが・・・全て嘔吐する	
12:19頃		・最後に嘔吐してから　5〜10分してから 意識のない剣太に「じゃあ行くか」と言い	←	再度、水分を摂らせてもらうが・・・全て嘔吐する	
12:25頃		**救急車を要請する**		「う〜　う〜」とうなるだけ・・・	
12:40頃		↑5分程して救急車が到着			
		救急車が学校を出発			（弟）練習が終わり体育館内の温度を 確認すると『36度』であった ※熱いはずなのに寒気がしていた。
		顧問・副顧問は最後まで全く慌てていなかった・・・ **先生の顔を見て、剣太は大丈夫だと思った。（部員）**			・剣太ほど集中して練習はしていないが 練習終了後足がつって普通に歩け なかった。 これは『熱中症の症状』である

1　原告遺族から見える景色

真実が知りたい。なぜ子どもが死ななくてはならなかったのか。それが遺族の素直な気持ちでしょう。筆者もこれまで、実際の裁判だけでなく、講演会等で何度も被害者遺族の方の話を聞いてきました。

裁判を起こしても命は帰ってこない。しかし、真実が明らかにされない以上裁判で明らかにしていくしかない。そして二度と同じような事件が繰り返されないようにしたい。その声が心に残っています。

本書における一貫したメッセージになりますが、様々な紛争は、行政側の立ち位置からいったん離れ、裁判に至った原告住民側の立ち位置から、その思いの理解を出発点としなければなりません。

この事例を紹介するに当たり、筆者は当該被害者である剣太君（保護者の思いを筆者なりに汲ませていただき、本事例紹介では可能な限り剣太君、奈美さんと表記いたします。愛し愛されて育った一人の命が失われたこと、その思いを記号でなく体温が伝わる形にしたいと思います。）の保護者である奈美さんに依頼し、思いを綴っていただきました。紙幅の都合で一部ですが紹介します。

「原告」と呼ばれるようになって

工藤　奈美

2009年８月22日、私たち夫婦は最愛の息子を亡くしました。

学校は教育の一環として間違っていない！といい、顧問も副顧問も罪を認めないことから、私たちは「裁判」という形で全てを明らかにし、剣太をここまで酷いやり方で死に至らしめた教員（公務員）に個人責任を負わせる闘いを始めました。

我が子が可愛くて、将来を楽しみに一生懸命に仕事をし、何気ない毎日を喜び過ごしていた“おとん”と“おかん”が「原告」と呼ばれるようになりました。

大分地裁一審は、元顧問、元副顧問、大分県、豊後大野市（病院）を相手取り提訴！

結果は、ある“一つの責任”が認められずも「勝訴」。

しかし、私たちはこの“一つの責任”を諦めることができませんでした。

“一つの責任”とは『国家賠償法』（以下、国賠法という）により、顧問・副顧問の過失は大分県が賠償責任を負ったのです。

剣太に暴行を加え、瀕死の状態で痙攣し白目を剥いているのに馬乗りで往復ビンタを繰り返し、その姿を見て「演技をするな！」と言った顧問、副顧問はその地獄絵図のような光景を見て見ぬふりをした…こんな二人の教員を公務員だからと一切の責任を取らせることなく県が尻拭いをしたの

> です。
>
> 国賠法　第一条一項「公務員が職務中に故意又は過失によって他人に損害を加えた時は国又は公共団体が賠償責任をとる」（略）
>
> 私たちは、剣太を死に至らしめたことは「重大な過失」であったと訴え、顧問と副顧問に個人責任を問うため二審を提訴するも「棄却」同じく三審も「棄却」で民事裁判は終わりました。
>
> そこで国賠法一条二項「公務員に故意又は重大な過失があった時は国又は公共団体は、その公務員に対して“求償権”を有する」（略）　私たちは顧問・副顧問に対し「重大な過失があった」とし「求償権の行使」を求め住民訴訟を提訴しました。
>
> 一審・大分地裁では顧問の「重過失」を認め100万円の支払いを命じ「勝訴」
>
> 大分県が控訴するも二審・福岡高裁も一審を支持し、８年近くの闘いが幕を閉じました。
>
> どうして、ここまで執念で闘ったのか…それは愛する我が子が死して警鐘を鳴らしたことを、二度と剣太のような子を出してはならん！と“おとん”と“おかん”そして家族が傷つきボロボロの盾となった裁判だったのです。
>
> （2020年12月）

奈美さんが実際の裁判結審の場で読んだ意見陳述書についても、公益社団法人全国犯罪被害者支援ネットワークのHPに、「大分県立竹田高等学校　熱中症死亡事件意見陳述書　被告と裁判長にぶつけた最後の母の思い…」[*1]として掲載されています。奈美さんの当時の思いの理解のために、一部引用します。

> 「最愛の息子・剣太を亡くしてから裁判を決意し、これまでこの裁判に立ち合い感じた事を、母の思いとして述べさせていただきます。
>
> 息子・剣太を身ごもった時から、この子の幸せを願ってきました。その息子が変わり果てた姿で私の手元に帰って来た日から、私達家族の生活は一変しました。皆さんは、文章でしか「剣太の死に際」を知らないでしょう。私は、病院に運ばれた約１時間後からこの子の死に立ち合いました。親ならば代わってあげたいほど苦しみ、最後は目も閉じず亡くなっていきました。」
>
> 「剣太をこんな目に遭わせた人間を私は絶対に許しません！しかし、法でしか闘いようがないのです。」「私達はこの裁判の行方を見守る事を決意しました。
>
> 裁判が進むにつれ、顧問・副顧問の大人げない言い訳に腹立たしさと、このような教員に教育を受ける子ども達がいる事の恐ろしさを感じました。剣太は亡くなった当日、決して歯向かう事が出来ない顧問に対し「もう無理です！」と命乞いをしました。それは、どれだけ勇気がいったことか。しかし、顧問と副顧問は、その命の言葉を聞き入れる事はありませんでした。」

＊1　公益社団法人大分被害者支援センター「犯罪被害者の声第９集より」
（https://www.nnvs.org/hvoice/post-4449/）

「この裁判であなた方は、国家賠償法という法律により守られていると知りました。今回提出された被告・[redacted]からの準備書面の中にこのような事が書かれてありました。公務員個人に対して被害者は直接請求できない。被害者たる他人は充分な賠償能力のある国または公共団体を相手方として賠償を求めることによって完全に経済的満足を得ることができる。たんに被害者が公務員個人の行為の道義性を問題とし、被害者の私的感情の満足ないし報復の充足をはかる以外なんらの実益も期待できない。」「私は、ある方に「民事裁判は賠償金でしか争う事はできない。子どもを殺された親には金などどうでもいい事。我が子を金で換算などできるはずがない。しかし、この闘いは賠償金の１円が相手の罪の重さなんだよ。」と言われたことがあります。ですから、これだけの事をした二人に罪の重さとして賠償をしてほしいと思います。学校の中で教師と生徒間に起きた、絶対服従の中の暴力や暴言は許されるのですか？これだけ犯罪的なことを公務員がしてもなお、国家賠償法は国民ではなく、公務員を守るのでしょうか、犯罪的なことまで守るのが国家賠償法でしょうか！逃げ出すことすら選べず、真面目に二人の先生の言うことに従い続け、亡くなっていったこの子は死に損ですか？

…もし、その時間に戻れるのなら、その場に行って剣太を抱きしめてやりたい。私がどれだけ殴られてもいいから剣太の上に覆いかぶさり守りたかった。 こうなる前に、救急車を呼んであげたかった！身体を張って息子を守ることができなかったことが、母親として無念でなりません。」

「どうか、この子の命の重さをわかってください。

この事件で奪われたのは尊い剣太の命だけではありません。この子を愛して止まなかった家族や友人達の心にも深い傷を負わせてしまったのです。

17歳の子が、自分の「死」を覚悟する気力さえ失くし、倒れた無念さを思うと、私達は未だ「死」が頭をよぎるほどの絶望感に襲われます。顧問・副顧問は、これから先の人生に夢を持ち真面目に生きた剣太の命を17年で止めてしまいました。しかし、彼らはこの事の重大さを直視する事なく、剣太は勝手に死んでいったかのような言い方しかしませんでした。私はこの死亡事件をただの過失では片付けたくありません。学校で一人の人間の一生を台無しにした事の重大さをもっと重視していただきたいと思います。」

こうした被害者の思いをみなさんはどのように感じましたか。裁判をしても剣太君は帰ってきません。でも真実を知るために裁判しかないとの思いが伝わってくると思います[*2]。

裁判過程をたどり、一緒に考えてみましょう。

まずは、国家賠償法に基づき、部活の指導教員の違法行為に基づく責任につ

＊２　奈美さんらは「剣太の会」を立ち上げ、今でも活動を続けています。
https://www.facebook.com/%E5%89%A3%E5%A4%AA%E3%81%AE%E4%BC%9A-235348386600798

いて自治体を被告として損害賠償請求を求めることになります。実際に、奈美さんらは、国賠法１条１項に基づく請求を行いました。

2　被告の姿勢

原告の主張に対しては、一般的には「法的には違法でない」「過失はない」との主張をすることが考えられますが、その主張をすべきかどうかは自治体として熟議すべきです。裁判では、原告の主張に対して被告が争わなければ争点とはなりませんが、本件では、以下の11点が主な争点として挙げられました。

① Ａの熱射病の発症時期
② 被告Ｂ（部活の顧問）の過失の有無
③ 被告Ｃ（同副顧問）の過失の有無
④ Ｄ医師の過失の有無
⑤ 被告Ｂ及び被告Ｃの各過失と結果との間の因果関係の有無
⑥ Ｄ医師の過失と結果との間の因果関係の有無
⑦ 被告Ｅ県に対する損害賠償請求権の成否
⑧ 被告Ｆ市に対する損害賠償請求権の成否
⑨ 被告Ｂ及び被告Ｃに対する損害賠償請求権の成否
⑩ 共同不法行為の成否
⑪ 損害の額

3　本件事案についての裁判所の判断

1　被告の主張とそれを排斥する裁判所の認定

本件事案では、被告Ｂ（部活の顧問）は以下のような主張をしましたが、裁判所はいずれの事情も被告Ｂの過失を否定するものではないとして退けました（県は控訴せず、判決は確定）。

(1)　Ａに対して一定の冷却措置をとっており、熱中症に対する処置としては十分であったとの主張

→　「ふらつく・転倒する」などの症状、意識朦朧等の少しでも意識障害が疑われる場合に取るべき第一の措置は、救急車の出動の要請であるとされており、冷却措置は、救急車到着までの待機時間における応急措置としての意味をもつにとどまるから、早急に救急車の出動を要請するなどして、Aを早期に医療機関に搬送すべき義務を怠った過失が認められる以上、冷却措置をとったことをもって、被告Bの過失が否定されるとはいえない。

(2)　Aの頬に平手打ちするなどしたことについて、気付けの趣旨であったとの主張

→　このような行動は、熱中症を発症した者に対して行うべき適切な措置と認めることはできない。

(3)　本件事故以前から、剣道部部員の保護者会や日頃の部活動の中で、塩分補給や水分補給について注意を促したり、積極的に長時間の休憩時間をとるようにしたり、自費で大型扇風機を購入して剣道場に設置するなどしていたとの主張

→　実際にそのような事実があったことは認められるが、Aは、実際に剣道部の練習中に熱射病を発症したのであり、被告Bには、Aが熱射病を発症した際に、直ちに練習を中止し、救急車の出動を要請するなどして医療機関へ搬送し、それまでの応急措置として適切な冷却措置を取るべき注意義務を怠ったという過失が認められる。被告Bが、事前に種々の熱中症対策を実践していたとしても、その過失を免れることはできない。

結論として、当該顧問教員の過失が認められても、責任を負うのは自治体となります（国賠法1条1項[*3]）。こうした結論には多くの被害者が「納得できない」、「素朴な法感情に反する」と声を上げています。

国賠法1条2項[*4]は、求償権を定めています。この規定は行使されないのでしょうか。

＊3　「国又は公共団体が、これを賠償する責に任ずる」

事例25-2 住民監査請求

（平成27年9月9日付け受理・11月5日付け請求人に通知）

① 国家賠償法による自治体の責任が認められた（公務員個人は賠償責任を負わない）後、県は、市との間で前記認容額を折半して負担する旨合意し、これに基づき、原告らに対し、平成25年5月1日に供託（支払）した。

② この供託により、県は顧問教員らに求償権を取得するに至った（国賠法1条2項）にもかかわらず、県は当該供託金額について顧問教員らに対する求償権行使を怠っている状態が生じた。

③ そこで、本件遺族は、自治法242条1項の規定により、県の監査委員に対して監査請求を行った。

4 遺族側（請求人）の主張

遺族は、判決の実質的判断を見る限りは、顧問教員の重過失を肯定していると理解すべきであるとして、判決文を引用し、また教育的指導の範囲を逸脱した「しごき」による死亡事故であり、重過失は明白であるから、求償権行使を怠っていることは違法・不当に財産の管理を怠る事実に該当するとして、監査委員に対し、国賠法1条2項の規定に基づき県知事が顧問教員らに求償権を行使して、支払を求める措置を講じるよう勧告することを求めました（**事例25-2**）。

＊4 国賠法1条2項「前項の場合において、公務員に故意又は重大な過失があつたときは、国又は公共団体は、その公務員に対して求償権を有する。」

5　監査結果

監査委員は、県側の主張を採用し、重過失の意義ついて、最判昭32・７・９民集11巻７号1203頁を引用し、「通常人に要求される程度の相当な注意をしないでも、わずかの注意さえすれば、たやすく違法有害な結果を予見することができた場合であるのに、漫然これを見すごしたような、ほとんど故意に近い著しい注意欠如の状態を指すものと解するのを相当する」*5とし、本件では、漫然これを見過ごした事情は認められないこと、本件顧問教員の行為のみでなく総合病院の治療行為の過失もあるとの観点から本件請求には理由がないとしました。（監査結果の公表：大分県報平成27年号外124号、11月６日）

事例25-３　求償権不行使に対する住民訴訟

> 住民監査請求の結果を受けて、本件遺族らは、求償権の行使を求める住民訴訟を提起した。
>
> （福岡高判平29・10・２判例自治434号60頁・求償権行使懈怠違法確認等請求控訴事件・同附帯控訴事件）

6　遺族として再度裁判

これまで、国賠法１条２項の「求償権を有する」との規定は、行政にその行使の裁量権があると解釈され、実務上も行使された事例を聞いたことがないほどでしたが、顧問教員が直接の賠償責任を負担せず、停職６か月のみでその後も教育現場に立っていることについて、奈美さんらはとても納得できるものではありませんでした。

そこで、参加人顧問教員（Bら）には、本件事故につき重大な過失があり、

＊5　大判大２・12・20民録19輯1037頁参照。

被告（県知事）は、顧問教員（Bら）に対し、国賠法１条２項に基づく求償権を取得したにもかかわらず、被告がその行使を違法に怠っていると主張して、自治法242条の２第１項３号及び４号に基づき、被告が、顧問教員（Bら）に対し、その求償権の行使を怠る事実が違法であることの確認を求めるとともに、顧問教員（Bら）に対し、その支払を請求することを求める住民訴訟を提起しました（事例25-３）。

7　自治体側（被告県知事）の主張

自治体側が否認し、争うことにより、以下４点が主な争点となりました。

① 顧問教員（Bら）にAの死亡に対する重過失があったか
② 本件保険金の充当による求償権の有無ないし範囲
③ 求償権の信義則による制限の可否
④ 怠る事実の違法性の有無

8　裁判所の判断

結論としては、同部活動顧問と副顧問教員の２名に対して国賠法１条２項に基づく求償がされていないという本件事案について、顧問教員１名については、注意義務違反の程度は重大であり、その注意を甚だしく欠いたとして重過失があったとされ、自治法242条の２第１項３号及び４号に基づく請求が認容されました（副顧問教員１名については、重過失なしとして棄却）。

ここでは、顧問教員の重過失の有無について、裁判所の認定を詳しく見ていきましょう。

1　顧問教員の知識と立場

以下のような事実から、顧問教員は、剣道部の指導者として求められる熱中症に関する知識等を十分に有していると認められ、本件事故の２か月前に部活動における生徒の熱中症について教員に対する注意喚起がなされていたことなどの事情から、熱中症・熱射病が疑われる事態が生じた場合に求められる処置について、正確な理解が求められてしかるべき立場にあったとされました。

- 顧問教員は、文部科学省による平成21年6月26日付けの「熱中症事故等の防止について（依頼）」と題する文書、職員朝礼の際の「熱中症対策（部活生指導）」と題する書面を受領し、内容を把握した上、剣道場にも貼付し、部員に対し、気温が高い場合には練習自体を中止する旨告げるなどしていた。
- 保健体育の教員として使用していた「現代保健体育」という教科書にも熱中症についての記載あり。
- 剣道は、熱中症が起こりやすい競技特性があり、全国で熱中症による死亡事故が発生している。
- 全日本剣道連盟は、平成17年に剣道競技における熱中症の発症予防のための提言を公表していた。
- 顧問教員は剣道の段位7段の有段者で、指導歴も豊富であり、夏場の剣道の稽古が非常に暑い環境下で行われることを当然に認識しており、以前の教え子の中にも熱中症により病院に搬送される者もいた。

2　顧問教員の反論についての検討と注意義務違反

顧問教員による「熱射病に起因する意識障害の発現としての異常行動であると認識することはできなかった」との反論[*6]は、ⓐ事故当時の状況等に加え、ⓑ顧問教員が有しており、また有することが求められていた知識等からすれば、「遅くとも、Aが竹刀を落としたのにこれに気が付かずに竹刀を構える仕草を続けるという行動をとった時点において、Aの行動が熱射病に起因する意識障害の発現としての異常行動であること、ひいては放置すれば死亡する危険

＊6　これまでにもOがまだ続けることができる状態にあるのに「もう無理です。」と発言することがあったこと、本件当日におけるOの様子等からすると、上記のように竹刀を構えたような仕草についても、気持ちの弱さから練習をやめたいがために行う演技であると思ったとの反論。

が高いことを容易に認識し得たといえる」として退けられました。

そして、顧問教員の職務上の立場において負うべき注意義務の内容に照らせば、わずかな注意を払えば容易に認識し得たのであるから、「直ちに練習を中止させ、救急車の出動を要請するなどして医療機関へ搬送し、それまでの応急措置として適切な冷却措置を取るべき注意義務があったと認められる」「単にその注意義務を怠ったにとどまらず、Aの全身状態を悪化させるような不適切な行為にまで及んでいるのであるから、その注意義務違反の程度は重大であり、その注意を甚だしく欠いたものということができる」とされました。

具体的には、以下のような判断がなされています。

- Aの行動は、自らの行動を正常に把握できず、また、周囲からの注意や呼びかけに対しても正常に応答ができなくなるなど、意識が朦朧としているものといえ、このような症状は、熱射病（重度の熱中症）に起因する意識障害の発現ということができる。
- 副顧問Cや他の部員らは、これまでのAの言動や本件当日のAの様子等を顧問教員Bと一緒に見ていたが、Aが上記のような竹刀を構えたような仕草をした時点において、Aの様子が異常であると認識していたと認められるのであって、関係各証拠に照らしてみても、顧問教員Bにおいてのみ、このような状態を認識し得なかったとはいえない。
- にもかかわらず、それを熱射病の症状と疑うこともなく、安易に演技であると決めつけ、練習を継続させ、救急車の出動要請までの時間をいたずらに浪費した。直ちにAの練習を中止させることをせず、また、直ちに、医療機関へ搬送することも応急措置として適切な冷却措置を取ることもなかった。
- 加えて、意識障害の発現としての異常行動を示していたAに対し、前蹴りをし、再度倒れたAにまたがり、その頬を平手打ちにするなど、全身状態を悪化させるような不適切な行為にまで及んだ。

3　求償関係における公務員の重過失判断

裁判所は、次のように述べて、顧問教員にはAの死亡について重過失があったといえると判断しました。

・国賠法1条2項は、公務員個人に対する求償が、公務員を委縮させ、公務の果断な執行の障害となるおそれがあるとの弊害を踏まえ、過失責任の場合の求償には過失の重大性という要件の限定を付しているものと解される。
・そうであるからといって、過失の判断の前提となる予見可能性の対象や相当因果関係の判断が異なることとなる理由はない。
→　注意義務違反の程度が著しいものといえるかといった観点から判断すれば足りるというべき。
・顧問教員は、Aの行動が熱射病に起因する意識障害の発現としての異常行動であること、放置すれば死亡する危険が高いことを容易に認識し得たといえる。熱射病による死亡という結果についての予見可能性が否定されることはない。
・顧問教員は、自身の行為後の医師の医療上の過失についてまで予見可能性を必要とする旨の主張をするが、公務員に対する求償の場面において、そのような経過についての予見可能性を必要とされるものではない。

9　怠る事実の違法性の有無

さらに、裁判所は、被告県知事が顧問教員に対して求償権の行使をしなかったことについて、被告の主張を退け、そのような判断に合理性はなく、「違法に怠っている事実があるといえる」としました。

・地方公共団体が有する債権の管理について定める自治法240条、自治法施行令171条～171条の7までの規定によれば、客観的に存在する債権を理由もなく放置したり免除したりすることは許されない。原則として、地方公共団体の長にその行使又は不行使についての裁量はない（最判平16・4・23民集58巻4号892頁参照）。
・国賠法1条2項に基づく求償権は、不法行為に基づく損害賠償請求権と同様に、債権の存否自体が必ずしも明らかでない場合が多いことからすると、その不行使が違法な怠る事実に当たるというためには、少なくとも、客観的にみて求償権の発生を認定するに足りる証拠資料を地方公共団体の長が入手し、又は入手し得たことを要するものというべきである（最判平21・4・28裁判集民230号609頁参照）。
・前訴判決は、顧問教員は直ちに医療機関へ搬送する措置を怠った点において過失があるなどの認定判断をした上で、県に対する損害賠償請求を一部認容するものであり、前訴判決当時から県の知事であった被告は、前訴判決及び前訴において提出された証拠を入手していたと考えられる。

・前訴に提出された証拠や前訴判決等からすれば、客観的に見て顧問教員に重過失があり、求償権の発生を認めることは可能である。遅くとも本件訴訟が提起された時点までには、被告が求償権を行使することについて格別の支障がなかったといえる。

・なお、そのような証拠資料を入手し、又は入手し得たと認められる場合であっても、地方公共団体の長において、求償権を行使せず、その行使を見合わせる判断に合理性が認められるような例外的な場合には、違法な怠る事実があるとはいえないとする余地はある（本件については、被告の判断に合理性があると認めるに足りるような例外的な事情も認められない）。

10　本判決の法的評価と続く部活・体罰への規制

従前より、国賠法１条２項の行使は裁量の壁に阻まれてきました。その意味で、住民訴訟を提起して、国賠法１条２項に規定する求償権行使を認めさせた本判決は非常に住民側にとって意義の深い判決といえます。

これも、剣太君と奈美さんの思いが通じたものであると考えます。思いが制度を変えていくのです。

このような判決を、自治体は重く受けとめ、今後の対応に生かさなければなりません。部活における体罰が繰り返されないように、本判決がその歯止めとなることを願ってやみません。

おわりに

これで、ひととおり住民と行政との間の典型的な紛争類型を検討しました。

第1部では実務に必要な行政法に係る基礎制度知識を体系的に学び、第2部ではより実践的な紛争解決のために必要な行政実務基礎構築のお手伝いをしました。第3部では、実際の事例をもとにして、原告・被告・裁判所と視点をかえてみることで多角的な視点を磨く訓練をし、さらにそれをどう行政運営に反映させて住民の権利・利益の向上を目指すのかについて一緒に検討してきました。

こうして総論から各論・各論から総論をバランスよく行き来することで、実務上必要な紛争解決のための法務解決力を磨くことができてくるのではないでしょうか。私自身が実務の最前線で習得してきた手法を開示することで、みなさんが実務で目の前の事案に向き合うときに、この書籍での視点・思考法等を役立てていただければ幸いです。

さて、私自身は、大学教員に軸足を移しました。果たして大学は、大学教員はどうあるべきなのか。ジョン・F・ケネディ大統領が、大学の卒業式で、ジョン・メイスフィールドの文章にふれて、こう演説しています。「無知を憎む人々が、知る事に努め、真理を知っている人が、他の人々の目を開かせようと努力する場所が大学」であると。ここでいう真理とは、私にとって、そしてみなさんにとっては、憲法価値の実現であり、住民の権利・利益の向上を目指して、一人ひとりが尊重される社会を実現していくことなのでしょう。

お互い日々の実務・研究で、住民の権利・利益の向上を目指して、一歩ずつ歩んでいきましょう。昨日よりは今日、今日よりは明日と、レベルを上げて。

最後に、私自身が、紛争事案に向き合うとき、様々な人とかかわるとき、常に念頭に置き、自らの指針としていた言葉を引用してみなさんへのエールにかえさせていただきます。

小児科医として子どもの虐待に向き合ってきた坂井聖二先生の言葉です。

「新しいケースに出会い、新しい子どもや親と交錯するたびに、それまでの思い込みが根底から揺さぶられる。同じケースでも、時間を経て見直すと、それまでとは全く異なった相貌を表すことも珍しいことではない。私たちは、その時持ち合わせている「フィルター」を通してしかケースをみることはできない。生の現実というのは幻想である。現実とは常に「現実の解釈」に他ならない。したがって、ケースの見方は、私たちの成長によってより成熟したものになる可能性を秘めていると同時に、私たちの思考の後退によっていくらでも貧弱になる危険性を帯びている。ケースは、それを見る人によって、異なった姿を現す。それは、ケースに限らず、あらゆる事象に共通した認識の構造である。」（坂井聖二『私の出会った子どもたち～小さな星たちの記録～』あとがきにかえてより一部引用）

私は、いつもこの言葉を胸に日々仕事に向き合ってきました。今も同じです。

それでは、みなさんお元気で。

私は、今でも非常勤公務員、審議会委員、ワーキングの委員、研修講師というような形で、行政実務にかかわっており、今後もかかわって行きます。

いつかどこかでお会いしましょう。

一緒に伴走してくださった第一法規の小野寺佳奈子さん、いつも的確なアドバイスとご教示をいただき本当にありがとうございました。この場を借りて厚くお礼申し上げます。

～陽の温もりを感じ／悠然とした思いで／遼か未来に思いを馳せつつ～

東の空を仰ぐ窓辺にて

参考法令

行政事件訴訟法

〔昭和37年５月16日法律第139号〕

（この法律の趣旨）

第１条　行政事件訴訟については、他の法律に特別の定めがある場合を除くほか、この法律の定めるところによる。

国家賠償法

〔昭和22年10月27日法律第125号〕

〔公権力の行使に当る公務員の加害行為に基く損害賠償責任・その公務員に対する求償権〕

第１条　国又は公共団体の公権力の行使に当る公務員が、その職務を行うについて、故意又は過失によつて違法に他人に損害を加えたときは、国又は公共団体が、これを賠償する責に任ずる。

２　前項の場合において、公務員に故意又は重大な過失があつたときは、国又は公共団体は、その公務員に対して求償権を有する。

〔公の営造物の設置管理の瑕疵に基く損害の賠償責任・損害の責任者に対する求償権〕

第２条　道路、河川その他の公の営造物の設置又は管理に瑕疵があつたために他人に損害を生じたときは、国又は公共団体は、これを賠償する責に任ずる。

２　前項の場合において、他に損害の原因について責に任ずべき者があるときは、国又は公共団体は、これに対して求償権を有する。

〔費用負担者の損害賠償責任・内部関係で責任ある者に対する求償権〕

第３条　前２条の規定によつて国又は公共団体が損害を賠償する責に任ずる場合において、公務員の選任若しくは監督又は公の営造物の設置若しくは管理に当る者と公務員の俸給、給与その他の費用又は公の営造物の設置若しくは管理の費用を負担する者とが異なるときは、費用を負担する者もまた、その損害を賠償する責に任ずる。

2　前項の場合において、損害を賠償した者は、内部関係でその損害を賠償する責任ある者に対して求償権を有する。

〔民法の適用〕

第4条　国又は公共団体の損害賠償の責任については、前三条の規定によるの外、民法〔明治29年4月法律第89号〕の規定による。

〔他の法律の適用〕

第5条　国又は公共団体の損害賠償の責任について民法以外の他の法律に別段の定があるときは、その定めるところによる。

〔外国人が被害者である場合の相互保証主義〕

第6条　この法律は、外国人が被害者である場合には、相互の保証があるときに限り、これを適用する。

行政機関の保有する情報の公開に関する法律

〔平成11年5月14日号外法律第42号〕

第1章　総則（第1条・第2条）
第2章　行政文書の開示（第3条～第17条）
第3章　審査請求等（第18条～第21条）
第4章　補則（第22条～第26条）

（目的）

第1条　この法律は、国民主権の理念にのっとり、行政文書の開示を請求する権利につき定めること等により、行政機関の保有する情報の一層の公開を図り、もって政府の有するその諸活動を国民に説明する責務が全うされるようにするとともに、国民の的確な理解と批判の下にある公正で民主的な行政の推進に資することを目的とする。

行政機関の保有する個人情報の保護に関する法律

〔平成15年5月30日号外法律第58号〕

第1章　総則（第1条・第2条）
第2章　行政機関における個人情報の取扱い（第3条～第9条）
第3章　個人情報ファイル（第10条・第11条）

第４章　開示、訂正及び利用停止
　第１節　開示（第12条～第26条）
　第２節　訂正（第27条～第35条）
　第３節　利用停止（第36条～第41条）
　第４節　審査請求（第42条～第44条）
　第４章の２　行政機関非識別加工情報の提供（第44条の２～第44条の16）
第５章　雑則（第45条～第52条）
第６章　罰則（第53条～第57条）

（目的）

第１条　この法律は、行政機関において個人情報の利用が拡大していることに鑑み、行政機関における個人情報の取扱いに関する基本的事項及び行政機関非識別加工情報（行政機関非識別加工情報ファイルを構成するものに限る。）の提供に関する事項を定めることにより、行政の適正かつ円滑な運営を図り、並びに個人情報の適正かつ効果的な活用が新たな産業の創出並びに活力ある経済社会及び豊かな国民生活の実現に資するものであることその他の個人情報の有用性に配慮しつつ、個人の権利利益を保護することを目的とする。

○平成28年法律第51号改正前

（目的）

第１条　この法律は、行政機関において個人情報の利用が拡大していることにかんがみ、行政機関における個人情報の取扱いに関する基本的事項を定めることにより、行政の適正かつ円滑な運営を図りつつ、個人の権利利益を保護することを目的とする。

行政手続法

〔平成５年11月12日号外法律第88号〕

第１章　総則（第１条～第４条）
第２章　申請に対する処分（第５条～第11条）
第３章　不利益処分
　第１節　通則（第12条～第14条）
　第２節　聴聞（第15条～第28条）
　第３節　弁明の機会の付与（第29条～第31条）

（目的等）

第１条　この法律は、処分、行政指導及び届出に関する手続並びに命令等を定める手続に関し、共通する事項を定めることによって、行政運営における公正の確保と透明性（行政上の意思決定について、その内容及び過程が国民にとって明らかであることをいう。第46条において同じ。）の向上を図り、もって国民の権利利益の保護に資することを目的とする。

2　処分、行政指導及び届出に関する手続並びに命令等を定める手続に関しこの法律に規定する事項について、他の法律に特別の定めがある場合は、その定めるところによる。

行政不服審査法

〔平成26年６月13日号外法律第68号〕

（目的等）

第１条　この法律は、行政庁の違法又は不当な処分その他公権力の行使に当たる行為に関し、国民が簡易迅速かつ公正な手続の下で広く行政庁に対する不服申立てをすることができるための制度を定めることにより、国民の権利利益の救済を図るとともに、行政の適正な運営を確保することを目的とする。

2　行政庁の処分その他公権力の行使に当たる行為（以下単に「処分」という。）に関する不服申立てについては、他の法律に特別の定めがある場合を除くほか、この法律の定めるところによる。

地方自治法

〔昭和22年4月17日法律第67号〕

第１条　この法律は、地方自治の本旨に基いて、地方公共団体の区分並びに地方公共団体の組織及び運営に関する事項の大綱を定め、併せて国と地方公共団体との間の基本的関係を確立することにより、地方公共団体における民主的にして能率的な行政の確保を図るとともに、地方公共団体の健全な発達を保障することを目的とする。

第１条の２　地方公共団体は、住民の福祉の増進を図ることを基本として、地域における行政を自主的かつ総合的に実施する役割を広く担うものとする。

2　国は、前項の規定の趣旨を達成するため、国においては国際社会における国家としての存立にかかわる事務、全国的に統一して定めることが望ましい国民の諸活動若しくは地方自治に関する基本的な準則に関する事務又は全国的な規模で若しくは全国的な視点に立つて行わなければならない施策及び事業の実施その他の国が本来果たすべき役割を重点的に担い、住民に身近な行政はできる限り地方公共団体にゆだねることを基本として、地方公共団体との間で適切に役割を分担するとともに、地方公共団体に関する制度の策定及び施策の実施に当たつて、地方公共団体の自主性及び自立性が十分に発揮されるようにしなければならない。

第１条の３　地方公共団体は、普通地方公共団体及び特別地方公共団体とする。

２　普通地方公共団体は、都道府県及び市町村とする。

３　特別地方公共団体は、特別区、地方公共団体の組合及び財産区とする。

地方公務員法

〔昭和25年12月13日法律第261号〕

（この法律の目的）

第１条　この法律は、地方公共団体の人事機関並びに地方公務員の任用、人事評価、給与、勤務時間その他の勤務条件、休業、分限及び懲戒、服務、退職管理、研修、福祉及び利益の保護並びに団体等人事行政に関する根本基準を確立することにより、地方公共団体の行政の民主的かつ能率的な運営並びに特定地方独立行政法人の事務及び事業の確実な実施を保障し、もつて地方自治の本旨の実現に資することを目的とする。

児童福祉法

〔昭和22年12月12日法律第164号〕

〔児童の権利〕

第１条　全て児童は、児童の権利に関する条約の精神にのつとり、適切に養育されること、その生活を保障されること、愛され、保護されること、その心身の健やかな成長及び発達並びにその自立が図られることその他の福祉を等しく保障される権利を有する。

〔国民等の責務〕

第２条　全て国民は、児童が良好な環境において生まれ、かつ、社会のあらゆる分野において、児童の年齢及び発達の程度に応じて、その意見が尊重され、その最善の利益が優先して考慮され、心身ともに健やかに育成されるよう努めなければならない。

2　児童の保護者は、児童を心身ともに健やかに育成することについて第一義的責任を負う。

3　国及び地方公共団体は、児童の保護者とともに、児童を心身ともに健やかに育成する責任を負う。

〔福祉保障の原理〕

第３条　前２条に規定するところは、児童の福祉を保障するための原理であり、この原理は、すべて児童に関する法令の施行にあたつて、常に尊重されなければならない。

○平成28年法律第63号改正前

〔国民の責務と児童福祉の理念〕

第１条　すべて国民は、児童が心身ともに健やかに生まれ、且つ、育成されるよう努めなければならない。

2　すべて児童は、ひとしくその生活を保障され、愛護されなければならない。

〔国及び地方公共団体の責任〕

第２条　国及び地方公共団体は、児童の保護者とともに、児童を心身ともに健やかに育成する責任を負う。

児童虐待の防止等に関する法律

〔平成12年５月24日号外法律第82号〕

（目的）

第１条　この法律は、児童虐待が児童の人権を著しく侵害し、その心身の成長及び人格の形成に重大な影響を与えるとともに、我が国における将来の世代の育成にも懸念を及ぼすことにかんがみ、児童に対する虐待の禁止、児童虐待の予防及び早期発見その他の児童虐待の防止に関する国及び地方公共団体の責務、児童虐待を受けた児童の保護及び自立の支援のための措置等を定めることにより、児童虐待の防止等に関する施策を促進し、もって児童の権利利益の擁護に資することを目的とする。

配偶者からの暴力の防止及び被害者の保護等に関する法律

〔平成13年４月13日法律第31号〕

第１章　総則（第１条・第２条）
第１章の２　基本方針及び都道府県基本計画等（第２条の２・第２条の３）
第２章　配偶者暴力相談支援センター等（第３条～第５条）
第３章　被害者の保護（第６条～第９条の２）
第４章　保護命令（第10条～第22条）
第５章　雑則（第23条～第28条）
第５章の２　補則（第28条の２）
第６章　罰則（第29条・第30条）

我が国においては、日本国憲法に個人の尊重と法の下の平等がうたわれ、人権の擁護と男女平等の実現に向けた取組が行われている。ところが、配偶者からの暴力は、犯罪となる行為をも含む重大な人権侵害であるにもかかわらず、被害者の救済が必ずしも十分に行われてこなかった。また、配偶者からの暴力の被害者は、多くの場合女性であり、経済的自立が困難である女性に対して配偶者が暴力を加えることは、個人の尊厳を害し、男女平等の実現の妨げとなっている。このような状況を改善し、人権の擁護と男女平等の実現を図るためには、配偶者からの暴力を防止し、被害者を保護するための施策を講ずることが必要である。このことは、女性に対する暴力を根絶しようと努めている国際社会における取組にも沿うものである。ここに、配偶者からの暴力に係る通報、相談、保護、自立支援等の体制を整備することにより、配偶者からの暴力の防止及び被害者の保護を図るため、この法律を制定する。

（定義）

第１条　この法律において「配偶者からの暴力」とは、配偶者からの身体に対する暴力（身体に対する不法な攻撃であって生命又は身体に危害を及ぼすものをいう。以下同じ。）又はこれに準ずる心身に有害な影響を及ぼす言動（以下この項及び第28条の２において「身体に対する暴力等」と総称する。）をいい、配偶者からの身体に対する暴力等を受けた後に、その者が離婚をし、又はその婚姻が取り消された場合にあっては、当該配偶者であった者から引き続き受ける身体に対する暴力等を含むものとする。

２　この法律において「被害者」とは、配偶者からの暴力を受けた者をいう。

３　この法律にいう「配偶者」には、婚姻の届出をしていないが事実上婚姻関係と同様の事情にある者を含み、「離婚」には、婚姻の届出をしていないが事実上婚姻関係と同様の事情にあった者が、事実上離婚したと同様の事情に入ることを含むものとする。

（国及び地方公共団体の責務）

第２条　国及び地方公共団体は、配偶者からの暴力を防止するとともに、被害者の自立を支援することを含め、その適切な保護を図る責務を有する。

ストーカー行為等の規制等に関する法律

〔平成12年５月24日号外法律第81号〕

（目的）

第１条　この法律は、ストーカー行為を処罰する等ストーカー行為等について必要な規制を行うとともに、その相手方に対する援助の措置等を定めることにより、個人の身体、自由及び名誉に対する危害の発生を防止し、あわせて国民の生活の安全と平穏に資することを目的とする。

高齢者虐待の防止、高齢者の養護者に対する支援等に関する法律

〔平成17年11月９日法律第124号〕

（目的）

第１条　この法律は、高齢者に対する虐待が深刻な状況にあり、高齢者の尊厳の保持にとって高齢者に対する虐待を防止することが極めて重要であること等にかんがみ、高齢者虐待の防止等に関する国等の責務、高齢者虐待を受けた高齢者に対する保護のための措置、養護者の負担の軽減を図ること等の養護者に対する養護者による高齢者虐待の防止に資する支援（以下「養護者に対する支援」という。）のための措置等を定めることにより、高齢者虐待の防止、養護者に対する支援等に関する

施策を促進し、もって高齢者の権利利益の擁護に資することを目的とする。

障害者虐待の防止、障害者の養護者に対する支援等に関する法律

〔平成23年６月24日号外法律第79号〕

（目的）

第１条　この法律は、障害者に対する虐待が障害者の尊厳を害するものであり、障害者の自立及び社会参加にとって障害者に対する虐待を防止することが極めて重要であること等に鑑み、障害者に対する虐待の禁止、障害者虐待の予防及び早期発見その他の障害者虐待の防止等に関する国等の責務、障害者虐待を受けた障害者に対する保護及び自立の支援のための措置、養護者の負担の軽減を図ること等の養護者に対する養護者による障害者虐待の防止に資する支援（以下「養護者に対する支援」という。）のための措置等を定めることにより、障害者虐待の防止、養護者に対する支援等に関する施策を促進し、もって障害者の権利利益の擁護に資することを目的とする。

障害者基本法

〔昭和45年５月21日法律第84号〕

（目的）

第１条　この法律は、全ての国民が、障害の有無にかかわらず、等しく基本的人権を享有するかけがえのない個人として尊重されるものであるとの理念にのつとり、全ての国民が、障害の有無によつて分け隔てられることなく、相互に人格と個性を尊重し合いながら共生する社会を実現するため、障害者の自立及び社会参加の支援等のための施策に関し、基本原則を定め、及び国、地方公共団体等の責務を明らかにするとともに、障害者の自立及び社会参加の支援等のための施策の基本となる事項を定めること等により、障害者の自立及び社会参加の支援等のための施策を総合的かつ計画的に推進することを目的とする。

障害を理由とする差別の解消の推進に関する法律

〔平成25年６月26日号外法律第65号〕

（目的）

第１条　この法律は、障害者基本法（昭和45年法律第84号）の基本的な理念にのっとり、全ての障害者が、障害者でない者と等しく、基本的人権を享有する個人としてその尊厳が重んぜられ、その尊厳にふさわしい生活を保障される権利を有することを踏まえ、障害を理由とする差別の解消の推進に関する基本的な事項、行政機関等及び事業者における障害を理由とする差別を解消するための措置等を定めることにより、障害を理由とする差別の解消を推進し、もって全ての国民が、障害の有無によって分け隔てられることなく、相互に人格と個性を尊重し合いながら共生する社会の実現に資することを目的とする。

部落差別の解消の推進に関する法律

〔平成28年12月16日号外法律第109号〕

（目的）

第１条　この法律は、現在もなお部落差別が存在するとともに、情報化の進展に伴って部落差別に関する状況の変化が生じていることを踏まえ、全ての国民に基本的人権の享有を保障する日本国憲法の理念にのっとり、部落差別は許されないものであるとの認識の下にこれを解消することが重要な課題であることに鑑み、部落差別の解消に関し、基本理念を定め、並びに国及び地方公共団体の責務を明らかにするとともに、相談体制の充実等について定めることにより、部落差別の解消を推進し、もって部落差別のない社会を実現することを目的とする。

本邦外出身者に対する不当な差別的言動の解消に向けた取組の推進に関する法律

〔平成28年６月３日号外法律第68号〕

我が国においては、近年、本邦の域外にある国又は地域の出身であることを理由として、適法に居住するその出身者又はその子孫を、我が国の地域社会から排除することを煽動する不当な差別的言動が行われ、その出身者又はその子孫が多大な苦痛を強いられるとともに、当該地域社会に深刻な亀裂を生じさせている。

もとより、このような不当な差別的言動はあってはならず、こうした事態をこのまま看過することは、国際社会において我が国の占める地位に照らしても、ふさわしいものではない。

ここに、このような不当な差別的言動は許されないことを宣言するとともに、更なる人権教育と人権啓発などを通じて、国民に周知を図り、その理解と協力を得つつ、不当な差別的言動の解消に向けた取組を推進すべく、この法律を制定する。

（目的）

第１条　この法律は、本邦外出身者に対する不当な差別的言動の解消が喫緊の課題であることに鑑み、その解消に向けた取組について、基本理念を定め、及び国等の責務を明らかにするとともに、基本的施策を定め、これを推進することを目的とする。

暴力団員による不当な行為の防止等に関する法律

〔平成３年５月15日号外法律第77号〕

第１章　総則（第１条～第８条）
第２章　暴力的要求行為の規制等（第９条～第14条）
第３章　対立抗争時の事務所の使用制限等（第15条～第15条の４）
第４章　加入の強要の規制その他の規制等（第16条～第30条の７）
第４章の２　特定危険指定暴力団等の指定等（第30条の８～第30条の12）
第５章　指定暴力団の代表者等の損害賠償責任（第31条～第31条の３）
第６章　暴力団員による不当な行為の防止等に関する国等の責務及び民間活動の促進（第32条～第32条の15）
第７章　雑則（第33条～第45条）
第８章　罰則（第46条～第52条）

（目的）

第１条　この法律は、暴力団員の行う暴力的要求行為等について必要な規制を行い、及び暴力団の対立抗争等による市民生活に対する危険を防止するために必要な措置を講ずるとともに、暴力団員の活動による被害の予防等に資するための民間の公益的団体の活動を促進する措置等を講ずることにより、市民生活の安全と平穏の確保を図り、もって国民の自由と権利を保護することを目的とする。

建築基準法

〔昭和25年５月24日法律第201号〕

第１章　総則（第１条～第18条の３）
第２章　建築物の敷地、構造及び建築設備（第19条～第41条）
第３章　都市計画区域等における建築物の敷地、構造、建築設備及び用途（第41条の２～第68条の９）
第３章の２　型式適合認定等（第68条の10～第68条の26）
第４章　建築協定（第69条～第77条）
第４章の２　指定建築基準適合判定資格者検定機関等（第77条の２～第77条の57）
第４章の３　建築基準適合判定資格者等の登録（第77条の58～第77条の66）
第５章　建築審査会（第78条～第83条）
第６章　雑則（第84条～第97条の６）
第７章　罰則（第98条～第107条）

（目的）

第１条　この法律は、建築物の敷地、構造、設備及び用途に関する最低の基準を定めて、国民の生命、健康及び財産の保護を図り、もつて公共の福祉の増進に資することを目的とする。

都市計画法

〔昭和43年６月15日法律第100号〕

第１章　総則（第１条～第６条）
第２章　都市計画（第６条の２～第28条）
第３章　都市計画制限等（第29条～第58条の11）
第４章　都市計画事業（第59条～第75条）
第５章　都市施設等整備協定（第75条の２～第75条の４）
第６章　都市計画協力団体（第75条の５～第75条の10）
第７章　社会資本整備審議会の調査審議等及び都道府県都市計画審議会等（第76条～第78条）
第８章　雑則（第79条～第88条の２）
第９章　罰則（第89条～第98条）

（目的）

第１条　この法律は、都市計画の内容及びその決定手続、都市計画制限、都市計画事業その他都市計画に関し必要な事項を定めることにより、都市の健全な発展と秩序ある整備を図り、もつて国土の均衡ある発展と公共の福祉の増進に寄与することを目的とする。

災害対策基本法

〔昭和36年11月15日法律第223号〕

第１章　総則（第１条～第10条）
第２章　防災に関する組織（第11条～第33条）
第３章　防災計画（第34条～第45条）
第４章　災害予防（第46条～第49条の13）
第５章　災害応急対策（第50条～第86条の18）
第６章　災害復旧（第87条～第90条）
第７章　被災者の援護を図るための措置（第90条の２～第90条の４）
第８章　財政金融措置（第91条～第104条）
第９章　災害緊急事態（第105条～第109条の２）

（目的）

第1条　この法律は、国土並びに国民の生命、身体及び財産を災害から保護するため、防災に関し、基本理念を定め、国、地方公共団体及びその他の公共機関を通じて必要な体制を確立し、責任の所在を明確にするとともに、防災計画の作成、災害予防、災害応急対策、災害復旧及び防災に関する財政金融措置その他必要な災害対策の基本を定めることにより、総合的かつ計画的な防災行政の整備及び推進を図り、もつて社会の秩序の維持と公共の福祉の確保に資することを目的とする。

新型インフルエンザ等対策特別措置法

〔平成24年5月11日号外法律第31号〕

（目的）

第1条　この法律は、国民の大部分が現在その免疫を獲得していないこと等から、新型インフルエンザ等が全国的かつ急速にまん延し、かつ、これにかかった場合の病状の程度が重篤となるおそれがあり、また、国民生活及び国民経済に重大な影響を及ぼすおそれがあることに鑑み、新型インフルエンザ等対策の実施に関する計画、新型インフルエンザ等の発生時における措置、新型インフルエンザ等まん延防止等重点措置、新型インフルエンザ等緊急事態措置その他新型インフルエンザ等に関する事項について特別の措置を定めることにより、感染症の予防及び感染症の患者に対する医療に関する法律（平成10年法律第114号。以下「感染症法」という。）その他新型インフルエンザ等の発生の予防及びまん延の防止に関する法律と相まって、新型インフルエンザ等に対する対策の強化を図り、もって新型インフルエンザ等の発生時において国民の生命及び健康を保護し、並びに国民生活及び国民経済に及ぼす影響が最小となるようにすることを目的とする。

(定義)

第2条　この法律において、次の各号に掲げる用語の意義は、それぞれ当該各号に定めるところによる。

一　新型インフルエンザ等　感染症法第6条第7項に規定する新型インフルエンザ等感染症（第6条第2項第2号イ及び第14条において単に「新型インフルエンザ等感染症」という。）、感染症法第6条第8項に規定する指定感染症（第14条の報告に係るものに限る。）及び感染症法第6条第9項に規定する新感染症（全国的かつ急速なまん延のおそれのあるものに限る。第14条において単に「新感染症」という。）をいう。

○**附　則**（令和2年法律第4号により追加され、その後削除）

(新型コロナウイルス感染症に関する特例)

第1条の2　新型コロナウイルス感染症（病原体がベータコロナウイルス属のコロナウイルス（令和2年1月に、中華人民共和国から世界保健機関に対して、人に伝染する能力を有することが新たに報告されたものに限る。）であるものに限る。第3項において同じ。）については、新型インフルエンザ等対策特別措置法の一部を改正する法律（令和2年法律第4号。同項において「改正法」という。）の施行の日から起算して2年を超えない範囲内において政令で定める日までの間は、第2条第1号に規定する新型インフルエンザ等とみなして、この法律及びこの法律に基づく命令（告示を含む。）の規定を適用する。

2　前項の場合におけるこの法律の規定の適用については、第14条中「とき」とあるのは、「とき（新型コロナウイルス感染症（病原体がベータコロナウイルス属のコロナウイルス（令和2年1月に、中華人民共和国から世界保健機関に対して、人に伝染する能力を有することが新たに報告されたものに限る。）であるものに限る。）にあっては、そのまん延のおそれが高いと認めるとき）」とする。

3　前項に定めるもののほか、第1項の場合において、改正法の施行前に作成された政府行動計画、都道府県行動計画、市町村行動計画及び業務計画（以下この項において「行動計画等」という。）に定められていた新型インフルエンザ等に関する事項は、新型コロナウイルス感染症を含む新型インフルエンザ等に関する事項として行動計画等に定められているものとみなす。

感染症の予防及び感染症の患者に対する医療に関する法律

〔平成10年10月２日号外法律第114号〕

人類は、これまで、疾病、とりわけ感染症により、多大の苦難を経験してきた。ペスト、痘そう、コレラ等の感染症の流行は、時には文明を存亡の危機に追いやり、感染症を根絶することは、正に人類の悲願と言えるものである。

医学医療の進歩や衛生水準の著しい向上により、多くの感染症が克服されてきたが、新たな感染症の出現や既知の感染症の再興により、また、国際交流の進展等に伴い、感染症は、新たな形で、今なお人類に脅威を与えている。

一方、我が国においては、過去にハンセン病、後天性免疫不全症候群等の感染症の患者等に対するいわれのない差別や偏見が存在したという事実を重く受け止め、これを教訓として今後に生かすことが必要である。

このような感染症をめぐる状況の変化や感染症の患者等が置かれてきた状況を踏まえ、感染症の患者等の人権を尊重しつつ、これらの者に対する良質かつ適切な医療の提供を確保し、感染症に迅速かつ適確に対応することが求められている。

ここに、このような視点に立って、これまでの感染症の予防に関する施策を抜本的に見直し、感染症の予防及び感染症の患者に対する医療に関する総合的な施策の推進を図るため、この法律を制定する。

（目的）

第１条　この法律は、感染症の予防及び感染症の患者に対する医療に関し必要な措置を定めることにより、感染症の発生を予防し、及びそのまん延の防止を図り、もって公衆衛生の向上及び増進を図ることを目的とする。

（基本理念）

第２条　感染症の発生の予防及びそのまん延の防止を目的として国及び地方公共団体が講ずる施策は、これらを目的とする施策に関する国際的動向を踏まえつつ、保健医療を取り巻く環境の変化、国際交流の進展等に即応し、新感染症その他の感染症に迅速かつ適確に対応することができるよう、感染症の患者等が置かれている状況を深く認識し、これらの者の人権を尊重しつつ、総合的かつ計画的に推進されることを基本理念とする。

（国及び地方公共団体の責務）

第３条　国及び地方公共団体は、教育活動、広報活動等を通じた感染症に関する正しい知識の普及、感染症に関する情報の収集、整理、分析及び提供、感染症に関する研究の推進、病原体等の検査能力の向上並びに感染症の予防に係る人材の養成及び資質の向上を図るとともに、社会福祉等の関連施策との有機的な連携に配慮しつつ感染症の患者が良質かつ適切な医療を受けられるように必要な措置を講ずるよう努めなければならない。この場合において、国及び地方公共団体は、感染症の患者等の人権を尊重しなければならない。

2　国及び地方公共団体は、地域の特性に配慮しつつ、感染症の予防に関する施策が総合的かつ迅速に実施されるよう、相互に連携を図らなければならない。

3　国は、感染症及び病原体等に関する情報の収集及び研究並びに感染症に係る医療のための医薬品の研究開発の推進、病原体等の検査の実施等を図るための体制を整備し、国際的な連携を確保するよう努めるとともに、地方公共団体に対し前２項の責務が十分に果たされるように必要な技術的及び財政的援助を与えることに努めなければならない。

（定義等）

第６条

7　この法律において「新型インフルエンザ等感染症」とは、次に掲げる感染性の疾病をいう。

三　新型コロナウイルス感染症（新たに人から人に伝染する能力を有することと

なったコロナウイルスを病原体とする感染症であって、一般に国民が当該感染症に対する免疫を獲得していないことから、当該感染症の全国的かつ急速なまん延により国民の生命及び健康に重大な影響を与えるおそれがあると認められるものをいう。）

四　再興型コロナウイルス感染症（かつて世界的規模で流行したコロナウイルスを病原体とする感染症であってその後流行することなく長期間が経過しているものとして厚生労働大臣が定めるものが再興したものであって、一般に現在の国民の大部分が当該感染症に対する免疫を獲得していないことから、当該感染症の全国的かつ急速なまん延により国民の生命及び健康に重大な影響を与えるおそれがあると認められるものをいう。）

新型インフルエンザ等対策特別措置法等の一部を改正する法律案の概要

改正の趣旨

○ 現下の新型コロナウイルス感染症に係る対策の推進を図るため、「まん延防止等重点措置」を創設し、営業時間の変更の要請、要請に応じない場合の命令等を規定し、併せて事業者及び地方公共団体等に対する支援を規定するとともに、新型コロナウイルス感染症を感染症法において新型インフルエンザ等感染症と位置付け、所要の措置を講ずることができることとし、併せて宿泊療養及び自宅療養の要請について法律上の根拠を設ける等の措置を講ずる。

改正の概要

1．新型インフルエンザ等対策特別措置法の一部改正

① 特定の地域において、国民生活及び国民経済に甚大な影響を及ぼすおそれがあるまん延を防止するため、「まん延防止等重点措置」を創設し、営業時間の変更等の要請、要請に応じない場合の命令、命令に違反した場合の過料を規定する。

② 緊急事態宣言中に開設できることとされている「臨時の医療施設」について、政府対策本部が設置された段階から開設できることとする。

③ 緊急事態宣言中の施設の使用制限等の要請に応じない場合の命令、命令に違反した場合の過料を規定する。

④ 事業者及び地方公共団体に対する支援

○ 国及び地方公共団体は、事業者に対する支援に必要な財政上の措置、医療機関及び医療関係者に対する支援等を講ずるものとする。

○ 国は、地方公共団体の施策を支援するために必要な財政上の措置を講ずるものとする。

⑤ 差別の防止に係る国及び地方公共団体の責務規定を設ける。

⑥ 新型インフルエンザ等対策推進会議を内閣に置くこととする。

2．感染症の予防及び感染症の患者に対する医療に関する法律及び検疫法の一部改正

① 新型コロナウイルス感染症を「新型インフルエンザ等感染症」として位置付け、同感染症に係る措置を講ずることができることとする。

② 国や地方自治体間の情報連携

○ 保健所設置市・区から都道府県知事への発生届の報告・積極的疫学調査結果の関係自治体への通報を義務化し、電磁的方法の活用を規定する。

③ 宿泊療養・自宅療養の法的位置付け

○ 新型インフルエンザ等感染症・新感染症のうち厚生労働大臣が定めるものについて、宿泊療養・自宅療養の協力要請規定を新設する。また、検疫法上も、宿泊療養・自宅待機その他の感染防止に必要な協力要請を規定することとする。

④ 入院勧告・措置の見直し

○ 新型インフルエンザ等感染症・新感染症のうち厚生労働大臣が定めるものについて、入院勧告・措置の対象を限定することを明示する。

○ 入院措置に応じない場合又は入院先から逃げた場合に罰則を科することとする。

⑤ 積極的疫学調査の実効性確保のため、新型インフルエンザ等感染症の患者等が質問に対して正当な理由がなく答弁をせず、若しくは虚偽の答弁をし、又は正当な理由がなく調査を拒み、妨げ若しくは忌避した場合に罰則を科することとする。

⑥ 緊急時、医療関係者・検査機関に協力を求められること、正当な理由なく応じなかったときは勧告、公表できることを規定する。　等

施行期日　公布の日から起算して10日を経過した日（ただし、1⑥は令和3年4月1日）

判例索引

大　正

昭　和

平　成

令　和

事項索引

あ　行

か　行

さ　行

た 行

な　行

は　行

ま　行

や　行

ら　行

わ　行

著者紹介

鈴木　秀洋（すずき　ひでひろ）　日本大学危機管理学部准教授

【担当授業】行政法Ⅰ・Ⅱ・Ⅲ、地方自治法、災害と法、危機管理特講、自主創造、演習等担当。［兼担］自治体政策訟務（明大院）、社会安全政策と法（中大院）

【略歴】元文京区子ども家庭支援センター所長、男女協働課長、危機管理課長、総務課課長補佐（秘書総括）、監査事務局主査、総務課文書係、東京23区法務部等。

【資格・所属学会】法務博士（専門職）、保育士。日本公法学会、警察政策学会、日本こども虐待防止学会、ジェンダー法学会等。

【審議会等】厚労省市区町村の支援業務のあり方に関する検討WG、厚労省子ども家庭総合支援拠点設置促進アドバイザー（三重県、広島県、長野県、愛知県、岐阜県、奈良県、北海道等)、内閣府男女共同参画の視点からの防災・復興の取組指針検討会、内閣府防災研修プログラムの改訂に関する検討会（座長)、内閣府ストーカー被害者支援マニュアル検討会、東京都オリンピック憲章にうたわれる人権尊重の理念実現のための条例意見聴取者、川崎市子どもの権利委員会委員、旭川市児童虐待防止に関する有識者懇談会、世田谷区効果的な児童相談行政の推進検討委員会、目黒区長期計画審議会、江東区子ども・子育て会議、新宿区公の施設へイトスピーチ防止のための利用制限学識経験者意見聴取会、葛飾区人権施策推進のあり方懇談会、品川区福祉部災害時対応等検討委員会、鎌倉市共生社会推進検討委員会（委員長)。

【児童虐待死事件検証WG委員】野田市、札幌市。

【研究代表】『多様な災害弱者の命を守る－新たな福祉避難所ガイドラインと自治体の制度設計』、『子ども家庭総合支援拠点設置促進に関する調査研究』等。

【主要著書等】〔単著・編著〕『自治体職員のためのコンプライアンスチェックノート』第一法規（2018年)、『子を、親を、児童虐待から救う』（編著）公職研（2019年)、『行政法の羅針盤』成文堂（2020年)、『虐待・DV・性差別・災害等から市民を守る　社会的弱者にしない自治体法務』第一法規（2021年）等。

〔共著〕『自治行政と争訟』ぎょうせい（2003年)、『自治体法務改革の理論』勁草書房（2007年)、『これからの自治体職員のための実践コンプライアンス』(2014年)、『行政訴訟の実務』（加除式書籍)、『行政不服審査の実務』（加除式書籍）以上、第一法規。

［鈴木秀洋研究室HP］https://suzukihidehiro.com/

サービス・インフォメーション

通話無料

①商品に関するご照会・お申込みのご依頼
TEL 0120(203)694／FAX 0120(302)640
②ご住所・ご名義等各種変更のご連絡
TEL 0120(203)696／FAX 0120(202)974
③請求・お支払いに関するご照会・ご要望
TEL 0120(203)695／FAX 0120(202)973

●フリーダイヤル（TEL）の受付時間は、土・日・祝日を除く9:00～17:30です。
●FAXは24時間受け付けておりますので、あわせてご利用ください。

自治体職員のための行政救済実務ハンドブック　改訂版

2017年3月10日　初版発行
2021年3月25日　改訂版第1刷発行
2021年10月25日　改訂版第2刷発行

著　者　鈴　木　秀　洋

発行者　田　中　英　弥

発行所　第一法規株式会社
〒107-8560　東京都港区南青山2-11-17
ホームページ　https://www.daiichihoki.co.jp/

行政救済ハン改　ISBN978-4-474-07383-8　C0032（3）